一部实用性与操作性兼备的绩效考核与量化管理工具书

|卫尔琦◎著|

绩效考核与量化管理全案

立信会计出版社
LIXIN ACCOUNTING PUBLISHING HOUSE

图书在版编目（CIP）数据

绩效考核与量化管理全案 / 卫尔琦著. —上海：立信会计出版社，2014.8

（去梯言）

ISBN 978-7-5429-4263-0

Ⅰ.①绩… Ⅱ.①卫… Ⅲ.①企业管理-人力资源管理 Ⅳ.①F272.92

中国版本图书馆CIP数据核字（2014）第140438号

策划编辑　蔡伟莉
责任编辑　蔡伟莉
封面设计　久品轩

绩效考核与量化管理全案

出版发行	立信会计出版社
地　　址	上海市中山西路2230号　　邮政编码　200235
电　　话	（021）64411389　　传　真　（021）64411325
网　　址	www.lixinaph.com　　电子邮箱　lxaph@sh163.net
网上书店	www.shlx.net　　电　话　（021）64411071
经　　销	各地新华书店
印　　刷	固安县保利达印务有限公司
开　　本	787毫米×1092毫米　1/16
印　　张	22.5　　插　页　1
字　　数	412千字
版　　次	2014年8月第1版
印　　次	2017年8月第4次
书　　号	ISBN 978-7-5429-4263-0/F
定　　价	49.00元

如有印订差错，请与本社联系调换

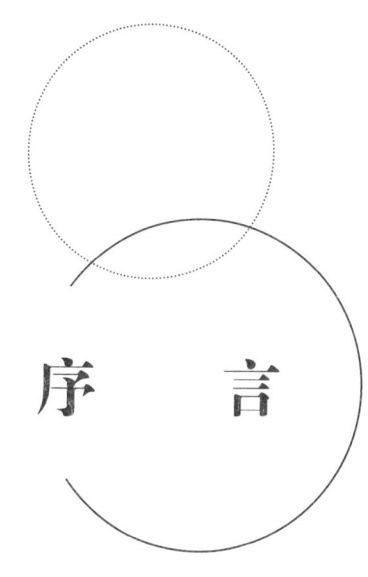

序　言

华为一位高级副总裁曾透露华为的管人方法：①进行职位分析和评估，华为仅为职位而不是为人付钱；②找到符合职位要求的员工，进行任职资格评估，看看他们是否适合这些职位；③确定、分解公司的任务和目标，对这些人进行绩效考核。

绩效考核最初起始于政府部门，主要用于考核官吏和政府工作人员的政绩。早在秦汉时期，我国统治者就开始对官吏实行考课制度。考课制度可以说是绩效考核制度的雏形，它以考绩的标准来约束和激励官员，以考课结果的优劣来决定对官员的赏罚黜陟，以便劝善戒恶，使考绩得以发挥作用。秦代的考课是通过上计制度进行的。所谓上计制，即郡臣在年初把1年的赋税收入预算写在木券上，小心、谨慎地呈送给国君，因为木券上的内容决定着自己的政治前途。国君把呈上来的木券一分为二，国君拿着右券，郡臣拿着左券。合乎标准的留任，不合乎标准的则被罢免。上级官吏对下级官吏的考课也采取同样的办法。考课后分列等级，宣明优劣，以此作为升迁黜罚的依据。西方的绩效考核同样萌发于公共管理部门。1912年，美国通过了第一部与绩效考核有关的法律，这部用于拨款领域的法律要求美国文官委员会（即后来的美国联邦政府人事管理署）建立一套适用于联邦政府所有机构的统一的效率评价系统。自1923年的《职位分类法》颁布以后，从1924年到1935年，美国政府开始用"图评价尺度法"来对公务员进行绩效评价，不过，尽管这种评价方法比较有效，却并未得到广泛的使用。

直至今日，绩效考核已经从公共管理领域延伸到企业管理领域，很多企业将绩效考核视为提升企业竞争力的救命稻草，期望像神话中的阿里巴巴一样借此"芝麻开门"，全面提升企业的各项效益。然而，在现实的管理实践中，绩效考核却让很多企业高层管理者以及人力资源部门的负责人苦不堪言,他们对于绩效考核欲说还羞,使绩效考核蒙上了一层灰色的尘埃。索尼公司前常务董事天外伺朗就曾经撰写了《绩效主义毁了索尼》一文,深情阐述了索尼公司的"绩效之痛":"由于尊崇绩效主义,索尼近几年已经风光不再,并且在一些管理问题上积重难返。"天外伺朗痛定思痛,在该文中一一罗列了绩效管理对企业造成的负面影响。

1. 过于注重绩效考核结果与薪酬的关系

"业务成果和金钱报酬直接挂钩,职工是为了拿到更多报酬而努力工作,而不再具有过去的奉献精神。"

2. 出现量化主义导向

"为衡量业绩,首先必须把各种工作要素量化。但是工作是无法简单量化的。公司为统计业绩,花费了大量的精力和时间,而在真正的工作上却敷衍了事,出现了本末倒置的倾向。因为要考核业绩,几乎所有人都提出容易实现的低目标。"

3. 追求短期利益

"因实行绩效主义,索尼公司内追求眼前利益的风气蔓延。这样一来,短期内难见效益的工作,如产品质量检验以及'老化处理'工序都受到轻视。"

4. 利益主义抬头,责任感缺失

"索尼公司不仅对每个人进行考核,还对每个业务部门进行经济考核,由此决定整个业务部门的报酬。最后导致的结果是,业务部门相互拆台,都想方设法从公司的整体利益中为本部门多捞取好处。"

5. 不信任感破坏团队精神

"绩效主义企图把人的能力量化,以此作出客观、公正的评价。但我认为事实上做不到。它的最大弊端是搞坏了公司内的气氛。上司不把部下当成有感情的人看待,而是一切都看指标、用'评价的目光'审视部下……于是大家都极力逃避责任。这样一来就不可能有团队精神。"

按照天外伺朗的阐述,绩效管理的罪过可谓是罄竹难书,然而,绩效考核真的如此劣迹斑斑吗?其实不然,很多企业因实施绩效管理而走向了卓越之路:

因为绩效管理——海尔集团将企业目标细化到每位员工的工作,形成了OEC日清体系,使管理人员和员工对自己的工作内容和职责有了充分的了解,PDCA管理方法则保证了工作迅速、及时的执行,企业最终崛起于中国企业界,产品敲开了国际市场的大门。

因为绩效管理——联想集团通过静态的职责分解和动态的目标分解,详细罗列了每一岗位的岗位责任书和目标责任书，建立了目标与职责一致的岗位考核体系。在"能量化的量化，不能量化的细化"的思想指导下，联想运用多种方式综合评价部门业绩和员工业绩，对干部和业务的管理采用定期检查评议的方式，并注重业绩核实，用制度化保证了预期目标的实现。

因为绩效管理——金地集团在既定的绩效管理体系下，实施了有效的绩效考核，考核过程公正客观，不流于形式，由于采用了末位淘汰制，全体员工明白了"逆水行舟、不进则退"的公司管理理念，注重实效，注重竞争，企业保持着奋发的激情。

通过正反对比，可以发现，绩效考核其实是一把双刃剑，运用得当，企业便能够从平庸走向卓越，像阿里巴巴一样推开宝藏大门；运用不当，企业则可能从卓越走向平庸，徒费了功夫，难以顺利推开宝藏大门。因此，如何让绩效考核对企业运营与管理发挥正面效用，并不在于绩效考核本身，而取决于企业以怎样的方法实施绩效考核。关于如何正确实施绩效考核，不妨先看这样两个故事。

故事一

唐僧团队是一个知名的团队，他们的故事经常被引为课堂案例，然而百密一疏，这个团队的绩效管理却做得不太好。

一次，唐僧团队乘坐飞机去旅游，途中飞机突然出现故障，需要大家紧急跳伞。然而，不巧的是，四个人却只有三个降落伞。为了做到公平，师傅唐僧准备对各个徒弟进行考核，考核过关就可以得到一个降落伞；考核失败，就自由落体，自己跳下去。

考核开始，唐僧问孙悟空："悟空，天上有几个太阳？"悟空不假思索地答道："一个。"师傅说："好，答对了，给你一个降落伞。"他接着又问沙僧："天上有几个月亮？"沙僧答道："一个。"师傅说："好，也对了，给你一个降落伞。"八戒一看，心理暗喜："啊哈，这么简单，我也行。"于是，摩拳擦掌，等待师傅出题。可是师傅提问后，八戒却悲壮地纵身跳了下去。原来，师傅的问题是："天上有多少星星？"八戒当时目瞪口呆，抓了抓头，就跳下去了。

过了一段日子，师徒四人又乘坐飞机旅游，结果非常不幸，途中飞机又出现了故障，同样只有三个降落伞，师傅如法炮制，再次通过提问来考核大家，以此决定获得降落伞的人选。唐僧先问悟空："中华人民共和国是哪一年成立的？"悟空答道："1949年10月1日。"师傅说："好，给你一个降落伞。"又问沙僧："中国的人口有多少亿？"沙僧说是13亿。师傅说："好的，答对了。"沙僧也得到了一个降落伞。轮到八戒，师傅的问题是："13亿人口的名字分别叫什么？"八戒立刻晕倒，又一次以自由落体方式结束旅行。

第三次旅游的时候，飞机再一次出现故障，这时候，八戒说："师傅，你别问了，我跳。"然后纵身一跳。师傅双手合十，说："阿弥陀佛，殊不知这次有四个降落伞。"

故事二

在一次企业季度绩效考核会议上，营销部门经理A说："最近的销售业绩不太好，我们有一定的责任，但是主要的责任不在我们，竞争对手纷纷推出新产品，比我们的产品好。所以我们也很被动，研发部门要认真总结。"

研发部门经理B说："我们最近推出的新产品时少，但是我们也有困难呀。我们的预算太少了，就是这少得可怜的预算，也被财务部门削减了。没钱怎么开发新产品呢？"

财务部门经理C说："我是削减了你们的预算，但是你要知道，公司的成本一直在上升，我们当然没有多少资金投在研发部了。"

采购部门经理D说："我们的采购成本是上升了10%，你们知道为什么吗？因为俄罗斯的一个生产铬的矿山爆炸了，导致不锈钢的价格上升了。"

这时，A、B、C三位经理一起说："哦，原来如此，这样说来，我们大家都没有多少责任了。哈哈哈哈！"

人力资源经理F说："这样说来，我只能去考核俄罗斯的矿山了。"

如果你任职于人力资源部门，或者曾经参与过企业的绩效考核工作，一定对上面的故事深以为然。故事一中折射出绩效考核的这样一个误区：企业的绩效指标与公司的战略管理脱节，相关部门为被考核者制定了过高的绩效指标，导致有的员工只有像八戒一样无语问苍天；关于故事二，我们可以发现，该公司将绩效考核演绎为相继推脱责任的闹剧，大家就像抛绣球一样，拼命地把对绩效不佳应该承担的责任推给其他人。

手术刀既可以成为拯救病人性命的神器，也可以成为夺人性命的武器，手术刀到底具有哪种性质属性，取决于人们用手术刀做了什么。绩效考核亦然，绩效考核作为一项有效管理的工具，只要被正确的人在正确的场合正确地使用，才会发挥全面提升企业绩效的功能。本书以绩效考核为核心内容，详尽阐述何谓"正确的人""正确的场合"以及"正确地使用"，在内容和体例安排上注重绩效考核的系统性和工具性，希望能够对企业正确实施绩效考核助以一臂之力。

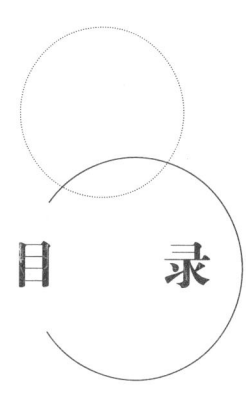

目 录

第一章 绩效考核 1

如何设计绩效指标 3
常见的绩效考核方法 4
360度绩效考评 12
影响绩效考核有效性的因素 29
绩效考核常见误差 30
本土企业推行绩效考核的十二个误区 35
绩效反馈 40
绩效申诉 49
绩效考核实用表格 52

第二章 绩效管理 61

绩效管理的概念 62
绩效管理的基本流程 63
实施绩效管理的前提条件 65
成功实施绩效管理的关键 66
成功实施绩效管理的三个基础保障 68
某公司绩效管理制度 69
某公司经营绩效检讨会议制度 80
绩效管理的职责分工 82

第三章 目标管理与绩效指标 91

目标管理 92
关键绩效指标 97
平衡计分卡 108

第四章　组织设计与工作分析.................................. 125
　　组织设计 127
　　工作分析 163
　　职位说明书 180

第五章　绩效计划 273
　　绩效计划的概念 274
　　绩效计划阶段的工作成果 277
　　制订绩效计划的原则 278
　　如何制订绩效计划 279

第六章　绩效实施 295
　　绩效辅导 297
　　绩效沟通 301

第七章　绩效管理常见问题 311
　　人力资源部门对绩效考核认识不够 312
　　绩效考核成为人力资源部门的独角戏 314
　　办公室代替人力资源部门开展绩效考核工作，但没有把角色发挥到位 317
　　设定过高的绩效目标 319

第八章　绩效考核实用工具 323
　　战略规划部 324
　　财务部 326
　　投资证券部 332
　　生产管理部门 335
　　质量管理部 338
　　技术研发部 343
　　市场营销部 347

第一章
绩效考核

　　绩效是分享，是共赢。绩效考核是现代企业不可或缺的管理工具，它是企业组织以既定的标准为依据，对其所有的员工在工作岗位上的工作行为表现和在工作结果方面的情况进行收集、分析、评价和反馈的过程。

案例：

　　黑熊和棕熊是邻居，它们都很爱吃蜂蜜，它们各自有一个蜂箱，里面养着同样多的蜜蜂。一天，黑熊和棕熊决定比比看谁的蜜蜂酿的蜜多。

　　黑熊认为，蜂蜜的产量取决于蜜蜂每天对花的访问量。于是它买来了一套昂贵的绩效管理系统，这套系统可以有效地测量出蜜蜂对花的访问量，在它看来，访问量越高，便意味着蜜蜂的工作量越多。

　　于是，在每个季度末，黑熊就公布每只蜜蜂的访问量，并且对访问量最高的蜜蜂实施奖励。不过，黑熊并没有告诉蜜蜂们，它正在跟棕熊较量，只让蜜蜂们以为它们在内部竞赛。

　　棕熊采取了与黑熊不一样的考核方法，它认为蜜蜂能产多少蜜，关键在于它们每天采回多少花蜜——花蜜越多，酿的蜂蜜也越多。于是，棕熊也买来了一套绩效管理系统，用来测量每只蜜蜂每天采回花蜜的数量和蜂箱每天酿出的蜂蜜的数量，并且将测量结果公之于众。

　　同时，棕熊也设立了一套奖励制度，对每月采蜜最多的蜜蜂实施高额奖励，如果一个月的蜂蜜总产量高于上个月，那么所有蜜蜂都会受到不同程度的奖励。

　　此外，棕熊还直言不讳地告诉蜜蜂们，它正在跟附近的黑熊进行比赛，希望蜜蜂们能同仇敌忾地超过黑熊的蜜蜂。

　　转眼1年的时间过去了，黑熊和棕熊查看比赛结果：黑熊的蜂蜜竟然还不及棕熊的一半。

　　之所以会出现这样相差悬殊的结果，原因便在于黑熊和棕熊采取了不同的绩效考核体系。

　　黑熊的考核体系确实很精确，但是它评估的行为与最终的绩效并不直接相关。由于黑熊只推崇访问量，所以蜜蜂们为了尽可能提高访问量，每次便只采很少的花蜜，因为采的花蜜越多，飞起来就越慢，每天的访问量就越少。

　　此外，黑熊并没有告诉蜜蜂它们真正的竞争对手是棕熊的蜜蜂，而是鼓励内部竞争，结果蜜蜂之间相互暗暗较劲，它们为了获得奖励，甚至向其他蜜蜂封锁消息，以垄断有价值的信息。比如，即使一只蜜蜂发现了一片广阔的槐树林，也不愿将这个信息与其他蜜蜂分享。

　　而棕熊所实施的绩效考核体系，评估的行为直接与绩效相关，结果蜜蜂都争着采更多的花蜜回来。此外，棕熊也不限于只奖励一只蜜蜂，而且会实施团体奖励，所以蜜蜂们为了采集到更多的花蜜，它们相互合作，彼此分工，嗅觉灵敏、飞得快的蜜蜂负责打探哪儿的花最多、最好，然后回来告诉力气大的蜜蜂一起到那儿去采集花蜜，剩下的蜜蜂负责贮存采集回的花蜜，将其酿成蜂蜜。

虽然采集花蜜最多的能得到最多的奖励，但其他蜜蜂也能从中获益，所以蜜蜂之间保持了密切的合作，而不是相互拆台。

由此可见，绩效考核体系的好坏直接影响被考核者的行为与态度。一般而言，企业所考核的行为，正是员工乐于采取的行为，因此企业所制定的绩效考核体系一定要指向组织所期望的结果，以避免员工的行为不仅对实现绩效毫无益处，反而与组织所期望的结果南辕北辙。

如何设计绩效指标

是否能正确制定绩效指标是成功实施绩效考核的关键，因为绩效指标决定了企业将会考核什么，决定了被考核者将会采取哪些态度和行为来获得组织的认可。如果绩效指标偏离了组织的战略使命，绩效考核只会演变为一项毫无意义的劳民伤财的管理活动。因此，企业在确定绩效考核指标时，切不可掉以轻心。

所谓绩效指标，就是以量化的形式来表述某种活动特征的一种测量工具，这种测量既可以是绝对性的，也可以是相对性的，从某种意义上来看，绩效指标等同于一种行为的信号。关于绩效指标的制定，应该遵循如下原则。

1. 具体的（specific）

绩效指标不是笼统的描述，而是指向具体的工作行为和态度，它需要密切击中特定的工作目标，并且随着情境的变化而变化。

2. 可度量的（measurable）

不论所制定的绩效指标是数量化的还是行为化的，都需要确保验证这些绩效指标的数据或信息是可以获得的。

3. 可实现的（attainable）

绩效指标不能过于超出被考核者的能力范围，否则所指定的绩效指标毫无意义。因此，组织不要为被考核者制定过高的指标，不要以为目标越高，员工的工作动力就越强，因为过高的指标只会挫伤员工的工作信心，使其索性放弃实现目标。

4. 现实的（realistic）

绩效指标是实实在在的，是可以证明和观察得到的，是现实的而并不是假设的。

5. 有时限的（time-bound）

绩效指标的达成只有在特定的时间期限里才有意义，因此，组织还要为完成绩效指标确定一定的期限，这样才会增强员工的执行力。

一般而言，设计绩效指标的常用方法有如下三种：

（1）通过逐级分解企业的经营目标来设计绩效指标。以企业战略使命为纲领，将企业经营目标逐级分解到每个部门和相关人员，这是一种基于企业经营目标分解的绩效指标设计方法。通过这种方法所确定的绩效指标直接或间接指向每位被考核者最关键的那部分工作。

（2）通过工作分析来设计绩效指标。通过职务说明书或岗位职责说明可以把多种类型的工作分成必须做（must）、应该做（ought）和要求做（need）三种，而这种指标设计法就是找出必须做、可衡量的工作，并把它们设为绩效考核的指标。

（3）通过分析综合业务流程来设计绩效指标。这种设计方法是根据被考核者在流程中所扮演的角色、肩负的责任以及同上游、下游之间的关系，来确定其工作的绩效指标的，这是一种基于综合业务流程的设计方法。

常见的绩效考核方法

一、实绩统计法

实绩统计法又称成果记录法，这种方法主要是利用各种原始生产（工作）记录和其他记录统计资料直接反映员工的工作成果，以此来考核员工的绩效。

实绩考评法主要适用于工作任务明确、稳定，且工作成果能够用量化形式予以表示的工作岗位，如生产线上的工人便适用于这种考评方法。企业在应用实绩考评法时，应尽可能把反映员工工作成果的所有指标都包括进来，以便全面考察每一位员工的工作成果。

二、调查询问法

所谓调查询问法，即通过访谈、座谈、问卷等形式对工作人员实施考核评价。根据调查询问的手段不同，可将调查询问法分为以下三种形式。

1. 访谈法

应用访谈法时，可选择的访谈对象有两种：一是被考核者本人；二是与被考核者有关联的第三人。访谈法的突出优点是，使考核更加深入具体，有助于从多角度审视员工的绩效；不过访谈法也有一定的局限性，那就是工作量大，耗时较长，如果被考核者的人数比较多的话，将不适用访谈法。

2. 座谈法

座谈法即通过召开各种形式的座谈会，来收集对被考评者的评价意见，从而对被考评者的工作表现作出论断。

座谈法适用于需要得到全面、细致且有一定深度评价意见的考核，如对企业各级管理人员的考核。通过座谈法实施绩效考核有如下注意事项：

（1）选择合适的与会者，与会者既要有一定的代表性，也必须能够发表具有评价参考价值的意见。

（2）会议主持人员要善于创造大家能够畅所欲言的会场气氛。

（3）会议主持人员要善于驾驭、控制、引导会议的进程。

（4）会议开展的过程中要做好记录和意见整理。

3. 问卷法

问卷法是通过发放、填写、回收、整理、汇总各种考核问卷表，对人员进行考核评价的方法。问卷法的优点是能够收集到大量人员的评价信息，能够综合反映出人们的倾向性意见，并且所需的工作量也不大。

问卷法的缺点则表现在，由于受文字表达和问卷格式的限制，导致很难使意见得到充分发挥，因而难以实现较深层次的分析评价。

三、图尺度评价法

图尺度评价法（graphic rating scale）也称为图解式考评法，是最简单和运用最普遍的工作绩效评价工具之一。在应用图尺度评价法时，事先要列举出一些组织所期望的绩效构成要素（如质量、数量或个人特征等），还要列举出跨越范围很宽的工作绩效等级（从"不令人满意"到"非常优异"）。在进行工作绩效评价时，首先针对每一位员工从每一项评价要素中找出最能符合其绩效状况的分数，然后将每一位员工所得到的所有分值进行汇总，即得到其最终的工作绩效评价结果。

图尺度评价法有很多种变形。比如，通过对指标项的细化，可以用来测评某一职位人员的具体表现。通常来说，考评者可以先从被考评者所在职位的职位说明书提取指标的维度，然后从职位说明书中选取与该职位密切相关的关键职能领域，再总结分析出关键绩效指标，并为各指标项标明重要程度，即确定出权重，就完成了指标细化的工作。

图尺度评价法使用起来比较方便，能为员工提供一种定量化的绩效考核结果。然而，图尺度评价法也不可避免地存在一些缺点，如不能有效地指导行为，该法只能提供考评的结果而无法提供解决问题的方法；该法的准确性不高，因为评定量表上的分数没有给出明确的评分标准，所以很可能得不到准确的评定，考评者只是主观地实施考评。

四、关键事件法

关键事件法是由上级主管记录员工平时工作中的关键事件，一种是做得特别好的，另一种是做得不好的，在预定的时间内，通常是半年或1年以后，根据积累的记录，由主管与被考评者讨论相关事件，为测评提供依据的一种考评方法。关键事件法包含三个重点：

（1）观察。

（2）书面记录员工所做的事情。

（3）有关工作成败的关键性事实。

关键事件法的主要原则是确定员工的职务行为，并选择其中最重要、最关键的部分来评定其结果。这一方法对每一事件的描述包括了如下内容：

（1）事情发生的原因和背景。

（2）员工特别有效或多余的行为，即关键行为。

（3）关键行为的后果。

（4）员工能否支配或控制关键行为所带来的后果。

关于如何有效记录员工的关键行为，可以参考STAR法。所谓STAR法，即Situation（情境）、Target（目标）、Action（行动）和Result（结果）4个英文单词的首字母组合。

Situation——行为发生时的情境是怎么样的？

Target——为什么要做这件事？

Action——当时采取什么行动？

Result——采取这个行动获得了什么结果？

关键事件法是由美国学者福莱·诺格和伯恩斯在1954年共同创立的，这种考核方法的主要优点是将研究的焦点集中在职务行为上，因为行为是可观察的、可测量的，通过这种方法可以确定行为的任何可能的利益和作用。具体来说，关键事件法具备如下优点：

（1）主管向下属解释绩效考评结果时，可以提供确切的事实依据，增强了考评结果的说服力。

（2）确保组织对员工的绩效进行考评时，所依据的是员工在整个年度的表现，而不是最近一段时间的表现，从而有效地避免了近因效应。

（3）有助于员工有针对性地改善绩效。

同时，关键事件法也存在如下两个显著缺点：

（1）费时费力，需要主管花费大量时间去观察、收集那些关键事件，并将其加以概括和分类。

（2）过于注重员工的关键绩效，便忽略了员工的平均绩效，以致难以客观地评价中等员工的绩效。

为了尽可能使关键事件法扬长避短，企业在应用关键事件法时，应注意如下几个事项：

（1）所记录的事件必须是关键事件，即属于典型的"好的"或"不好的"事件，所记录的关键事件必须是与被考评者的关键绩效指标有关的事件。判断是否属于关键事件，其主要依据是事件的特点和事件所产生的影响。

（2）关键事件法一般不单独作为绩效考评的工具来使用，而是应和其他绩效考评方法结合使用，为其他考评方法提供事实依据。

（3）记录的关键事件应当是员工具体的行为，而不是考评者的主观评价，要把事实与推测区分开来。

（4）关键事件的记录要贯穿于整个考核周期，不能仅仅集中在接近考核的最后几个星期或几个月里。

（5）关键事件法不适用于以结果来衡量绩效的工作，因为关键事件法是一种基于行为的绩效考评工具，所以如果员工的绩效主要通过工作结果来体现的话，应用关键事件法就难以取得理想的结果。

五、评级量表法

评级量表法就是把员工的绩效分成若干项目，每个项目后设定一个量表，由考核者实施考评。评级量表法是最古老、也是用得最多的考核方法之一，该法应用简便、费时较少、有效性也很高。

评级量表法创造了一种数量化考核方式，它把与员工绩效相关的每一个因素都反映了出来，因而可以较好地达到考核的目标。概括来说，评级量表运用起来既简单又省事，考核的结果可以有效地用作员工调薪、职位变动的依据。

评级量表法也有缺陷，使用这种量表，考核者很容易产生晕轮误差和趋中误差，过于宽大的或中庸的考核者，就会把每个人的每个项目都评定为较高分或平均分，失去了实施绩效考核的意义。此外，很多评级量表并不针对于某一个特别的岗位，而是适用于组织的每一个岗位，这便导致评级量表针对性不强，难以全面、具体地反映员工的绩效水平。

评级量表法的举例见表1-1。

表1-1 评级量表举例

考核内容	考核项目	说明	评定
基本能力	知识	是否充分具备现任职务所要求的基础知识和实际业务知识	A B C D E 10 8 6 4 2
业务能力	理解力	是否能充分理解上级指示，高效地完成被指派的工作任务，在执行过程中不需要上级的反复指示	A B C D E 10 8 6 4 2
	判断力	是否能充分理解上级意图，正确认清工作形势，从而随机应变地妥当处理	A B C D E 10 8 6 4 2
	表达能力	是否具备现任职务所要求的口头表达力和文字表达力，能否进行一般的联络、说明工作	A B C D E 10 8 6 4 2
	谈判能力	在和企业内外的人员谈判时，是否具备使对方心悦诚服地接受意见、乃至达成协议的能力	A B C D E 10 8 6 4 2
	纪律性	是否严格遵守公司的各项规章制度，是否严格遵守工作汇报制度，定期向上级汇报工作	A B C D E 10 8 6 4 2
	协作性	在工作中，是否充分考虑别人的处境，是否主动协助上级、同事完成工作	A B C D E 10 8 6 4 2
	积极性	是否毫无抱怨地、主动积极地完成被指派的任务，是否善于挑战困难	A B C D E 10 8 6 4 2
评定标准： A. 非常优秀，理想状态 B. 优秀，满足要求 C. 基本满足要求 D. 略有不足 E. 不满足要求		分数换算： A. 80分以上 B. 60~79分 C. 40~59分 D. 20~39分 E. 20分以下	合计分数
评语			
考核人签字			

六、行为锚定等级评价法

行为锚定等级评价法是对一份职务工作可能发生的各种典型行为进行评分度量，建立一个锚定评分表，以此为依据，对员工的实际工作行为进行测评级分的考评方式。

行为锚定等级评价法实质上是把关键事件法与评级量表法结合起来，兼具两者之长。行为锚定等级评价法是关键事件法的进一步拓展和应用。它将关键事件和等级评价有效地结合在一起，通过一张行为等级评价表可以发现，在同一个绩效维度中存在一系列的行为，每种行为分别表示这一维度中的一种特定绩效水平，将绩效水平按等级量化，可以使考评的结果更有效、更公平。

行为锚定等级评价法的目的在于通过一个等级评价表，将关于特别优良或特别劣等绩效的叙述加以等级性量化，从而将描述性关键事件评价法和量化等级评价法的优点结合起来。在实施行为锚定等级评价法时，有以下五个操作步骤：

（1）进行岗位分析，提取关键事件，以便对一些代表优良绩效和劣等绩效的关键事件进行描述。

（2）确定评价等级，一般分为5~9级，为关键事件确定若干绩效指标，并给出确切定义。

（3）由另一组管理人员对关键事件作出重新分配，把它们归入最合适的绩效要素指标中，确定关键事件的最终位置，并确定出绩效考评指标体系。

（4）审核绩效考评指标登记划分的正确性，由第二组人员将绩效指标中包含的重要事件按从优到差、从高到低进行排列。

（5）建立最终的工作绩效评价体系。

七、个体排序法

个体排序法也称排队法，就是把员工按从好到坏的顺序进行排列，应用这种考核方法时，只有一名员工可以是"最优的"。个体排序法将排名相邻的两名员工的差距假设为一样的。比如，要对一个部门的30名员工进行评价，第1名和第2名之间的差别就被假定为与第21名和第22名之间的差别是一样的。

个体排序法的具体操作方法举例如下：对某公司市场部的员工进行考核，首先，把市场部员工的名单列出来，总共10个人。然后从这10个人中找出最差的员工A，就在他的姓名旁边标注上"10"，然后再从剩余的9个人名中找出最好的员工F，在姓名旁边写上"1"。接着从剩余的8个人中找出最差的员工G，标注为"9"。如此反复，直到全部的姓名都被标注上数字，这时员工的优劣顺序就被排出来了。

八、强制正态分布法

强制正态分布法也称强制分布法、硬性分配法，该方法是根据正态分布原理，即俗称的"中间大、两头小"的分布规律，预先确定评价等级以及各等级在总数中所占的百分比，然后按照被考核者绩效的优劣程度将其列入其中某一等级。例如，要求考核者将10%的人评定为最高分级别A，20%的人评定为次高分级别B，40%的人评定为居中的那一级别C，再将20%的人评定为次低分级别D，最后将10%的人评为最低分那一级别E。以通用电气公司（GE）为例，绩效评估在GE被称作session C，即每年的4月份，GE都要对所有员工运用强制正态分布法进行绩效考核——评估系统将20%的员工定位为最好（A player），10%的员工定位为最差（C player），另外70%的员工按照表现给予相应的定级，而公司将依据对每个人的考核结果进行工资调整、晋升及各种奖惩措施。

强制正态分布法的实施遵循如下基本步骤：

第一步，确定A、B、C、D、E五个评定等级的奖励实施标准，不同等级之间的差别应该具有充分的激励效果。

第二步，对所有被考核者进行百分制的评分。

第三步，对于每一名考评者，对称地去掉若干个最高分和最低分，算出每个员工的平均分。

第四步，将部门中所有员工的平均分加总，再除以部门的员工总数，计算出部门所有员工的业绩考评平均分。

第五步，用每位员工的平均分除以部门的平均分，就可以得到一个标准化的考评得分。那些标准分为1（或接近于1）的员工应得到"中等"的考评，而那些标准分明显大于1的员工应得到"良"甚至"优"的考评，而那些考评标准分明显低于1的员工应得到"及格"甚至"不及格"的考评。

第六步，根据预先制定的奖励标准对处于不同等级的员工实施奖励。

强制正态分布法适用于被考核人员较多的情况，操作起来比较简便，而且由于遵从正态分布规律，该法在一定程度上也降低了由于考核者主观性过强而造成的误差；同时，强制正态分布法也有效地避免了考评中过严或过松等一边倒的现象。不过，强制正态分布法的缺点也是显而易见的，具体来说，该法存在如下缺点：

（1）如果员工的业绩水平事实上不遵从所设定的分布样式，那么对员工进行硬性区分便很容易招致员工的不满。

（2）只能把员工分为有限的几种类别，难以具体地比较员工差别，也不能在诊断工作问题时提供准确、可靠的信息，以致难以提供关于员工绩效改进的建议。

（3）导致出现马太效应，造成强者越强模式。强制性地将员工划层定级，极易造成强者越强的模式。得到肯定并得到较多机会的员工会加倍努力，表现越加突出；而其他的员工由于没有得到充分肯定或对考评结果不满，也许会增加挫折感，降低对公司及上级领导的认同感，从而影响工作效率，更严重的结果是，会造成优秀员工的流失，降低公司的凝聚力和影响团队精神的发挥。比如，在GE医疗系统的销售部，有甲、乙两名员工表现都较为良好，且销售业绩、利润率等各项考核指标都不相上下，但公司有硬性规定，只能有20%的员工能被评为A类员工，享受较高的奖金福利及其他奖励，在当时情况下，意味着只有其中一位能被评为A类员工，其上级经理在左右为难的情况下，将甲评为A类员工，而将乙评为B类员工。结果公布后，乙心理上不平衡，工作质量明显下降，3个月之后，他就跳槽到了竞争对手西门子公司。

（4）部门与部门之间考评标准不一，但奖惩标准却一样，使得部门之间产生矛盾，乃至造成员工心理上的不平衡。应用强制正态分布法后，各部门之间的业务范围差距较大，无法采用同一考评标准，但整个公司的奖惩标准却是一样的，如A类员工上涨薪资15%，1年有两次培训机会等。由于各部门的工作量及工作难度不同，对整个公司业绩及发展贡献也不相同，难免造成各部门及员工之间的心理不平衡。比如，前线的销售部门员工工作辛苦，且业绩突出，但所受的奖励和行政部、后勤部等业务支持部门员工相同，销售人员感觉心理不平衡，怨言较多，极易造成工作懈怠，并在部门之间的业务合作时，如销售活动未得到行政部门的有效支持时，采取消极态度，并引发部门之间的矛盾。

九、配对比较法

配对比较法也称相互比较法，就是将所有要被考评者列在一起，两两配对比较，其绩效较优秀者可得1分，最后将各被考评者所得分数相加，其中分数最高者即为绩效最优者，然后按分数高低顺序对被考评者进行排列，即可确定不同考评者的绩效如何。

配对比较法与序列比较法不同的是，它采用配对比较的方法，将所有被考评者逐一进行比较。比如，有10名医生，考评时，将每一位医生与另外9位医生逐一进行配对比较，总共进行9次配对比较。每一次配对比较之后，工作表现好的医生得"1"分，工作表现较差的医生"0"分。配对比较完毕后，将每个人的分数进行相加。分数越高，考评成绩越好。

配对比较法不适用于被考评者人数过多的情况，一般而言，被考评者的人数最好不要超过10名。

360度绩效考评

一、360度绩效考评简介

360度绩效考评又称360度绩效反馈或全方位评估，是由被考评人的上级、同级、下级、客户、本人以及相关考评专家担任考评者，从各个角度对被考评者进行全方位评价的一种绩效考核方法。考评的内容涉及被考评人的管理绩效、专业绩效、业务绩效、工作态度和工作能力等方面。

传统的绩效考评方式主要是上级主管对下属员工的考评，所获得的评价比较单一，而360度绩效考评则是从多个角度来评价被考评者，由此而得出的考评结果更加客观、全面、公正和可靠。由于360度绩效考评具有全员参与管理、信息收集对称、可分散管理者日常管理压力等特点，越来越多的企业都开始推行并实行这种绩效考评方法。目前，360度绩效考评已经广泛应用于高层领导自我觉察与发展、员工绩效评估、企业高层候选人的评荐、组织学习与变革等领域。

360度绩效考评包含的内容主要有以下几个方面。

1. 自我考评

自我考评就是被考评者自己评价自己的工作表现，论定自己与工作目标的差距。自我考评有助于个人全面地审视自己的工作表现，从而不断地发现自我，确定自己今后工作努力的方向。

自我考评具有如下优点：

（1）自我考评是一种轻松的考核方式，对于任何考评者都不具有威胁性，不会让考评者感受到绩效考核压力。

（2）自我考评有助于员工自省，从而发现自己的长处和短处，这便使考核结果具有一定的建设性，有助于员工改善自己的绩效。

不过，由于受到自利性偏差的影响，当自我考评时，被考评者总是倾向于高估自己的工作表现，以致和上级主管以及他人的评价有些出入。这样的话，便会导致被考评者与上级主管的关系僵化，不利于组织氛围的和谐。因此，在进行自我评价这项工作时，尤其要注意这一点，上级主管或人事部门相关人员最好就评价的差异与被考评者进行认真的沟通。

2. 上级主管考评

上级主管考评即让被考评者的直接上级来评价下属的工作，这是绩效考核中最常见的方式。为了使评价体现出一定的价值，管理者应该熟悉一些评估方法，并善用评估的结果来指导下属，从而提升下属的胜任素质。上级主管考评是传统绩效考核制度的核心，这种考评方式为上级与下属沟通提供了合适的机会，有助于上级及时了解下属的需求和想法，使下属的工作按照组织的期望开展。

不过，上级主管评价的劣势也是客观存在的：

（1）上级掌握着对下属的奖惩权，未免因纠缠于利益关系而承受较大的心理负担，影响了绩效评价的客观性。

（2）上级在考评的过程中往往只是单纯说教，造成单向沟通的局面。

（3）上级可能存在偏见，而不能保证考评的公正性，以致降低下属对考评结果的认可度。

3. 直接下属考评

让下属来评价上级的工作，这个观念对传统的人力资源工作者而言似乎有点不可思议。不过随着组织层级结构中权力关系的弱化，越来越多的公司倾向于让员工评估其上级主管的绩效，这个过程被称为向上反馈（upward feedback）。从某种意义上来看，向上反馈对管理者个人潜能的开发、管理水平的提升非常有价值。例如，美国联邦捷运公司建立了一种调查反馈方案，用于进行下级考评。美国电报电话公司、通用电气、杜邦等大型跨国公司也纷纷引入了下级评价上级的考评系统，取得了很好的效果。

直接下属考评具有如下优势：

（1）有助于上级完善其管理才能。

（2）能够达到权力制衡的目的，下属考评为员工提供了监督上级工作的机会，从而在一定程度上避免了上级独裁武断的倾向。

与此同时，下级考评也存在如下几个劣势：

（1）上级为了获得下级较高的评价，更加重视员工的满意度而不是员工的工作效率，这对组织目标的达成是不利的。

（2）员工即使不满意上级的工作表现，但顾及上级的态度和反应，担心上级报复自己，也会口是心非地夸大上级的优点，隐匿自己的不满。

（3）从下级的角度出发，他们很可能难以全面了解上级的工作，因此在考评时便会只见树木不见森林，易产生片面看法。

（4）由于职级的存在，有的上级往往并不重视下属的意见，即使口头表示认可，也没有真正地心悦诚服，更不用说将所谓的改正付诸行动。

4. 同级考评

相较上下级，被考评者在平时的工作中与同级有更多的交集，由于同级之间有更多的接触与合作，同级有机会全面了解被考评者的工作情况，所以同级之间进行互相评价，评价结果将会更加客观。

不过，同级评价也不可避免地存在一些弊端：

（1）同事之间朝夕相处，很容易建立朋友关系和形成非正式组织，在考评的时候，考评者便会由于顾念私人交情而给予被考评者较高的评价，使绩效评价失去了公正性。

（2）同事可能因为私人恩怨而产生感情偏差，故意给予被考评者较低的评价，挟私报复。

（3）由于绩效考核结果往往涉及利益分配，这便使同事之间出现了利益之争，导致绩效评价脱离客观实际。

5. 客户考评

客户的评价对从事服务业的人员提升个人工作水平非常有价值，因为这些人员工作好坏的最主要评价标准就是客户满意度，通过客户评价，员工能确切地知道自己在客户服务关系、行销技巧等方面的表现与态度如何。

目前，国内一些服务业（如金融业、餐饮业等）就常常使用客户评价的方式考核员工的绩效。国内很多知名公司的客户服务部门，就会定期以抽样的方式，请客户评估该公司客户服务人员的服务水平。这是因为客户考评有如下两个明显的优势：

（1）由于加进了客户考评的环节，使员工注重客户满意度的提高，间接提升了公司的服务水平、在行业内的竞争优势。

（2）客户并不隶属于企业，便不会受到企业内部利益机制的影响，因此在实施考评的时候会更加客观、公正。

客户考评实施难度较大，比较费时费力，需要企业支付较高的成本。可以说，这是客户考评的劣势所在。

6. 多主管、矩阵式的考评

例如，在很多企业，为了有效服务于同一个项目，常会进行跨部门合作，这便导致被考评者有机会与很多主管一起共事。所以，在建立绩效评估系统时，一些企业也将多主管、矩阵式的绩效评估方式纳入绩效评估系统之中。即每位项目主管在专案结束之后，即须对项目参与人员的绩效进行评估。又如，目前国内很多企业在各大城市都设有分部或办事处，因此一些员工的工作经常是在两地（或多地点）同时进行，所以一些公司就会要求所有的主管都要对该员工的绩效表现进行评估。

概括来说，完整的360度绩效考评包括三个阶段：准备、评价、反馈。

1）第一阶段——准备

凡事预则立，准备工作非常重要，准备工作质量的好坏直接影响着评估过程顺利与否以及评估结果是否有效。在这个阶段，需要完成的工作有：

（1）组建360度绩效考评队伍，确定考评者的人选。

（2）组织对所有相关人员进行关于360度绩效考评的培训，使其建立其对这种考核方法的信任，并掌握必需的考评技术。

（3）设计调查问卷，问卷设计要遵循科学性原则，针对不同种类的工作，应设计出不同的问卷，问卷要体现出员工的工作能力，工作能力主要集中在领导能力、管理能力、专业能力、业务能力、工作态度等。问卷评分项目权数的设计应简单易懂，关于评分的语言描述要清楚明确，并且与打分内容相一致。

2）第二阶段——评价

评价是360度绩效考评的核心环节，360度绩效考评一般通过问卷法（设计格式见表1-2）来实施评价，问卷的形式分为两种：一种是给评价者提供分值等级（称之为等级量表），让评价者自己选择分值；另一种是让评价者写出自己的评价意见，即开放性问题。在实际操作的过程中，这两种方法也通常综合采用。

在组织考评的过程中，除上级对下级的评估可以公开外，其他考评人对被考评人的评估最好是采取匿名的方式。因为匿名的方式更有助于人们无所顾忌地提供最真实的信息。

3）第三阶段——反馈

反馈是考评工作的最后一步，也是整个考评过程最关键的部分。所以，当考评结果出来后，人力资源部门要及时统计和分析所获得的信息并整理出结果，适时地就考评结果与被考评者进行沟通。通过来自各方的反馈，可以让被考评者更加全面地了解自己的长处和短处，意识到自己目前工作水平与组织期望的差距，从而实施必要的改进工作。

表1-2　　　　　　　　　360度绩效考核问卷设计

指标		权重	0.9~1.0分	0.7~0.8分	0.5~0.6分	0.3~0.4分	0.1~0.2分	分值	得分（权重×分值）
工作能力（50%）	专业技能	0.30	专业知识和经验丰富，专业技能熟练，能处理绝大多数专业技术问题，并经常主动提供改进性建议	丰富的专业知识和技能，根据工作任务要求能处理大多数专业技术问题	较丰富的专业知识，能处理大多数常规的技术问题	专业知识技能水平一般，常因不能解决相关的专业技术问题而影响工作	不具备足够的专业知识技能，无法顺利完成工作		
	控制能力	0.20	能十分有效地控制计划任务进程和结果，可对下属和合作者的行为及态度产生积极影响	能基本控制任务进程和结果，并对下属和合作者的行为及态度产生一定的积极影响	能完成大多数任务，但对下属和合作者的调控能力一般	能完成大多数任务，但对下属和合作者的调控能力较差，易激起矛盾	常不能按要求完成任务，无法对下属进行有效管理		
	分析判断	0.20	能主动快速地收集信息，找出主要矛盾，并及时提出合理有效的建议	能快速收集相关信息，找出问题，提出有效的方案	能收集一些相关信息，并提出建议	信息收集不全，常凭借主管决策，建设性意见较少	常对工作任务作出错误判断，影响工作		
	计划组织	0.15	能根据企业经营战略及时主动地制订详尽可行的部门计划，合理统筹安排资源，对意外情况有应急方案	能根据企业经营战略制订详尽可行的部门计划，并可合理安排资源	能按既定要求制订有关计划并安排资源，但预见性和效率一般	计划不够明确，可行性较差，有时因此而影响工作进展	不能根据企业经营战略制订可行的部门计划		
	沟通协调	0.15	总是能迅速地理解他人的观点，并建立良好的合作关系	在一般情况下，能通过交流沟通与他人达成一致	基本能与他人进行沟通，并完成工作任务	常因沟通障碍影响工作进展，有时会影响大局	无法有效地与他人沟通，拙劣的沟通技巧影响了工作任务的完成		
	责任心	0.25	勇于承担责任，以大局为先，不计较个人得失	勇于承担责任，但有时不能自我督促	能适当承担责任，但大局观不强，需要上级督促	能承担部分责任，但需上级经常性督促	逃避责任，常常推诿扯皮，影响工作任务顺利完成		

（续表）

指标		权重	0.9~1.0分	0.7~0.8分	0.5~0.6分	0.3~0.4分	0.1~0.2分	分值	得分（权重×分值）
工作能力（50%）	成本观念	0.25	成本意识很强，部门费用常常小于预算	具有较强的成本意识，部门费用有时小于预算	具有基本的成本意识，部门费用与预算常常持平	成本意识较弱，有一定程度的浪费现象	没有成本意识，费用常常超过预算，浪费严重		
	忠诚度	0.2	与企业同舟共济，不计较一时的得失	能主动维护企业利益，敢于揭发有损企业利益的行为	能维护企业利益，但主动性不强	有时看重个人利益，大局观不强	对企业不够忠诚，对个人利益斤斤计较		
	服从性	0.15	对上级的命令不折不扣地严格执行，出现意外情况及时上报指示	对上级的命令基本能严格执行，出现意外能向上级反馈，征求意见	对上级的命令基本能严格执行，偶尔自作主张，但不影响大局	对上级的命令执行不严格，经常自作主张，不顾大局	违抗上级已下达的命令，或阳奉阴违		
	细心程度	0.15	工作非常认真细致，极少犯错	工作认真细致，较少犯错	工作较认真细致，偶尔会犯错，但能积极改正	工作比较粗心，容易犯错，有时影响工作进程	工作比较粗心，容易犯错，有时影响工作进程		

二、360度绩效考评的优缺点

1.优点

从当初构想360度绩效考评的角度来看，成功的360度绩效考评具有如下优点：

（1）通过评估反馈，被考评者可以从多方面获得关于自己素质能力、工作风格和绩效表现的评估意见，能够较全面、客观地了解有关自己优缺点的信息，从而可以有针对性地制订绩效改善计划，为个人未来职业生涯及能力发展提供参考。

（2）实施360度绩效考评时，被考评者所获得的关于自身工作情况的信息来自多个评估个体，这便导致评价信息更易于得到被考核者的认可。

（3）实施360度绩效考评有助于促进成员彼此之间的沟通与互动，提高团队凝聚力和工作效率，促进组织的变革与发展。

（4）通过实施360度绩效考评，有助于提高员工客户服务水平。

2.缺点

不过，设想并不等同于现实，360度绩效考评虽然具备很多优点，但是由于360度绩效考评涉及的人员较多，而且很多人员之间都存在利益博弈关系，所以导致一些评价者所提供的评价并不是其真实想法，而是加工过的不实意见。关于360度绩效考核，有这样一个故事：

乾隆年间的某一年突然发生大面积饥荒，很多地方民不聊生。半年后，民众仍然陷于水深火热中，一时，怨声载道，大家对朝廷百般抱怨。

面对此种情境，乾隆皇帝坐卧不安，但是当时国库空虚，即使身为皇帝，他也难以解救天下千千万万的灾民。

乾隆皇帝龙颜大怒，他认为一定是朝廷的整个管理团队出现了问题，才导致情况恶化到这种程度。于是，乾隆皇帝便向满朝文武问责，寻求灾荒的主要责任人。在皇帝的凌厉气势下，很多大臣都承认纪晓岚等少数人确实曾经提到过对于饥荒的救助，但始终没有人承担责任，大家都互相指责。

由于文武百官各有其责，苦无依据评价各官称职程度，乾隆皇帝准备实行一次360度绩效考核，其中和珅和纪晓岚为主要被考评者，考评结果见表1-3、表1-4。

表1-3　　　　　　　　　360度绩效考评结果（和珅）

被考评者	和珅		
上级评价	工作热情很高，对上级布置的工作总是积极处理、坚决执行，谈吐之间忧国忧民，充满激情		综合评价
	善于领会领导精神，深受下级拥护，平级中大部分官员与其关系很好，说明其善于协调		优
	也许在每一方面的工作能力上，他都有不如其他人的地方，但他善于利用资源，团队成长迅速，是不可多得的管理人才		
同级官员评价	典型意见	关心下属，带队能力强，理解上级指示到位，指明方向清楚，同级中再大的矛盾也能化解，合作愉快	综合评价
		能力不足，但是大团队中的润滑剂，是团队团结的核心	
		其工资和大家一样，但却能坐豪华轿子、住豪宅，资产来源不明，可能有些问题，但和他相熟的同僚证明，这些财产是他老婆带来的，与他在朝中显著的管理才干相比，只是小节	优
		不了解其能力与具体工作情况，但平时待人和蔼可亲，没有官架子，感觉是个不错的人	
	少数意见	这类官员没有真实才干，却善于隐藏自己，分管的事情做得越差，官却越做越大，这样的人，朝中有一两个还不足以为患，但如果满朝文武都这样，能人志士就不能为国家效力，国库日渐空虚，繁荣与人民幸福就谈不上了（乾隆皇帝批语：这样的说法，反映出对团队能力的不信任与对领导用人能力的怀疑，缺乏积极向上的心态，不宜收录）	
下级官员评价	100%评价均是优		综合评价
			优
综合评价	得到满朝文武考评最高分，由于已经官居极品，无法升官，则乾隆只好赐予其尚方宝剑以资嘉奖		

表1-4　　　　　　　　　　360度绩效考评结果（纪晓岚）

被考评者	纪晓岚		
上级评价	业务能力突出，专业能力很高，遗憾的是，过于固执，执行上级指示不坚决，经常提出反对意见，影响大局		综合评价
	特别是饥荒问题，虽然他早已发现，可是却严重缺乏沟通能力，无法说服百官承认他的发现，更不能帮助皇帝认清形势		差
	经常指责有的官员水平不合格，但却不能从流程制度上帮助这些官员去提高与改善		
同级官员评价	典型意见	业务虽强，但缺乏团队精神，过于突出个人能力，忽视集体作用	综合评价
		对其他人缺乏信任感，总以为朝中许多官员不合格	差
		对上级不够尊重，爱自作主张	
		做任何决定都不爱与大家交流，大家都不知道他在忙些什么	
		与其他部门配合中，总是出现问题	
	少数意见	是难得的人才，为百姓与朝廷尽心尽力，家无余财，是难得的忠臣，有原则，应该号召大家向他学习（乾隆皇帝批语：此人必然与纪晓岚关系亲密，不足为信）	
下级官员评价	有领导魅力，推动工作能力强，效率高，对国家忠心，对人民负责；布置工作生硬，要求苛刻		综合评价
	带领部门所做工作经常得不到皇帝肯定，说明领导水平有问题		差
	搞不清楚应该向哪个方向发展，因为其主张常会被皇帝否定，为国做事还是听命行事，总是让下属面临选择		
综合评价	排行处于朝廷末列，由于规定这次考词处于最后10%的官员被淘汰，纪晓岚被降职处理，乾隆皇帝希望他多多历练，以提高自己的为政素质		

从上述故事可以看出，在实施360度绩效考评的过程中，由于掺杂了很多人情的因素，且诸多的利益关系盘根错节，则导致所得出的评价偏离了客观事实，使评价缺乏一定的参考价值。因此，企业在实施360度绩效考评时，一定要充分考虑这一因素，尽可能把这一因素的不利影响规避掉。

除了上述弊端外，360度绩效考评还存在以下缺点：

（1）匿名评价的形式降低了评价结果的说服性。一般而言，在对被考评者进行360度绩效考评时，组织为了规避人情的因素，多以匿名的形式评价被考评者，虽然这种做法非常有可取之处，但同时也降低了评价结果的说服性。因为对于一则评价信息，被考评者对其接受度如何，还取决于信息的来源。比如，对于"工作态度不够积极"的评价信息，如果评价信息出自上级，被考评者可能会认为评价比较公允，但是如果评价信息来自同事的话，被考评者也许就对这则评价比较抵触。

（2）管理者借用他人评价来推脱责任。应用360度绩效考评后，当管理者指导或批评下属，而下属对上级的评价颇有微词时，管理者也许便会说出这样一句话："这是大家的意见，不要找我！"这种管理方式分散了管理责任，偏离了管理的本质要求"责权利"。

（3）360度绩效考评耗时费力，需要企业花费不菲的经济成本。360度绩效考核包括了选择考评人、设计问卷、填写问卷、信息整理与分析、给予评价等五个程序，因此，实施一次完整的360度考评，需要做大量的工作，耗费企业大量的人力成本、时间成本和资金成本。

三、企业实施360度绩效考评的误区

为了致力于员工绩效的提升，很多企业都引进了360度绩效考评系统，兴致勃勃地希望借助这种考核方式使企业大受裨益。然而，在现实的管理实践中，360度绩效考核并没有成全了企业的美梦，并没有为企业带来实际的收益。之所以会出现这种情况，便在于企业对360度绩效考评还存在一些理念上的和实际操作中的误区，这些误区限制了360度绩效考评的积极效用。据一项针对600余家企业进行的调查结果表明，只有1/3的企业认为通过实行360度绩效考评确实改善了组织的绩效，还有1/3的企业认为360度绩效考评没有使企业的绩效获得任何起色，最后1/3的企业则说执行360度绩效考评还不如应用以前的考核方法，新的考核方式反而为企业造成了负面影响。

企业实施360度绩效考评的误区主要有以下三个方面：

（1）通过实施360度绩效考评，主要是为了对员工实施奖惩，将考评结果作为员工赏罚和晋升与否的工具。360度绩效考评的主要目的应该是绩效改善，通过多方反馈来提升员工的胜任素质，如果企业将考评结果与奖惩措施联系起来，便很可能导致考评者故意提供虚假的信息，大家彼此为对方打一个较高的分数，从而使被考评者和考评者双双受益。

（2）没有将考核结果反馈给被考评者。一些企业在实施360度绩效考评时，只是把考评结果作为了解员工胜任素质的工具，一旦考评结束，便不再就考评结果与员工进行沟通，取消了绩效反馈的环节，结果导致员工对360度绩效考评怀有排斥心理。有的企业认为让员工知道自身的考评结果会影响其工作积极性，索性还不如把考核结果视为"不能说的秘密"，然而事实上，大多数员工都是希望获得关于自身工作情况的反馈的。一位员工在离开了工作多年的企业后，曾经说道："我来企业7年了，原来进行考核是针对集体，我还能少许知道自己1年来的情况。结果实行了针对个人360度绩效考评后，连这一点信息都没有了。自己干了1年，但没有人告诉我取得了哪些成绩，更没有人告诉我存在哪些不足。"

（3）企业关于360度绩效考评准备工作做得不够，没有事先清晰界定考核目的和执行细节。很多企业在还没有完全理解360度绩效考评的理念和执行要点时，便匆匆实施这种考核方式，结果造成了获得绩效反馈的员工往往在没有得到正确培训和指导的情况下，不得不自己去处理个人所获得的绩效反馈结果，从而导致员工难以制定出绩效改善的目标和行动方案。

对于员工乃至整个组织绩效的改善，360度绩效考评可以发挥非常积极的效用，为了使企业尽可能地从360度绩效考评中受益，特提供如下三个建议：

建议一：明确企业实施360度绩效考评的目标，并运用相应的评价指标来评估实施效果。企业在准备实施360度绩效考评前，应该界定出企业意欲从这种考核方式中获得的收益以及达到的某个目标，从而使考核工作有的放矢。

建议二：制定详细的执行措施，贯彻执行这种考核方法的目的。企业在实行360度绩效考评时，应与自身的发展战略、组织文化等内容有机地结合起来，而不能为了考核而考核。在整个考评的过程中，尤其要强调员工的参与感，争取实现上下级和同级之间的高度信任。

建议三：将考核结果反馈给被考评者。只有把考评结果客观地反馈给被考评者，才可以看出360度绩效考评发挥了效用，如果被考评者对于考评结果一无所知，则根本无法有针对性地改善自己的既定绩效。因此，人力资源部门人员和被考评者的上级主管应该把考评结果反馈给被考评者，并就改善措施提供可行性建议。

四、360度绩效考评实用工具

360度绩效考评中涉及的表格见表1-5至表1-8。

表1-5　　　　　　　　360度绩效考评表（用于自我评价）

被考评人		个人编号		填表日期	
所在部门		岗　　位		就职日期	
考核区间	年　月至　年　月					
考核标准以及分数					
杰出（6分）　优秀（5分）　良好（4分）　一般（3分）　差（2分）　较差（1分）　极差（0分）					
考核项目		考核得分			备注
			考核分数	权重	
个人素质	1.品德修养、礼貌礼仪、个人仪容仪表			8%	
	2.有团队合作意识，能以集体利益为重			8%	
	3.沟通能力和亲和力			8%	
	4.学习能力、分析总结能力			10%	
	5.主动发现问题、解决问题的态度和能力			10%	

（续表）

考核项目		考核得分		备注
		考核分数	权重	
个人素质	6.积极进取精神、意志坚定		7%	
	7.责任心		7%	
	8.诚实、守信、守时		7%	
	9.灵活性		7%	
	10.创造性以及潜力		7%	
	11.良好组织能力和协调管理能力		6%	
	12.遵守法律法规以及公司规章制度		7%	
	13.职业操守		8%	
	合计		100%	
工作态度	1.出勤状况		15%	
	2.对待工作责任心		17%	
	3.对待工作热情度		17%	
	4.能主动完成工作任务		19%	
	5.能寻求更好的方法来完成工作		10%	
	6.积极主动地配合其他岗位的工作，与同事及协作部门保持良好的协作关系		12%	
	7.遵守工作规范		10%	
	合计		100%	
专业知识	1.专业业务知识		30%	
	2.相关专业知识		15%	
	3.外语知识		15%	
	4.计算机应用知识		20%	
	5.参加各种专业知识培训，不断学习专业知识和技能		20%	
	合计		100%	
工作能力	1.能保质保量完成工作任务		10%	
	2.能正确理解上级安排的工作，在执行过程中能主动调动各方资源以达成目标		10%	
	3.工作中有计划性，安排合理，有条不紊		9%	
	4.能准确地表达出自己的看法，在工作中善于沟通并保持良好的人际关系		8%	
	5.根据客观条件变化而变化工作方法的应变力		8%	
	6.主动改进和创新的意识、效果		8%	
	7.对承担的工作熟练掌握，有成功完成的经验		10%	
	8.工作认真、细致，考虑问题深入		10%	
	9.对问题认识全面，有系统性		10%	
	10.能给予下属指导和帮助，有效地培养下属成长		9%	

（续表）

考核项目		考核得分		
		考核分数	权重	备注
工作能力	11.在承担工作上有发展潜力		8%	
	合计		100%	
工作业绩				
	合计			
	总计			
你最欣赏自己哪些方面？				
你认为自己哪些方面需要改进？				
满分是100分，你给自己打多少分？				

表1-6　　　　　360度绩效考核表（用于上级评价）

被考核人		个人编号		填表日期	
所在部门		岗　位		就职日期	
考核区间		年　月至　年　月			

考核标准以及分数

杰出（6分）　优秀（5分）　良好（4分）　一般（3分）　差（2分）　较差（1分）　极差（0分）

	考核项目	考核得分		
		考核分数	权重	备注
个人素质	1.品德修养、礼貌礼仪、个人仪容仪表		8%	
	2.有团队合作意识，能以集体利益为重		8%	
	3.沟通能力和亲和力		8%	
	4.学习能力、分析总结能力		10%	
	5.主动发现问题、解决问题的态度和能力		10%	
	6.积极进取精神、意志坚定		7%	
	7.责任心		7%	
	8.诚实、守信、守时		7%	
	9.灵活性		7%	
	10.创造性以及潜力		7%	

(续表)

考核项目		考核得分		
		考核分数	权重	备注
个人素质	11.良好组织能力和协调管理能力		6%	
	12.遵守法律法规以及公司规章制度		7%	
	13.职业操守		8%	
	合计		100%	
工作态度	1.出勤状况		15%	
	2.对待工作责任心		17%	
	3.对待工作热情度		17%	
	4.能主动完成工作任务		19%	
	5.能寻求更好的方法来完成工作		10%	
	6.积极主动地配合其他岗位的工作，与同事及协作部门保持良好的协作关系		12%	
	7.遵守工作规范		10%	
	合计		100%	
专业知识	1.专业业务知识		30%	
	2.相关专业知识		15%	
	3.外语知识		15%	
	4.计算机应用知识		20%	
	5.参加各种专业知识培训，不断学习专业知识和技能		20%	
	合计		100%	
工作能力	1.能保质保量完成工作任务		10%	
	2.能正确理解上级安排的工作，在执行过程中能主动调动各方资源以达成目标		10%	
	3.工作中有计划性，安排合理，有条不紊		9%	
	4.能准确地表达出自己的看法，在工作中善于沟通并保持良好的人际关系		8%	
	5.根据客观条件变化而变化工作方法的应变力		8%	
	6.主动改进和创新的意识、效果		8%	
	7.对承担的工作熟练掌握，有成功完成的经验		10%	
	8.工作认真、细致，考虑问题深入		10%	
	9.对问题认识全面，有系统性		10%	
	10.能给予下属指导和帮助，有效地培养下属成长		9%	
	11.在承担工作上有发展潜力		8%	
	合计		100%	
工作业绩				

（续表）

考核项目		考核得分		
		考核分数	权重	备注
工作业绩				
	合计			
	总计			
你最欣赏自己哪些方面？				
你认为自己哪些方面需要改进？				
满分是100分，你给自己打多少分？				

表1-7　　　　　360度绩效考评表（用于下级评价）

被考核人		个人编号		填表日期	
所在部门		岗　　位		就职日期	
考核区间		年　月至　年　月			
考核标准以及分数					
杰出（6分）　优秀（5分）　良好（4分）　一般（3分）　差（2分）　较差（1分）　极差（0分）					

考核项目		考核得分		
		考核分数	权重	备注
个人素质	1.品德修养、礼貌礼仪、个人仪容仪表		8%	
	2.有团队合作意识，能以集体利益为重		8%	
	3.沟通能力和亲和力		8%	
	4.学习能力、分析总结能力		10%	
	5.主动发现问题、解决问题的态度和能力		10%	
	6.积极进取精神、意志坚定		7%	
	7.责任心		7%	
	8.诚实、守信、守时		7%	
	9.灵活性		7%	
	10.创造性以及潜力		7%	
	11.良好组织能力和协调管理能力		6%	
	12.遵守法律法规以及公司规章制度		7%	
	13.职业操守		8%	
	合计		100%	

(续表)

考核项目		考核得分		
		考核分数	权重	备注
工作态度	1.出勤状况		15%	
	2.对待工作责任心		17%	
	3.对待工作热情度		17%	
	4.能主动完成工作任务		19%	
	5.能寻求更好的方法来完成工作		10%	
	6.积极主动地配合其他岗位的工作,与同事及协作部门保持良好的协作关系		12%	
	7.遵守工作规范		10%	
	合计		100%	
专业知识	1.专业业务知识		30%	
	2.相关专业知识		15%	
	3.外语知识		15%	
	4.计算机应用知识		20%	
	5.参加各种专业知识培训,不断学习专业知识和技能		20%	
	合计		100%	
工作能力	1.能保质保量完成工作任务		10%	
	2.能正确理解上级安排的工作,在执行过程中能主动调动各方资源以达成目标		10%	
	3.工作中有计划性,安排合理,有条不紊		9%	
	4.能准确地表达出自己的看法,在工作中善于沟通并保持良好的人际关系		8%	
	5.根据客观条件变化而变化工作方法的应变力		8%	
	6.主动改进和创新的意识、效果		8%	
	7.对承担的工作熟练掌握,有成功完成的经验		10%	
	8.工作认真、细致,考虑问题深入		10%	
	9.对问题认识全面,有系统性		10%	
	10.能给予下属指导和帮助,有效地培养下属成长		9%	
	11.在承担工作上有发展潜力		8%	
	合计		100%	
工作业绩				

（续表）

考核项目		考核得分		
		考核分数	权重	备注
	合计			
	总计			
你最欣赏自己哪些方面？				
你认为自己哪些方面需要改进？				
满分是100分，你给自己打多少分？				

表1-8　　　　　　　　360度绩效考评表（用于同级评价）

被考核人		个人编号		填表日期	
所在部门		岗　位		就职日期	
考核区间		年　月至　年　月			

考核标准以及分数

杰出（6分）　优秀（5分）　良好（4分）　一般（3分）　差（2分）　较差（1分）　极差（0分）

考核项目		考核得分		
		考核分数	权重	备注
个人素质	1.品德修养、礼貌礼仪、个人仪容仪表		8%	
	2.有团队合作意识，能以集体利益为重		8%	
	3.沟通能力和亲和力		8%	
	4.学习能力、分析总结能力		10%	
	5.主动发现问题、解决问题的态度和能力		10%	
	6.积极进取精神、意志坚定		7%	
	7.责任心		7%	
	8.诚实、守信、守时		7%	
	9.灵活性		7%	
	10.创造性以及潜力		7%	
	11.良好组织能力和协调管理能力		6%	
	12.遵守法律法规以及公司规章制度		7%	
	13.职业操守		8%	
	合计		100%	
工作态度	1.出勤状况		15%	
	2.对待工作责任心		17%	
	3.对待工作热情度		17%	
	4.能主动完成工作任务		19%	
	5.能寻求更好的方法来完成工作		10%	

（续表）

考核项目		考核得分		
		考核分数	权重	备注
工作态度	6.积极主动地配合其他岗位的工作，与同事及协作部门保持良好的协作关系		12%	
	7.遵守工作规范		10%	
	合计		100%	
专业知识	1.专业业务知识		30%	
	2.相关专业知识		15%	
	3.外语知识		15%	
	4.计算机应用知识		20%	
	5.参加各种专业知识培训，不断学习专业知识和技能		20%	
	合计		100%	
工作能力	1.能保质保量完成工作任务		10%	
	2.能正确理解上级安排的工作，在执行过程中能主动调动各方资源以达成目标		10%	
	3.工作中有计划性，安排合理，有条不紊		9%	
	4.能准确地表达出自己的看法，在工作中善于沟通并保持良好的人际关系		8%	
	5.根据客观条件变化而变化工作方法的应变力		8%	
	6.主动改进和创新的意识、效果		8%	
	7.对承担的工作熟练掌握，有成功完成的经验		10%	
	8.工作认真、细致，考虑问题深入		10%	
	9.对问题认识全面，有系统性		10%	
	10.能给予下属指导和帮助，有效地培养下属成长		9%	
	11.在承担工作上有发展潜力		8%	
	合计		100%	
工作业绩				
	合计			
	总计			

(续表)

考核项目	考核得分		
	考核分数	权重	备注
你最欣赏自己哪些方面?			
你认为自己哪些方面需要改进?			
满分是100分，你给自己打多少分?			

影响绩效考核有效性的因素

绩效考核是一个完美的设想，但是在实施的过程中，总会有一些主、客观因素限制了绩效考核作用的发挥，影响绩效考核有效性的因素有如下这些。

1. 企业没有正确理解绩效考核的真正功能，对绩效考核定位模糊

很多企业在实施绩效考核的过程中，都存在一个严重的问题，那就是误解了绩效考核的本质，没有对绩效考核进行正确定位。所谓考核的定位问题，即企业通过绩效考核要解决什么问题，实施绩效考核工作的真正目标是什么。比如，有的企业只把绩效考核当成应景的事情，在每个绩效考核周期的结尾填写一堆表格便完事；有的企业则对考核目的的定位过于狭窄，只是为了考核而考核，使考核流于形式；还有的企业则把绩效考核当成实施奖惩的工具，根据考核的结果对员工或赏或罚。如果企业对绩效考核定位不正确的话，绩效考核将难以发挥既定的作用，反而导致了企业不期待行为的发生。比如，有的企业的员工尽可能地少做事，因为做得多，出错的地方便也多，绩效考核的结果也越差。这便导致很少有员工愿意承担那些对企业十分重要、但却没有纳入考核体系的工作。

2. 制定的绩效考核指标缺乏科学性，没有量化绩效考核指标

制定绩效考核指标是实施绩效考核极为关键的一环，很多企业在确定绩效考核指标时，都在追求指标体系的全面、完整，恨不得将员工工作的每一个细节都囊括进来。然而，对于如何使考核的标准量化并且具有操作性等问题，而考虑地非常不周到，甚至所制定的绩效考核指标与绩效计划严重偏离。科学地实施绩效管理，主要应该确定关键业绩指标，将员工的行为引向组织的战略使命，考核指标确定地过于多、过于复杂，只会增加绩效考核实施的难度，并且使员工晕头转向地不知道该如何进行行为的取舍。

3. 绩效考核的客观性不足，过于主观

绩效考核必然要涉及绩效评价，人很难规避主观性影响，这便导致绩效考核结果

往往会受人为因素影响而产生偏差。例如，某个上级对下属存在偏见，即使这名下属兢兢业业工作十分出色，上级也可能低估下属的努力水平，给予不够公允的评价。又如，有的主管是好好先生，为了不得罪人，便对每一位员工都给予同样的评价，导致考评结果中庸化。此外，考评者也极易发生一些无意的主观偏差，如晕轮效应、近因效应、定型效应、折射效应等。

4. 绩效考核缺乏必要的沟通和反馈

很多企业只是单纯把员工视为被考核者，当对员工实施完绩效考核后，便彻底地把员工排除于绩效考核体系之外，缺少了绩效沟通和绩效反馈的环节，使员工对绩效考核流程和绩效考核结果一知半解，根本无从知道自己目前的工作还存在哪些问题，更别提采取什么绩效改进措施了。

5. 绩效考核结果难以完全规避环境的影响

绩效是人与环境互动的结果，宏观环境和微观环境将会对员工的绩效产生重要影响。若外部经济环境好的话，员工也许不怎么努力就可以实现较好的业绩；若外部经济环境不好的话，员工即使殚精竭虑也难以产生较好的工作结果。

绩效考核常见误差

一、考核人差异化解读考核指标

不同的考核人对绩效标准的解读很可能会出现差异。比如，对于"优、良、合格、不合格"等标准，不同的考核人对这些标准的理解很可能会出现差异，对于同一个员工的工作表现，甲考核人将其定义为"优"，乙考核人则可能认为其处于"良"的水平。

对于这一误差，可以采取如下措施进行规避：

（1）尽可能量化考核指标，以便考核人更加精确地进行考核评价。

（2）最好不要对不同职务员工的考核结果进行评价，由于职务不同、考核人不同，考核结果很难具备可比性。

二、投射效应

考核人在进行绩效评价时，很可能出现投射效应，即认为自己具有某种特性，他人也一定会有与自己相同的特性,把自己的感情、意志、特性投射到被考核者身上。因此,对于那些与考核者具备较多相似特征的被考核者,很可能获得考核者较高的评价。

三、光环效应

当一个人有一个显著的优点的时候,人们会误以为他在其他方面也有同样的优点,这就是光环效应。在考核中也是如此。比如,被考核人工作非常积极主动,考核人可能会误以为其工作业绩也非常优秀,从而给被考核人较高的评价,但实际情况可能并非如此。

四、对比效应

对比效应是指在绩效评定中,他人的绩效影响了对某人的绩效评价。比如,一名考评者刚刚评定完一名绩效非常突出的员工,紧接着评定一名绩效一般的员工,那么很可能将这名绩效本来属于中等水平的人评为"比较差"。

对比效应很可能发生在考核者无意中将被考核者新近的绩效与过去的绩效进行对比的时候。一些以前绩效很差而近来有所改进的被考核者可能被评为"较好",即使被考核者所实现的进步充其量只是勉强达到一般水平。

五、近因效应

所谓近因效应,就是人们在心理认知上倾向于对最近发生的事情记忆深刻,而对很久以前发生的事情印象浅显。

由于受到这种心理效应的影响,这便导致考核者对被考核者的工作绩效进行评价时,往往会受到其近期表现的干扰,以近期印象来代替被考核人在整个考核周期的绩效情况,以致产生考核误差。

比如,一名员工在整个考核周期的前半部分时间段工作十分不认真,但在临近考核的时候,突然表现良好,从而导致其获得较高的考核评价。

关于如何规避近因误差,考核者可以对员工的工作行为进行月度记录,在年底考评的时候,参考月度工作记录给予考核评价。

六、溢出效应

考核者在评价被考核者的绩效表现的时候,很可能受到其原先考核记录的影响,这时便出现了溢出效应。比如,对于一名在前几次考评中成绩都很优秀的考评者,考核者很可能会惯性地认为其在这个考核周期的表现也是很优秀的，因而给予其与前几次考评相同的考核结果。

七、刻板效应

刻板效应是指人们用刻印在自己头脑中的关于某人、某一类人的固定印象，以此固定印象作为判断和评价人依据的心理现象。反映在绩效考评中，就是考评者常会基于被考评者所属群体的总体特征来对其进行评价。比如，女性通常被认为具有"心思细腻"的心理特征，当考评者评价一名女性员工时，便倾向于在无意识中想当然地认为这名员工必然是心思细腻的。然而，这种评价很可能并不与事实相符。

八、中庸主义

考核者为了避免因绩效评价而得罪被考核人，便对所有被考核者给予大致一样的评价，使所有被考核人的考评成绩出现中庸化，使绩效考核失去了有效评定员工工作行为的意义。

为了避免出现这种情况，有关部门应该对考核人员进行必要的关于绩效考核理念的培训，以便消除他们的后顾之忧。

九、感情用事

考核者很难屏蔽自己既定感情对考核评价的影响。比如，他们倾向于给自己喜欢的人较高的评价，对自己不喜欢的人给予较低的评价——这种评价方式对被考核者是十分不公平的。

十、从众心理

为了避免被群体所孤立，很多人都有从众心理，倾向于与大多数人保持同样的行为态度。在绩效考核中，考核者也常会受到从众心理的干扰。比如，当大多数考评者对一位被考评者作出较糟糕的评价后，即使某名考评者认为此名被考评者的绩效为"优"，也很可能迫于群体压力，放弃了自己的主张，同样对这名被考评者作出较糟糕的评价。

十一、职场压力

当考核者了解到本次考核的结果会与直接影响被考核者的薪酬情况与职务变更，或者惧怕在考核沟通时受到被考核人的责难时，鉴于上述压力，考核者可能会作出偏高的考核。

为了规避这种考核误差，一方面要注意对考核结果的用途进行保密，另一方面在考核培训时让考核人掌握考核沟通的技巧。如果考核者确实不适合进行绩效沟通，可以让人力资源部门代为进行。

关于如何规避上述误差，如何尽可能实现绩效考核的公正与有效性，有如下建议：

（1）量化考核标准。精准确定考核内容是成功实施绩效考核的关键，应由专业人员及相关工作人员根据不同企业、不同部门及不同岗位的具体情况共同研究、制定考核标准。所制定的考核标准要尽可能地实现量化表述，即含义清楚、不能随意解释，考核者对同一类被考核者使用的考核方法一致。以职务说明书或职务分析为依据制定考核内容和考核标准是一个简便有效的方法。

因此，首先，考评的指标应尽量简洁，过多的指标极易导致绩效考核工作者工作量的增加，并且难以区分各考核指标之间的权重对比；其次，确定考核的内容指标时，要考虑企业的实际特点，建立有针对性的、切实符合企业自身管理要求的指标体系；再次，在考核工作中，每一项考核的结果都必须以充分的事实材料为依据，如列举员工的具体事例来说明和解释评分的理由。

（2）选择合适的考评工具。每一种考评工具都有其特定的适用性，也有其局限性，这便要求组织针对具体的考评对象选择最适宜的考评工具。比如，等级排序法可以有效地规避中庸化误差，但是如果一个部门的员工都比较优秀的话，这种考评方式就会使一些优秀的被考评者不得不被归为"差"的一类，这自然会引起被考评者的不满，以致降低一些员工的工作积极性。

（3）选择适合的考核人员，并对其进行必要的培训。如果人力资源部门既负责考核工作的组织与策划，同时又承担具体的实施操作职责，这势必影响考核工作的效率与效果。作为企业的核心职能部门之一，人力资源部门的职责应定位于对考核工作的组织及策划，即负责制定考评目标、规范考核的主体内容、指导各具体考核工作单位的考评实施与结果运用。绩效考核工作应当由能够直接观察到员工工作的主管承担，甚至由最了解员工工作表现的人承担。在一般情况下，绩效考核的主要责任人是员工的直线经理。这是因为直线经理在观察员工的工作绩效方面处在最有利的位置，而且这也是他应该承担的管理责任。但是，直线经理不可能对下属的所有工作全部了解，他在考核下属时可能会强调某一方面而忽视其他方面，这种情况在矩阵式组织中更加突出。因此，考核者还应当包括考核对象的同事、下属及其本人，即应用360度绩效考核方法评价员工的工作表现。

对考核者进行培训是提高考核科学性的重要手段，尤其是对考核者进行避免晕轮效应、宽严倾向和集中倾向等培训，有助于减少上述考核误差。进行考核培训，主要是让考核者正确理解考核项目的意义和评价标准，掌握常用的考核方法，并能够选择合适的考核方法。

（4）公开考核过程和考核结果。绩效考核结果必须公开公示，这不仅仅是考核工作民主化的反映，也是组织管理科学化的客观要求。考核评价作出以后，要及时进行考核面谈，由上级对下级逐一进行，将考核结果反馈给员工，使员工了解自己的业绩状况和考核结果，也使管理者了解下级工作中的问题及意见，创造一个公开、通畅的双向沟通环境，使考评者与被评对象能就考核结果及其原因、成绩与问题及改进的措施进行及时、有效的交流，并在此基础上制订员工未来事业发展计划。这样，绩效考核才能真正发挥其效用，推动员工素质的提高，实现组织发展目标。组织向被考核者保密考核结果，除了会引起员工之间的相互猜疑外，还会让组织逐渐失去员工的信任。

（5）设置考核申诉程序。当绩效考核结果出来后，员工很可能对考核结果有异议，他们或者认为考核者没有公正地应用评价标准，或者认为考核者因为主观因素没有给予自己公平评价，这时，员工便会产生不满心理。为此，绩效考核系统一定要设置关于绩效申诉的程序，以从制度上促进绩效考核工作的合理化，达到提高组织绩效的应有效果。

一般而言，人力资源部门主要负责关于绩效申诉的工作，在处理绩效申诉时，人力资源部门应该做到：

（1）在处理绩效申诉时要注意尊重员工个人，应该认真分析员工所提出的问题，找出问题发生的原因。如果是员工的问题，应当以事实为依据，以考核标准为准绳，对员工进行说服和帮助；如果是组织方面的问题，则必须对员工所提出的问题加以改正。

（2）要把处理考核申诉过程作为互动互进的过程，当员工提出考核申诉时，组织应当把它当作一个完善绩效管理体系、促进员工提高绩效的机会，而不要简单地认为员工申诉"是员工有问题"。

（3）处理考核申诉，应确保处理结果能够令申诉者信服。如果所申诉的问题属于考核体系的问题，应当完善考核体系；如果是考核者的问题，应当将有关问题反馈给考核者，以使其改进；如果确实是员工个人的问题，则应该通过提供令人信服的证据让员工认可处理结果。

本土企业推行绩效考核的十二个误区

绩效考核作为提升企业竞争力非常有效的工具，越来越受到本土企业的拥趸。关于本土企业实施绩效考核的现状，大概有如下几种情况：

（1）企业根本就没有实施绩效考核——这类企业多为成立不久的中小企业。

（2）企业虽然实施了绩效考核，但却是变了味的绩效考核。比如，公司管理者只是凭主观印象给员工打分，绩效考核制度制定得相当不系统，甚至没有制定绩效考核制度。

（3）企业实施了量化的绩效考核，但在实施的过程中存在很多问题。比如，为了考核而考核、执行不力等。

（4）企业建立了KPI绩效考核体系，但主要关注财务目标。

（5）企业建立了基于平衡计分卡的KPI体系，可以全面衡量企业各个方面的运营和管理。

企业实施绩效考核的情况不一而足，毋庸置疑，企业在引进绩效考核制度之前都存在非常美好的预想，但是在实际的操作中，绩效考核体系却没有实现企业的预想，原因在于，企业在实施绩效考核的过程中，存在如下几个误区。

1. 绩效考核与企业的战略目标、组织结构、企业文化相脱节

绩效考核，乃至绩效管理系统，与企业的战略目标、组织结构和企业文化息息相关，但是很多本土企业在引入和实施绩效考核时仅着眼于绩效考核体系本身，忽略、割裂了绩效考核同企业其他方面的联系，只是为了绩效考核而实施绩效考核。正确地实施绩效考核，企业应该通过绩效考核系统向员工传递出如下的信息：企业的战略目标是什么？应该如何实现这些战略目标？企业最关注的是哪些员工行为？企业重视并奖励员工的哪些行为？……有效的绩效考核体系必须要最适合企业文化和组织架构，向员工传达企业的价值观、愿景和战略目标，给员工描绘出企业大的"图画"，激励全体员工为达成企业愿景和战略目标而努力。

2. 机械照搬其他企业的绩效考核制度

企业的管理体系必须充分考虑企业的特点、发展阶段、战略目标、员工知识、技能、能力等。不顾企业自身特点，盲目模仿、沿用其他企业管理实践只能导致水土不服。一个企业的绩效管理实践可能帮助该企业创造价值，但却不一定能帮助另一个

企业创造价值。即使两家企业生产同一产品或提供同一服务、处于同一区域内、员工说同一语言，两家企业也肯定会存在差别。在现实生活中，不少企业实行"拿来主义"，如把别的企业（尤其是绩效优秀的跨国公司）的绩效管理表格和绩效评估打分方法拿来，或稍作修改、或原本照搬，即在本企业推行。尤其是目前流行的所谓"最佳实践"大行其道，加之不少咨询公司推波助澜，使不少急于提高企业绩效而又不知从何入手的管理者们纷纷仿效，其结果往往是南辕北辙、事与愿违。绩效考核只有与企业的发展情况、战略经营目标、价值观、企业文化等方面实现完美匹配，才能成为解决企业绩效问题的一剂良药。

3. 重绩效考核，轻绩效管理

绩效管理是一个逻辑严谨的体系，包括绩效计划、绩效实施、绩效考核和绩效改进四个关键环节。然而，很多本土企业仅仅关注绩效考核，而忽略了绩效管理的其他环节，尤其是绩效反馈，使绩效考核难以发挥其战略使命。

绩效管理是一个动态的过程，它通过绩效计划而设定绩效目标，并明确达成目标时的激励措施。通过目标管理界定员工的行为，清楚的目标和透明的激励制度使员工清楚知道付出什么样的努力即会获得何种结果和收获。然而，在执行的过程中目标是否能达成还取决于许多因素。员工自身的努力和投入、员工的知识和能力、工作环境、组织中的障碍、资源的缺乏等都将制约绩效目标的达成。从企业的角度，应该持续跟踪和关注员工在绩效周期内的绩效，通过反馈、指导、培训、清楚组织内影响绩效的障碍、提供支持等各种方式，帮助员工实现既定目标。管理者的角色不是在制定目标后当"甩手掌柜"，袖手旁观，而是要做咨询师、教练、后勤主管。绩效评估和绩效激励（发放奖金）工作完成还不是绩效管理周期的终点。为了未来绩效的达成和提高，管理者还应该同员工共同制定员工的培训和发展计划，通过个人自主学习、在职指导和培训、岗位调动、参加内外部培训课程等方式，提高员工的知识、技能和胜任能力，以便在新的一个绩效周期中在绩效上"百尺竿头，更进一步"。

4. 重员工个人绩效管理，忽视企业整体绩效管理

绩效管理的宗旨是企业战略和经营目标的达成，其手段是通过员工个人目标的实现从而带动企业整体目标的达成。然而，在管理的现实中，管理者们往往是本末倒置。他们多关注于员工个人绩效的管理，轻视、甚至忽视企业整体绩效的管理。其实，企业整体绩效管理才是管理者应该关注的重点，员工的绩效管理是工具和过程。例如，某饮料企业原仅考核员工的个人业绩，没有从企业整体业绩方面入手，结果显而易见：员工绩效好不能带来企业绩效优异。高绩效的企业往往设有绩效管理委员

会，由企业高层亲自领导，其成员包括企划、财务、人力资源等部门负责人，他们的任务是确保企业的战略和经营目标能层层分解到员工个人，使员工的个人目标与企业的目标协调一致，这样不仅管理员工的绩效，而且使团队、部门、企业整体的绩效有机地联系起来，得到很好的管理。

5. 只把绩效考核结果用于奖金发放

不少企业把绩效考核的目标和用途简单化。对于他们来说，考核＝打分＝发奖金，即通过绩效考核对员工的绩效打分，然后把绩效分数机械地同薪酬，特别是员工的月度、季度、半年或年度奖金挂钩。把考核结果同薪酬直接联系没有错，而且在中国企业中还应该加强、普及。但是，绩效考核的目标是多重的，考核的结果更要广泛地运用在员工招聘、培训和发展、晋升等人力资源管理系统中。通过绩效考核，发现企业招聘的员工是否是企业实现战略目标所真正需要的人才；通过绩效考核，发现员工的知识和技能同企业为实现战略目标所需要的知识和技能之间的差距，从而制订培训和发展计划；通过绩效考核，不仅要通过财务方式进行激励，奖勤罚懒，还要通过其他方式，如公开表扬、晋升，对绩优员工进行激励。

6. 片面追求考核指标量化

绩效衡量的指标最好要可量化，避免评估者主观的偏差，本来是好事。然而，尽管中国的传统文化强调中庸，不走极端。但是，在实践过程中，企业的管理者们容易从一个极端走向另一个极端。过去，对于企业和员工的绩效没有评估，或即使有评估，也是依据主观判断为主，人为因素占很大分量。在西方管理理念引入中国后，企业管理者们认识到传统的绩效评估方法的弊端，转而追求一切衡量指标皆可量化。实际上，并非一切绩效衡量指标都需量化，管理既是科学，又是艺术。一切皆要可衡量的想法最多只是一种不切实际的理想化想法。一味追求衡量指标量化暴露了中国企业中管理人员因为文化的因素不愿直面员工，尤其是绩差员工，不愿提供负面反馈意见的思想。同时，一味追求所有指标可量化还反映了企业的高级管理人员（尤其是民营企业的所有者）对中层管理人员执行绩效考核能力的不信任的心态。不少民营企业老总对下属缺乏信心，有的甚至怀疑主管人员的判断能力。所以，他们希望所有衡量指标都能量化，最好通过系统软件即可生成考核结果。

7. 希求绩效考核系统建立后一劳永逸

绩效管理系统不是一成不变的静止、僵化的体系。建立了绩效管理体系不等于管理工作一劳永逸。除了管理体系，尤其是绩效管理工具自身内在的缺点，外部变化的经济、政治、技术、社会环境对企业的绩效管理不断提出新的要求，也带来新的机遇。综观绩效管理理论和实践演化的历史，绩效管理的理论不断在创新，绩效管理的实践不断在演化。从泰勒的科学管理理论、霍桑试验，一直到管理大师彼得·德鲁克提出的目标管理、关键业绩指标和近年来风靡全球的经济增加值和平衡计分卡，西方的管理学者和企业管理的实践家们从来没有停止过对绩效管理的探索和改进。何况，一种绩效管理实践是否适合一个企业，在管理实践中需要针对本企业特殊的文化作出何种修订，如何博采各种绩效管理工具之长为本企业所用，都是企业管理人员，特别是高层管理者们所必须思考并不断解决的问题。今天的中国企业管理者们已经对"做，还是不做"这一绩效管理中哈姆雷特式经典问题给出了正确的答案，在导入并建立了本企业的绩效管理体系之后，还要不断就其他诸如"改，还是不改""弃，还是不弃"等更多哈姆雷特式的绩效管理问题进行不断思考、探索、尝试。

8. 忽略绩效反馈

绩效管理的最根本目标是不断提高员工和企业的绩效，在竞争日趋激烈的环境中建立持久的竞争优势。因此，在绩效管理的过程中，绩效反馈相对是更重要的一环。忽略绩效反馈环节，静止化地对待绩效管理对企业不断改进和提高的杀伤力极大。

员工个人绩效好坏决定了企业整体的绩效水平。并非在员工绩效出现问题时才需要绩效反馈。员工有清楚的绩效目标并经常收到反馈时才能做得最好。只有持续地提高和改进员工的个人绩效，才能实现企业整体目标的达成。员工在工作过程中是否按照既定的工作目标和标准执行日常工作，有无偏离预定轨道？管理人员有责任在日常的工作流程中对此进行跟踪，发现绩效问题应立即向员工提出，同员工共同商讨解决办法，为改进员工的绩效水平提供精神和物质上的支持。及时、具体、频繁的反馈能帮助员工保持良好的绩效水准并改进绩效以达到企业的要求。比如，改善影响员工发挥个人才能的环境、提供培训和辅导、提供工作设备支持等，以协助员工克服绩效障碍、提高工作技能、增强工作信心，从而最终达成或超越既定工作目标。

在不少企业中，有效的绩效反馈不仅被忽视，而且是被有意地忽视或被避开。中国的传统文化讲究面子，人们大多愿当面说好话，提供负面的反馈意见对于提供者和接受者来说都是件尴尬的事情。为了解决这一问题，企业应该一方面建立开放、坦诚、对事不对人的绩效文化，还应该给管理人员提供有关绩效反馈方面的培训，提高他们提供绩效反馈意见的技能，更好地面对绩效有问题的员工。

9. 追求考核指标的穷尽

一些企业管理者希望考核面面俱到，不管细枝末节，凡是员工做的工作，都要考核，否则认为员工就会偷懒，不愿从事不被考核的工作。

实际上，考核指标的选取一定要特别慎重。企业进行绩效考核要着眼于正确的绩效衡量指标。可以用来考核的指标非常多，企业要找出能驱动价值创造的绩效目标，判断其对企业的影响。绩效管理的目标是确保员工做正确的事情。过多的考核指标只会分散员工的关注重点，使得员工不得不"眉毛胡子一把抓"。对于企业来说，管理需付出成本。面面俱到、细枝末节的衡量指标只会加大管理成本、分散管理人员和员工的注意力。此外，指标要简单易懂，复杂的考核指标只会使员工困惑。

10. 脱离企业实际盲目引进绩效考核工具

不少企业在引入绩效管理时对于绩效管理和衡量的工具求新、求全，片面地以为新颖的、被大多数高绩效企业采用的绩效管理和衡量方法一定能够帮助自己的企业提高绩效，完全忽视绩效衡量方法所要求的企业管理信息系统的匹配程度。经济增加值、平衡计分卡等绩效管理工具等不仅需要实施企业的管理和信息系统支持，还需要外部信息必须能够得到。

近年来，平衡计分卡在中国大行其道，受到企业管理者的追捧和青睐。殊不知，平衡计分卡这样先进的绩效管理和衡量工具的运用需要组织其他方面的配合。首先，平衡计分卡是联系企业战略和绩效管理、帮助企业成功实施、沟通、诊断战略的有力工具。通过平衡计分卡，企业可以把组织的目标逐步分解到部门、员工，使个人的目标同部门和组织的整体目标协调一致。所以，应用平衡计分卡的前提条件之一是企业必须有清楚的战略目标。其次，平衡计分卡所包含的衡量指标覆盖四个维度，可达20个之多。因此，企业必须有较好的信息系统支持衡量指标的跟踪和衡量。再次，平衡计分卡理念是在西方绩效管理成熟、成功的企业多年的实践基础上建立和发展起来的。很难想象一个从来没有实施绩效管理、没有建立绩效文化的企业能够成功地使用这样复杂的绩效衡量工具。万丈高楼平地起，其基础工作不能跳过；否则，基础不扎实将导致后续工作轻则达不到预期目标，重则事与愿违、南辕北辙。

11. 绩效管理是人力资源部门的工作

人们以往认为绩效管理仅是人力资源部门的工作。这种观点仅对了1/3。实际上，员工的绩效关乎整个企业。如此重大的任务不能只交给人力资源部门来承担。绩效管理应成为部门经理、员工个人、人力资源部共同承担的工作，尽管每一方担负的职责有所不同。建立高绩效企业文化是从公司高层到每位员工的不可推卸的责任，离开大部门管理人员及所有员工而仅靠人力资源部门推动的绩效管理体系注定是要失败的。

在绩效管理中，正确的管理模式是部门经理对绩效结果负责，而人力资源部对流程负责。人力资源部的职责是建立整个企业的绩效管理体系，包括政策、流程和工具。职能部门管理人员必须对其所管理的部门及员工的绩效负最终责任。西方有句谚语说得好：如果你的狗不叫，你就得自己亲自叫。精明、职业的经理早已意识到自己部门目标的达成必须依赖全体员工的承诺和投入，所以积极协同人力资源部门管理其部门和员工绩效。员工个人更不应成为绩效管理的旁观者。绩效管理关乎员工的切身利益，员工应积极参与到绩效管理的每一个步骤中。在不少企业中，绩效反馈和支持工作以及绩效发展做得还有很大欠缺。在这样的组织环境中，员工要主动要求主管人员给予绩效反馈和绩效支持并同主管分享自己个人的职业发展目标，要求主管人员和公司给予培训等方面的支持。

实践证明，只有管理人员、员工和人力资源部共同积极参与的绩效管理才能达到最大化的目标，实现多赢的结果。

12. 考核工具使用不当

绩效管理和衡量需要制度的保障，也需要工具的帮助。在市场经济发达的国家，管理学者和企业管理人员不断更新绩效管理和衡量的理念，探索新的考核工具，如目标管理、平衡计分卡、经济增加值、智力资本显示器（IC monitor）等。

然而，在不少企业中，绩效管理工具使用不当的情况普遍存在，其中最严重的是360度考评。360度考评也称多角度评估，主要是通过上司、下属、同僚、客户等的反馈，克服传统考评工具仅由上司考核下属而造成的单一绩效信息收集渠道、主观性强的弱点。360度考评的结果多应用于员工开发、晋升、绩效改进等方面。但是，在不少国内企业中，360度考评结果被应用于同薪酬联系的领域。这样，360度考评的可信度和效度将大打折扣。例如，某民营企业老板在对360度考评有了一知半解后将其引入本企业，对管理层员工进行绩效考核时使用，并同年终奖金挂钩。其结果是被考核员工怨声载道（当然在该企业的独特文化中没有人敢公开提出不同意见），在评估其他部门同事时"留一手"或"使绊子"，造成部门之间不合作、甚至敌视和互相拆台。360度考评结果的扭曲可想而知。

绩效反馈

案例：

宏大公司客服部张经理因在一次考核中给下属杨小玉评了最低分，在绩效面谈时，杨小玉与张经理发生了争吵，杨小玉对自己的考核结果非常不满意，她提出了三点投诉理由：

其一，张经理无法对打分标准进行合理的解释，他只是凭主观印象打分，是有意在打击、报复下属。

其二，自己向张经理请教绩效改进的方法，张经理没有给予明确的回复，这样的面谈只是在浪费时间。

其三，张经理言语多是讽刺用语，侮辱了自己的人格。

人力部黄经理收到杨小玉的投诉后，开始核查工作，张经理也反馈了自己的意见：

（1）评分标准是公司统一制定的，自己只是严格按照公司的标准开展考核工作。

（2）公司的绩效面谈一直流于形式，人力资源部要求自己与下属进行绩效面谈，但并没有告诉自己如何进行绩效面谈。

绩效反馈是绩效考核工作的关键环节，但是在现实的管理工作中，绩效面谈常常没有取得预期的效果，并且造成上级主管与下属的对立，出现这种局面的原因是多种多样的。比如，上下级之间缺乏信任、管理者缺乏成功实施绩效反馈的技巧、组织对绩效反馈给予的重视性不够等。那么，绩效反馈究竟对组织绩效的提升有哪些意义呢？到底该如何开展成功的绩效反馈呢？

一、绩效反馈的重要性

人事考核最主要的目的，就是要帮助员工个人和组织改进绩效。而能否及时且妥善地对考核绩效进行反馈，将直接影响到考核工作的成效。

——迪安·罗森伯格

绩效反馈是绩效管理过程中的一个重要环节。它主要通过考核者与被考核者之间的沟通，就被考核者在考核周期内的绩效情况进行面谈，在肯定成绩的同时，找出工作中的不足并加以改进。绩效反馈的目的是为了让员工了解自己在本绩效周期内的业绩是否达到所定的目标，行为态度是否合格，让管理者和员工双方达成对评估结果一致的看法；双方共同探讨绩效未合格的原因所在并制订绩效改进计划，同时，管理者要向员工传达组织的期望，双方对绩效周期的目标进行探讨，最终形成一个绩效合约。由于绩效反馈在绩效考核结束后实施，而且是考核者和被考核者之间的直接对话，因此，有效的绩效反馈对绩效管理起着至关重要的作用。

很多管理者对绩效反馈讳莫如深，以消极的态度对待绩效反馈，甚至抱着能不反馈就不反馈的侥幸心理。这是因为，在绩效反馈中，多会涉及员工的不足与缺点，而谈及他人的不足与缺点多是不快的，所以管理者将绩效反馈视为得罪人的差事，或者不对下属进行绩效反馈，或者蜻蜓点水地把绩效结果反馈给下属，没有达到绩效反馈应该实现的目标。

杰克·韦尔奇曾说："我们所见过的大多数人从来都没有得到过别人诚实的评价，原因很简单——对于评估者来说，诚实是需要勇气的。"那么，为什么绩效考核要鼓励管理者具备诚实的勇气呢？绩效反馈对于绩效考核究竟有哪些意义呢？

其一，绩效反馈确保了考核的公平和公正，使考核公开化，犹如在考核者和被考核者之间架起了一座沟通的桥梁，尽可能规避了管理者在绩效考核中的"暗箱操作"。绩效考核是一项与被考核者的切身利益紧密相关的管理活动，考核的公正性与否大大影响着被考核者对考核结果的认可度和接受度。绩效反馈赋予了被考核者知情权和发言权，使他们有权力来了解绩效考核的每一个环节。同时，通过程序化的绩效申诉，有效地降低了考核过程中不公正因素所带来的负面效应，为考核者和被考核者开辟了相互沟通的渠道，将有助于整个绩效考核系统的完善化。

其二，有助于被考核者了解自己工作中的不足与缺点，明确组织对自己的期望，从而采取改善绩效的措施。绩效考核结束后，如果管理者只是把绩效考核结果传达给下属，而没有就考核结果的由来和如何采取绩效改善措施与下属进行交流，绩效考核的意义便会非常局限，难以发挥提升员工胜任素质的作用。因此，管理者一定要就被考核者的绩效情况与其进行认真沟通，指出被考核者的优缺点，针对被考核者的绩效提出改进建议。只有如此，被考核者才可充分了解到自身存在的不足，从而知道该改进什么、如何改进，最终达到提高绩效的目的。

其三，绩效反馈有助于排除个人与组织的目标冲突，从而增强企业的核心竞争力。企业会有长短期的目标，同样，员工也会有个人的目标，在很多情况下，员工的个人目标与组织目标是不一致的，而且两者存在着强烈的冲突。有效的绩效反馈，可以通过对绩效考核过程及结果的探讨，借助一些强有力的激励手段，不断弥合个人目标与团队目标的鸿沟，促使个人目标朝着团队目标方向发展，从而使两者保持一致。

二、关于绩效反馈的准备工作

案例：

联想集团非常注重绩效面谈，每次绩效考核结束后，直接上级一定会与下属进行绩效面谈。通过绩效面谈，实现这样的组织提升目的：肯定已有的成就，指出仍然存在的不足，针对员工的工作，上级主管提出改进意见和建议，并帮助员工制定改进措施并确认本季度考核评分和下季度的绩效计划。此外，在联想集团内部，还明文规定绩效面谈应选择不受干扰的地点，时间应不少于40分钟。为了保证考核结果的客观、公正，当上级主管与部门员工就考核意见不能取得一致时，被考核者可向考核者的上一级提出申诉，直至问题得到解决。对于绩效考核中被评为C的员工（最后那10%的部门员工），还要安排员工的隔级主管与其进行复谈。

在联想集团内部，已经形成了非常好的绩效面谈制度，这将非常有利于实现绩效考核的既定使命。不过对于很多企业而言，绩效面谈的环节仍然很薄弱，为了取得好的绩效面谈效果，在进行绩效反馈前，管理者应做好充分的准备，以便在有效的沟通时间内创造较高的反馈价值，管理者需要做的准备工作包括如下几个方面。

1. 选择适宜的沟通时间

绩效反馈时间的选择非常关键。比如，如果管理者在接近下班的时间开始与下属进行绩效沟通，下属很可能会心不在焉，因惦记着回家而难以集中精神地与上级交谈。管理者在选择绩效面谈时间时，应注意如下这几个方面：

（1）选择自己和下属都空闲的时间段，不要在下属忙得焦头烂额时与其进行绩效面谈。

（2）尽量避开接近下班的时间，所选择的时间段最好不要影响下属的正常作息。

（3）不要在自己状态不佳的时候进行绩效面谈，绩效面谈对管理者脑力和体力的要求都很高。

（4）管理者最好民主一些，就面谈时间征求下属的意见。

2. 选择适宜的场地

为了避免下属在沟通时情绪紧张，管理者最好选择比较轻松的沟通环境，而且在交谈过程中，管理者还应该注意安排好与下属的空间距离，既不要因距离太远而无法清晰地获得信息，也不要因距离太近而对下属造成压抑感。

一般而言，在办公室进行交谈，会凸显出绩效反馈的严肃性和重要性，而在家中等非正式场合交谈，则利于营造亲切、平等的沟通氛围，管理者应根据下属的性格特点和沟通的主题选择最合适的沟通场所。

3. 准备好面谈的资料

沟通时一定要做到言之有物、言之有据，为此管理者要在面谈前准备好关于绩效考核的表格资料，如下属日常工作表现的记录、下属的绩效评估表格等。

4. 提前预测下属对于面谈内容的反应，并准备好应对方案

大多数员工都会对绩效考核结果比较敏感，因此管理者在面谈前最好做好充分的

心理准备，提前预测一下下属会针对面谈内容表现出什么样的情绪和行为，然后准备好合适的措辞与举动。

5. 准备好面谈的程序，把握好面谈的进度

把握好面谈的程序非常重要，否则管理者将会失去对话题的控制，使交谈进度偏离了既定的主题。因此在绩效反馈前，管理者有必要计划一下面谈的程序，如选择什么样的开场白、在面谈的过程中如何安排诸多交谈事项、应该在什么时候结束面谈以及面谈的结果需要实现什么样的目标。

成功的绩效面谈是管理者和下属双方有效合作的结果，所以关于绩效面谈的准备工作，员工也不能置身于外，而是应该做一些必要的准备工作：

（1）回顾自己整个考核周期的工作情况，对绩效完成情况作出自我评价。

（2）预先准备好表明自己绩效的资料和证据。

（3）找出表现优秀和需要改进的地方。

（4）对自己的绩效结果准备好解释。

（5）告诉上级主管自己需要哪些支持和帮助。

绩效面谈表的格式见表1-9。

表1-9　　　　　　　　　　　　绩效面谈表

部门		岗位		姓名	
直接上级		考核形式		面谈时间	
工作业绩分析及工作计划的执行情况（目标与现实）：					
业绩讨论要点：					
个人看法及意见（工作中的困难、希望上级领导给予的支持等）：					
后续工作目标及改进措施：					
给予面谈人员的建议：					
面谈人员签名： 日期：			上级领导签名： 日期：		

三、绩效面谈的SMART原则

管理者与员工之间常常存在着信息不对称的情形，要实现组织内信息的均衡分布，管理者与员工应该经常就绩效进行及时的沟通，关于如何实现上下级之间的良好沟通，管理者可以参考这样一个重要的原则，即SMART原则。

1. S——specific（直接具体原则）

绩效面谈要直接而具体，不能作泛泛的、抽象的、一般性评价。对于管理者来说，无论是赞扬还是批评，都应有具体、客观的结果或事实来支持，使员工明白哪些

地方做得好,哪些地方做得不好,与组织的期望还有哪些差距。如果员工对绩效考核流程和结果有不满或质疑的地方,向主管进行申辩或解释时,也需要有具体、客观的事实作为基础。只有信息传递双方交流的是具体而准确的事实,每一方所作出的评价对另一方才算是公平的,评估与反馈才会发挥实效。

2. M——motivate(互动原则)

成功的绩效面谈强调双向的沟通,为了尽可能使面谈有针对性,管理者应当鼓励员工多说话,充分表达自己的观点。因为思维习惯的定向性,主管似乎常常处于发话、下指令的角色,员工只是在被动地接受,这样很可能导致管理者得到的信息不一定就是真实的情况,因此当员工有表达的欲望时,管理者不应武断地给予打断和压制,而是应适当地站在员工的角度考虑问题,以便营造相互理解的沟通氛围。

3. A——action(基于工作原则)

绩效反馈面谈中涉及的是工作绩效,是工作的一些事实表现,员工是怎么做的,采取了哪些行动与措施,效果如何,因此,在进行绩效面谈时,管理者不应评论员工的性格特点和道德水平,不应将其作为评估绩效的依据。不过,对于那些关键性的影响绩效的性格特征,管理者也可以巧妙地指出来,但是在指出的时候必须是出于真诚地关注员工与发展的考虑,且不应将其作为指责的焦点。

4. R——reason(分析原因原则)

绩效面谈需要指出员工不足之处,但不需要批评,而应立足于帮助员工改进不足之处,指出绩效未达成的原因。出于人的自卫心理,在反馈中面对批评,员工马上会作出抵抗反应,使得面谈无法深入下去。但主管如果从了解员工工作中的实际情形和困难入手,分析绩效未达成的种种原因,并试图给予辅助、建议,员工是能接受主管的意见、甚至批评的,反馈面谈也不会出现攻守相抗的困境。

不妨看如下的两个绩效面谈案例。

案例A

生产经理:"最近你负责的生产线,每日生产的乙产品都没有达到预定的产量,并且部门产品的品质指数低于标准,你有什么解释?"

车间主任:"乙产品产量没有达到标准是因为属于新产品,作业员在操作上还不太熟练造成的,品质方面的问题是因为一些检验标准改变了,而近来原材料品质不太稳定,所以品质指数低于标准。"

生产经理:"你是车间主任,你应该设法去解决这些问题,我希望你给我一个明确的日期,什么时候可以达到产量与品质的标准,一个星期够不够?不要因为你的无能而造成公司的损失。"

案例B

生产经理："你辛苦了，最近甲产品的质量和品质都很不错，要继续努力，不过乙产品的产量和品质状况不如预想的理想，你认为原因是什么？我们共同研究解决之道，好吗？"

车间主任："乙产品是新产品，作业员操作不熟练，可能这是主要原因。此外，品质标准进行了修改，检验员也不熟练，材料品质不稳定也是原因之一。"

生产经理："甲产品与乙产品类似，为什么甲产品可以达到产量指标，而乙产品不行？品质标准修改了哪些部分？对检验员的培训够不够？我们一起来探讨这些问题？"

车间主任："甲产品与乙产品外形类似，但内部结构上，乙产品更复杂，在装配乙产品的过程中，有两个检验仪器老旧，功能落后，经常需要人操作，所以耽误时间，往往还不正确。"

生产经理："你把这些问题列出来，看看哪些是需要我帮你解决的？你尽快告诉我，我会协助你解决，我们共同来克服这些困难。"

上面的两个绩效面谈案例，显然案例B符合"R——reason"的原则，这种沟通方式更有助于管理者与下属共同解决所面对的问题。

5．T——trust（相互信任原则）

没有信任，就没有交流，缺乏信任的面谈会使双方都会感到紧张、烦躁，不敢放开来说话，充满冷漠、敌意。而反馈面谈是主管与员工双方的沟通过程，沟通要想顺利地进行，要想达到理解和达成共识，就必须有一种彼此互相信任的氛围。管理者有义务让员工明白，绩效面谈的目的是为了帮助员工改进绩效，并不是为了向员工兴师问罪，组织是出于良好的愿望进行绩效反馈的。

四、如何进行正面反馈和负面反馈

1．正面反馈的原则

正面反馈以肯定与鼓励为主题，相对于负面反馈，正面反馈一般不会遭到员工的抵触，处理起来也比较得心应手。管理者在进行正面反馈时，应遵守如下三个原则：

（1）真诚。一般而言，没有人会反感表扬和肯定，尤其是来自上级主管的认可。管理者在表扬下属的时候，最主要的是要表现出真诚的态度，要让员工真实地感受到上级主管确实满意自己的表现，而不是虚情假意地套近乎。管理者只有做到态度真诚，员工才会从管理者的表扬中感受到激励的力量，认识到自己的努力和付出确实得到了组织的认可，从而激发出更高的工作积极性。

（2）具体。管理者在表扬下属的时候切不可泛泛而谈，只是一句"表现很好"或者"做得不错"，下属难以确切知道究竟自己的哪种工作行为受到了组织的认可，以致不知道如何在今后的工作中扬长避短。因此，管理者在表扬下属的时候，一定要具体地指出员工为何而受到表扬。比如，某名员工的客户服务态度特别好，不厌其烦地向某个啰唆的客户讲解公司产品的知识，最终使客户选择了公司的产品，管理者在表扬这名员工的时候，便应该具体地提示这个事件，认可员工对待客户的方式。

（3）建设性。即使对于十分优秀的员工，也始终有做得更好的空间，因此，管理者在表扬员工时，不要为了表扬而表扬，应该遵从建设性的原则，除了强化员工的正面表现外，还要给员工适当地提出一些建设性的改进意见，以帮助员工获得更大的提高和改进。关于如何进行建设性反馈，"三明治原则"非常有借鉴意义，即管理者在与下属沟通的时候，先表扬员工的工作成就，给予真心的肯定，然后再提出下属的小小的不足，提供改进意见，最后以肯定和支持结束，再一次表示对下属工作前景的信任。

2. 负面反馈的原则

负面反馈涉及的话题比较敏感，稍有不慎，就可能造成上下级之间的对立，因此管理者在进行负面反馈时，不妨参考如下建议：

（1）当指出员工的不足时，应遵循"对事不对人"的原则，只对员工的不足之处进行客观描述，而不是进行人格乃至道德的批判。比如，员工在工作中出现了失误后，管理者不要对员工进行人身攻击，用一些诸如"笨啊""无药可救"等负面的措辞指责下属，而是应具体指出下属在哪一个环节做得不够好、组织所期待的工作行为是如何的。

（2）掌握让员工下台阶的技巧。管理者在指出员工的不足时，应该设法为对方挽回面子，懂得一些让员工下台阶的技巧。比如，针对一项不太满意的工作任务，管理者可以这么说："我记得以前你在类似的工作任务中表现得都很出色，这次可能是大意了。"在这种情况下，员工一般会说："是啊，是啊。"从心里默认自己的失误，并对上级的善良用心感激不已，从而对绩效反馈持较正面的态度。

（3）学会倾听，不要一味地只向下属传达自己的想法，而要充分给予下属解释自己工作行为的机会。有的管理者在进行绩效面谈时，只是喋喋不休地一边指责一边命令，使面谈成为只有一个听众的演讲，缺乏真正的信息交流。绩效反馈的核心目的是改善员工的绩效，如果管理者不知道员工的真实想法，将难以在绩效改善方面取得好的进展。因此绩效反馈是双向沟通的过程，并不是要管理者承担信息的主要传播者，单方面地把信息传播给下属,而要强调沟通的互动,管理者在面谈的过程中要认真地倾听员工关于绩效行为的解释和说明。在倾听时,管理者应该抛弃既有的偏见,耐心地听取员工讲述并不时地概括或重复对方的谈话内容,以便全面地了解员工绩效的实际情况。

(4)巧妙运用BEST法则进行绩效反馈。BEST法则又叫"刹车"原理,是指在管理者指出问题所在,并描述了问题所带来的后果之后,在征询员工的想法的时候,管理者就不要打断员工了,适时地"刹车",然后,以聆听者的姿态,听取员工的想法,让员工充分发表自己的见解,发挥员工的积极性,鼓励员工自己寻求解决办法。最后,管理者再做点评总结即可。

BEST法则即在进行绩效面谈的时候按照以下步骤进行:

(1)behavior description(描述行为)。

(2)express consequence(表达后果)。

(3)solicit input(征求意见)。

(4)talk about positive outcomes(着眼未来)。

关于BEST法则的运用,举例如下。

某公司市场部的小周经常在制作标书时犯错误,小周的部门主管应用BEST法则对其进行了绩效反馈。他们之间进行了如下的对话:

主管:"小周,8月6日,你制作的标书,报价又出现了错误,单价和总价不对应,这已经是你第二次在这个方面出错了。你的工作失误,使销售员的工作非常被动,给客户留下了很不好的印象,这可能会影响到我们的中标及后面的客户关系。小周,你怎么看待这个问题?准备采取什么措施改进?"

小周:"我准备……"

主管:"很好,我同意你的改进意见,希望在以后的时间里,你能做到你说的那些措施。"

(5)与员工共同探讨关于改进绩效的措施。只有让员工参与了关于绩效改善的探讨,员工才易于对管理者的期望作出承诺,从而采取实际行动改善自己的绩效。在提出关于绩效改善的措施时,管理者最好先让员工自己提出相关的建议,如果建议不是很有效的话,管理者再提示员工提供更好的建议,如果员工的建议仍然不是最好的话,管理者便可向下属讲述自己的主张,对下属提出期望。

(6)以积极的方式结束面谈。如果在面谈的过程中,管理者与下属出现了分歧冲突,或者由于其他意外的事情被打断,管理者应该暂时结束面谈,以积极的方式肯定员工的付出，对员工今后的工作表现出信心，而不是在消极的氛围中结束面谈。

五、如何与不同种类的员工进行绩效反馈

1. 对于表现十分优秀的员工

当与绩效较高的员工进行绩效面谈的时候，应该以鼓励为主，对其十分出色的典型工作行为表示认可，最好不要轻易作出加薪或晋升的承诺，而要注重了解员工未来的职业规划以及对组织的期望。

2. 对于始终无明显进步的员工

如果绩效面谈的对象始终在工作中没有明显的进步，管理者应该与下属一起分析员工没有进步的原因，共同制定改进措施，以帮助员工找到有效的改进方法。

3. 对于绩效较低的员工

对于绩效较低、工作表现较差的员工，管理者很容易对其产生偏见，在绩效面谈时，管理者一定要摈除自己的主观偏见，具体分析员工绩效不高的原因，而不是片面地归于个人素质低下、不够努力等因素。

4. 对于资历较深的员工

资历较深的员工常会过于倚重过去的成就，对于这一类的员工，管理者首先要充分肯定他们曾经作出的贡献，但一定要让他们知道，绩效考核只关注当前，组织只钟爱始终为企业作贡献的员工，过去的成绩并不能代表现在或将来的成绩。

5. 对于性格内向、不善言谈的员工

性格内向、不善言谈的员工总是倾向于保留自己的意见，为了更好地实现有效沟通，管理者在进行绩效面谈的时候，应该多提一些开放性的问题，注重征询他们的意见。

6. 对于脾气暴躁的员工

脾气暴躁的员工常会使绩效面谈不欢而散，为了避免这种现象的发生，管理者对这一类员工一定要有耐心，耐心地倾听他们的讲话，最后在冷静、平和的沟通氛围中与他们一起找原因，分析他们绩效方面的问题。

绩效申诉

当组织对员工的考核尘埃落定后，被考核者不一定对自己的考核结果100%地认可，他们很可能会对绩效结果产生异议，这时，便出现了绩效申诉的环节。

所谓绩效申诉，就是指员工对考核自己的绩效方案、绩效考核执行过程、绩效考核结果有疑义时，经部门负责人解释后仍不能接受而提出的申诉。

公平、公正、公开是绩效管理的最高原则，允许员工进行绩效申诉充分体现了企业对被考核者的尊重，是有效地激励员工的手段，如果被考核者绩效申诉的愿望没有通过合理的途径在组织里得到释放，被考核者必然对组织心生抱怨，从而对被考核者工作积极性产生不利影响。绩效申诉流程包括以下四个步骤。

第一步：提出申诉

员工对个人的绩效考核结果不满意或存在异议时，可到相关部门进行查询，如果员工仍然对查询结果不满意，并认为自己受到了不公平对待，便可提出绩效申诉。员工在提出绩效申诉时，一定要有的放矢，明确指出自己针对绩效考核的哪部分内容存在异议，是绩效方案，还是绩效结果、绩效实施的过程等事项，这将有利于绩效考核冲突及时得到有针对性的解决。

为了使绩效考核工作实现制度化，员工在提出申诉时须完整填写绩效考核申诉表（见表1-10），经所在部门签字后转报其他相关部门。

表1-10　　　　　　　　　绩效考核申诉表

申诉人		职位		部门		直接主管	
申诉事件：							
申诉理由（可以附页）：							
申诉处理意见： 上级部门负责人签名： 日期：							
申诉处理意见： 人力资源部门负责人签名： 日期：							
申诉处理结果： 人力资源部门负责人签名： 人事管理办公室负责人签名： 日期：							

说明：
（1）申诉人必须在知道考核结果3日内提出申诉，否则无效。
（2）申诉人直接将本表交人力资源部。
（3）人力资源部须在接到申诉的5个工作日内提出处理意见和处理结果。
（4）本表一式三份，一份人力资源部存档，一份交申诉人主管，一份交申诉人。

第二步：申诉受理

企业一定要以严肃的态度对待员工的申诉，如果员工提出了申诉的请求，部门主管为第一绩效申诉接口人，对于员工的申诉，先要给予合理的、员工可能认可的解释，然后再根据实际情况判断是否属于申诉范围，确定是否为员工发放绩效考核申诉表。

如果部门主管无法针对员工的申诉提供可以让员工接受的解释，员工便可向其他相关部门提出绩效申诉，由其他部门进行调查核实处理。

第三步：申诉调查处理及反馈

部门主管和人力资源部门针对受理的申诉要快速展开调查，找出问题发生的原因，经查明后，对于可以立即反馈的，绩效申诉负责人要当场向申诉人反馈，对于需要通过核查的，一般要求在3个工作日内核查处理，并向申诉人通报结果。如果绩效考核结果确实对申诉人作出了不公平的判断，绩效申诉负责人向申诉人做好解释后，要在绩效考核申诉表中填写处理意见，纠正对申诉人的不公平对待，如反映在员工晋升和薪酬奖励上。如果经查证无误的话，绩效申诉负责人要就查证结果与申诉人进行沟通，争取彼此对绩效考核结果取得共识。

第四步：绩效申诉的总结分析

部门主管与人力资源部门对绩效申诉内容定期做好总结分析，看是否需要进行方案调整、流程优化改进等。比如，判断在考核指标、考核标准和考核权重等方面是否存在不足。一般而言，绩效考核方案不宜频繁变动，因此，对于新制定的绩效考核方案，最好有一个试用期，在试行一段时间、积累汇总各方面问题后，再集中修正并确定方案。

绩效考核实用表格

表1-11　　　　　　　　　高层管理者绩效评价表

姓名		职务		评价人				
事业部		评价区间	年　月　至　年　月					
评价尺度及分数			优秀（10分）良好（8分） 一般（6分）较差（4分）极差（2分）			评分	本栏评均	权重系数
工作业绩	1.目标达成度		与年度目标或与期望值比较，工作达成与目标或标准之差距，同时应考虑工作客观难度					4
	2.工作品质		仅考虑工作的品质，与期望值比较，工作过程、结果的符合程度（准确性、反复率等）					
	3.工作速度		仅考虑工作的速度，完成工作的迅速性、时效性，有无浪费时间或拖拉现象					
	4.费用控制		与目标或与期望值比较，实际费用控制程度及费用开支的合理性、必要性					
工作能力	5.计划性		工作事前计划程度，对工作（内容、时间、数量、程序）安排分配的合理性、有效性					3
	6.管理能力		把握下属的个性、才干，指导、辅导与激励下属，统一组织行动的能力及用人能力					
	7.协调沟通		与各方面关系协调，化解矛盾，说服他人，以及人际交往的能力					
	8.应变力		应对变化，采取措施或行动的主动性、有效性及工作中对上级的依赖程度					
	9.改善创新		问题意识强否，为了更有效工作，改进工作的主动性及效果					
	10.判断力		预见性及决策准确性，对事物发展的关键因素、发展趋势与机遇的把握程度					
	11.人才培养		对人才的重视程度及对储备人才的培养情况					
	12.周全缜密		工作认真细致及深入程度，考虑问题的全面性、遗漏率					
工作态度	13.全局观念		团队合作精神，立足全局，从整体出发考虑处理问题能力					3
	14.以身作则		表率作用如何，严格要求自己与否，遵守制度纪律情况					
	15.工作态度		工作自觉性、积极性；对工作的投入程度，进取精神、勤奋程度、责任心、事业心等					
	16.执行力		对公司的战略、决策、计划的执行程度，及执行中对下级检查跟进程度					
	17.品德言行		是否做到廉洁、诚信与正直，是否具有职业道德					
评价得分			Ⅰ（1~4项平均分）×4+（5~12项平均分）×3+（13~17项平均分）×3=＿＿分					

（续表）

评价尺度及分数	优秀（10分）良好（8分）一般（6分）较差（4分）极差（2分）	评分	本栏评均	权重系数
出勤及奖惩	Ⅱ出勤：迟到、早退___次×0.5+旷工___天×2+事假___天×0.4+病假___天×0.2=___分			
	Ⅲ处罚：警告次×1+小过次×3+大过次×9=分			
	Ⅳ奖励：表扬次×1+小功次×3+大功次×9=分			
总分	Ⅰ___分-Ⅱ___分-Ⅲ___分+Ⅳ___分=___分			
评价等级	□A.90分以上　□B.70~89分　□C.40~69分　□D.40分以下			
评价者意见				

评价者签字：　　　　　　　　　　　　　　被评价者签字：

表1-12　　中层管理者绩效评价表

被评价者姓名：			职位：		部门：

评价指标		分值	程　度　描　述
个人素质(10)	民主性(5)	5	民主性强
		4	民主性较强
		3	有民主性
		2	民主性较差
		1	民主性差品
	德修养(5)	5	谦虚谨慎，能坚持真理，修正错误
		4	坚持实事求是原则
		3	尚能实事求是
		2	作风浮夸，人云亦云
		1	表里不一，阳奉阴违
工作业绩(20)	办事效率(10)	10	速度超群
		8	速度在标准以上
		6	速度符合标准
		4	速度离标准还差一步
		2	离时间要求相差甚远
	工作质量(10)	10	工作质量无懈可击
		8	工作质量在标准以上
		6	工作质量符合标准
		4	在保持质量方面时有误差
		2	工作质量难以保证，需要经常检查其工作
工作态度(20)	责任心(5)	5	明确自己的岗位职责，自觉主动对自己的行为及后果负责
		4	在有上级监督的情况下，对自己的行为及后果负责
		6	在一般情况下，能够对自己的行为负责
		2	对工作中的失误，有时进行逃避，或推卸责任
		1	对工作中的失误经常逃避责任，爱发牢骚或者作各种辩解

（续表）

评价指标		分值	程度描述
工作态度(20)	协作性(5)	5	能与同事很好地协作
		4	如没有上级的指标，则无论对谁都能积极协作
		3	没有突出的表现，但能与他人配合默契
		2	在某种时间和场合，协调性差
		1	与他人难以协调
	进取性(5)	5	总是怀有争先的欲望
		4	面对挑战充满激情
		3	对所办的事情，基本上有办好的愿望
		2	对于执行上级指示缺乏积极性
		1	完全不领会上级指示，缺乏积极性
	纪律性(5)	5	不仅能遵守规章制度，而且能以身作则为形成良好的工作秩序而努力
		4	能很好地遵守各项规章制度，维持公共场所的秩序
		3	大体上遵守规章制度，不服从命令的事少有发生
		2	不遵守规章制度，不服从命令的事时有发生
		1	经常发生不守纪律，不服从命令的事，必须再三提醒其注意
业务知识能力(50)	业务能力(10)	10	具有熟练的业务知识及相关的其他知识
		8	具有熟练的业务知识，但对相关的其他知识还不完全具备
		6	业务知识水平合格，对相关的其他知识了解得不够
		4	业务知识水平尚需进一步提高，缺乏相关的其他知识
		2	缺乏业务知识及相关的其他知识
	分析决策能力(10)	10	分析决策能力强，并能正确判断处理
		8	具有分析决策能力，亦能正确判断处理
		6	稍具有分析决策能力，能应用经验判断
		4	在较窄范围内，能自行判断
		2	只能按照上级指示进行
	创新能力(10)	10	创新能力强，锐意求新
		8	创新能力较强
		6	有一定创新能力
		4	创新能力差
		2	无创新能力
	自我学习能力(10)	10	自学能力强，能迅速获取新知识
		8	有较强的学习能力
		6	有一定的学习能力
		4	自学能力弱
		2	缺乏自学能力

（续表）

评价指标		分值	程度描述
业务知识能力(50)	指导能力(10)	10	能对下级进行正确的指导
		8	能对下级进行指导，其管理的部门具有良好的协作关系
		6	对下级的指导马马虎虎
		4	不能对下级进行有效的指导
		2	根本不能对下级进行指导，下级对其感到失望
考勤	事假一天 病假一天 迟到、早退一天 事假一天	评价者：（签字盖章）	评价得分：	被评价者：（签字盖章）	评价者与被评价者沟通日期：年 月 日

表1-13　　　　　　　　中层管理者年度绩效评价表

姓　名		职务		评价人				
事业部		评价区间		年 月至　　　年 月				
评价尺度及分数		优秀（10分）良好（8分）一般（6分）较差（4分）极差（2分）				评分	本栏平均	权重系数
工作业绩	1.工作达成度	与年度目标或与期望值比较，工作达成与目标或标准之差距，同时应考虑工作客观难度						4
	2.工作品质	仅考虑工作的品质，与期望值比较，工作过程、结果的符合程度（准确性、反复率等）						
	3.工作速度	仅考虑工作的速度，完成工作的迅速性、时效性，有无浪费时间或拖拉现象						
	4.工作量	仅考虑完成工作数量、职责内工作、上级交办工作及自主性工作完成的总量						
工作能力	5.计划性	工作事前计划程度，对工作（内容、时间、数量、程序）安排分配的合理性、有效性						3
	6.协调沟通	与各方面关系协调，化解矛盾，说服他人，以及人际交往的能力						
	7.应变力	应对变化，采取措施或行动的主动性、有效性及工作中对上级的依赖程度						
	8.指导控制力	对本部门或下属的激励、指导、培训情况，对本部门的管理控制情况						
	9.周全缜密	工作认真细致及深入程度，考虑问题的全面性、遗漏率						
	10.人才培养	以对人才的重视程度及对储备人才的培养情况						
	11.职务技能	对担任职务相关知识的掌握、运用，工作熟练程度						
工作态度	12.协作性	人际关系、团队精神及与他人（部门）工作配合情况						3
	13.以身作则	表率作用如何，严格要求自己与否，遵守制度纪律情况						
	14.工作态度	工作自觉性、积极性；对工作的投入程度，进取精神、勤奋程度、责任心等						
	15.执行力	对上级指示、决议、计划的执行程度及执行中对下级检查跟进程度						
	16.品德言行	是否做到廉洁、诚信，是否具有职业道德						

(续表)

评价得分	Ⅰ（1~4项平均分）×4+（5~11平均分）×3+（12~16项平均分）×3=___分		
出勤及奖惩	Ⅱ出勤：迟到、早退___次×0.5+旷工___天×2+事假___天×0.4+病假___天×0.2=___分		
	Ⅲ处罚：警告___次×1+小过___次×3+大过___次×9=___分		
	Ⅳ奖励：表扬___次×1+小功___次×3+大功___次×9=___分		
总分	Ⅰ___分-Ⅱ___分-Ⅲ___分+Ⅳ___分=___分		
评价等级	□A.90分以上　□B.70~89分　□C.40~69分　□D.40分以下		
评价者意见			

评价者签字：　　　　　　　　　　　　被评价者签字：

表1-14　　部门主管绩效评价表

姓名：　　　　部门：　　　　岗位：　　　　评价日期：

评价因素	对评价期间工作成绩的评价要点	评价尺度 优 良 中 可 差
工作态度	A.把工作放在第一位，努力工作	14 12 10 8 6
	B.对新工作表现出积极态度	14 12 10 8 6
	C.忠于职守，坚守岗位	14 12 10 8 6
	D.对下属的过失勇于承担责任	14 12 10 8 6
业务工作	A.正确理解工作指示和方针，制订适当的工作计划	14 12 10 8 6
	B.按照下属的能力和个性合理分配工作	14 12 10 8 6
	C.及时与有关部门进行必要的工作沟通	14 12 10 8 6
	D.在工作中始终保持团队精神，顺利推动工作	14 12 10 8 6
管理监督	A.在人事关系方面，部下没有不满或怨言	14 12 10 8 6
	B.善于放手让下属去工作，鼓励他们乐于协作的精神	14 12 10 8 6
	C.十分注意生产现场的安全卫生和整理整顿工作	14 12 10 8 6
	D.妥善处理工作中的失败和临时追加的工作任务	14 12 10 8 6
指导协调	A.经常注意保持提高下属的工作积极性	14 12 10 8 6
	B.主动改善工作和提高效率	14 12 10 8 6
	C.积极培训、辅导部下，提高他们的技能和素质	14 12 10 8 6
	D.注意实施目标管理，使工作协调进行	14 12 10 8 6
工作效果	A.正确认识工作意义，努力取得最好成绩	14 12 10 8 6
	B.工作方法正确，时间和费用安排合理有效	14 12 10 8 6
	C.工作业绩达到预期目标或计划要求	14 12 10 8 6
	D.工作总结和汇报准确真实	14 12 10 8 6

1.通过以上各项的评价，该员工的综合得分是：_____分
2.你认为该员工应处于的等级是：（选择其一）[　]A[　]B[　]C[　]D
　A.240分以上　B.240~200分　C.200~160分　D.160分以下
3.评价者意见_____
　评价者签字：_____　日期：___年___月___日

表1-15　　　　　　　　　　员工绩效评价表范例1

评价项目	对评价期间工作成绩的评价要点	评价尺度 优 良 中 可 差
勤奋程度	A.严格遵守工作制度，有效利用工作时间 B.对工作持积极态度 C.忠于职守，坚守岗位 D.以团队精神工作，协助上级，配合同事	
业务工作	A.正确理解工作内容，制订适当的工作计划 B.不需要上级详细的指示和指导 C.及时与同事及合作者沟通，使工作顺利进行 D.迅速、适当地处理工作中的失败及临时追加任务	
管理监督	A.以主人公精神与同事同心协力努力工作 B.正确认识工作目的，正确处理业务 C.积极努力改善工作方法 D.不打乱工作秩序，不妨碍他人工作	
指导协调	A.工作速度快，不误工期 B.业务处理得当，经常保持良好成绩 C.工作方法合理，时间和经费的使用十分有效 D.工作中没有半途而废，不了了之和造成后遗症的现象	
工作效果	A.工作成果达到预期目的或计划要求 B.及时整理工作成果，为以后的工作创造条件 C.工作总结和汇报准确真实 D.工作熟练程度和技能提高能力	

1.通过以上各项的评分，该员工的综合得分是：＿＿＿＿＿＿分
2.你认为该员工应处于的等级是：（选择其一）[ ]A [ ]B [ ]C [ ]D
A.240分以上 B.240~200分 C.200~160分 D.160分以下
3.评价者意见＿＿＿＿＿＿＿＿＿＿＿＿＿＿＿＿＿＿＿＿＿＿＿＿＿＿＿＿＿＿＿
4.评价者签字：　　　　　　　　　日期：　　年　月　日
人力资源部评定：
1.评语：
2.依据本次评价，特决定该员工：
[ ] 转正：在　　　任　　职 [ ] 升职至　　　任　　职
[ ] 续签劳动合同　自　年　月　日至　年　月　日
[ ] 降职为
[ ] 提薪降薪为
[ ] 辞退

表1-16　　　　　　　　　　员工绩效评价表范例2

姓名			部门			到职日期		
评价项目	评分标准							
	甲		乙		丙		丁		戊	
处理能力	理解力极强，判断力极强，处理能力极强	20	理解力强，判断力强，处理能力强	16	理解判断力普通，处理事务常有错误	12	理解较迟钝，对复杂事务判断力不够	8	理解迟钝，判断力不良，经常无法处理事务	4
积极性	奉公守法，足为他人楷模	10	热心工作，支持公司的政策	8	对本职工作感兴趣，不在工作时间开玩笑	6	工作无恒心，精神不振，不满现状	4	态度傲慢，常唆使别人向公司提不合理要求	2
责任感	任劳任怨，竭尽所能完成工作	20	工作努力，分内工作非常完善	16	有责任心，能自觉完成工作	12	交付工作常需督促方能完成	8	敷衍，无责任心，粗心大意	4
团队精神	与人协调无间，为工作顺利完成尽最大努力	20	爱护团体，常协助别人	16	肯应别人要求帮助他	12	仅在必要与人协调时才与人合作	8	精神散漫，不肯与人合作	4
勤惰	不浪费时间，不畏劳苦，抢先完成工作	40	守时守规，不偷懒，勤奋工作	24	虽少迟到早退，但上班后常不主动到达工作岗位	18	借故逃避繁重工作，不坚守工作岗位	12	时常迟到早退，工作不力，时常远离工作岗位	6
奖惩记录							评价得分			
							奖惩增减分			
							考　绩			

评语：_____　评价者：_____

表1-17　　　　　　　　　　员工年度绩效评价表

姓　名			职务		评价人	
事业部			评价区间		年　月至　年　月	
评价尺度及分数		优秀（10分）良好（8分）一般（6分）较差（4分）极差（2分）			评分	本栏平均	权重系数
工作业绩	1.工作素质	仅考虑工作的品质，与期望值比较，工作过程、结果的符合程度（准确性、反复率等）					4
	2.工作量	仅考虑完成工作数量、职责内工作、上级交办工作及自主性工作完成的总量					
	3.工作速度	仅考虑工作的速度，完成工作的迅速性、时效性，有无浪费时间或拖拉现象					
	4.工作达成度	与年度目标或与期望值比较，工作达成与目标或标准之差距，同时应考虑工作客观难度					

（续表）

评价尺度及分数			优秀（10分）良好（8分） 一般（6分）较差（4分）极差（2分）	评分	本栏平均	权重系数
工作能力	5.计划性		工作事前计划程度，对工作（内容、时间、数量、程序）安排分配的合理性、有效性			3
	6.应变力		针对客观变化，采取措施（行动）的主动性、有效性及工作中对上级的依赖程度			
	7.改善创新		问题意识强否，为有效工作，在改进工作方面的主动性及效果			
	8.职务技能		对担任职务相关知识的掌握、运用，工作的熟练程度			
	9.发展潜力		是否具有学识、涵养，可塑程度			
	10.周全缜密		工作认真细致及深入程度，考虑问题的全面性、遗漏率			
工作态度	11.合作性		人际关系、团队精神及与他人（部门）工作配合情况			3
	12.责任感		严格要求自己与否，遵守制度纪律情况			
	13.工作态度		工作自觉性、积极性；对工作的投入程度，进取精神、勤奋程度、责任心等			
	14.执行力		对上级指示、决议、计划的执行程度及执行中对下级检查跟进程度			
	15.品德言行		是否做到廉洁、诚信，是否具有职业道德			
评价得分			Ⅰ（1~4项平均分）×4+（5~10平均分）×3+（11~15项平均分）×3=____分			
出勤及奖惩			Ⅱ出勤：迟到、早退____次×0.5+旷工____天×2+事假____天×0.4+病假____天×0.2=____分			
			Ⅲ处罚：警告____次×1+小过____次×3+大过____次×9=____分			
			Ⅳ奖励：表扬____次×1+小功____次×3+大功____次×9=____分			
总　　分			Ⅰ____分-Ⅱ____分-Ⅲ____分+Ⅳ____分=____分			
评价等级			□A.90分以上　□B.70~89分　□C.40~69分　□D.40分以下			
评价者意见						

上级主管签字：　　　　　　　　　　　被考评者签字：

第二章
绩效管理

在绩效管理中,过程比结果重要。在实际工作中,绩效管理必须完成六大转化:①把老板利益转化成员工利益;②将企业目标转化为员工目标;③将企业要员工做到转化为员工自己要做到;④将笼统的职责转化为清晰的价值;⑤将管理层或团队的责任转化为所有员工的共同责任;⑥将员工为企业或他人而做转化为员工首先为自己而做。

绩效管理的概念

所谓绩效管理，就是指管理者与员工之间就目标与如何实现目标达成共识的基础上，通过激励和帮助员工取得优异绩效从而实现组织目标的管理方法。绩效管理的目的在于通过激发员工的工作热情和提高员工的能力和素质，以达到改善公司绩效的效果。

绩效管理是企业战略落地的工具，对于企业保持以及提高竞争力非常有帮助，虽然很多企业也兴致勃勃地引进了绩效管理系统，但是在应用绩效管理这种管理方式之前，它们对绩效管理的认识仍然存在着很多的误区。常见的误区有：

（1）将绩效管理等同于简单的任务管理，应用绩效管理时缺乏战略眼光。

（2）认为绩效管理就是绩效考核，没有将绩效管理视为一个完整的系统。

（3）把完成一系列评价表格视为绩效管理。

（4）认为寻找员工的错处便是绩效管理的目的，对员工严加控制，重控制，轻管理。

（5）将人力资源部视为实施绩效管理的主体。

（6）把绩效管理作为强迫员工更好或更努力工作的大棒。

（7）只在绩效不尽如人意时才想到应用绩效管理。

（8）把绩效管理作为为员工加薪、晋级的工具，视野短浅。

（9）应用绩效管理时重计划、轻执行。

（10）认为绩效工资制度就是绩效管理的全部。

（11）没有让员工参与绩效管理的工作，只是把员工当作被考评者。

当然上述认识并不是真正的绩效管理，真正的绩效管理包括以下两个方面重要内容：

（1）绩效管理是一个持续性过程。首先企业要明确自己想做什么（目标和计划有哪些），然后找到衡量工作做得好坏的指标与标准并对其进行监测（构建绩效考核指标与标准体系），通过管理者与员工的互动沟通，目标责任从企业的高层管理者层层传递到基层员工（绩效辅导与沟通），当考核周期结束的时候，对相关人员进行业绩考核，对于业绩优良者实施奖励（绩效考核的应用），对于没有达到绩效目标的低绩效员工，上级帮助其发现问题并改进，使其在下一个考核周期争取考核达标。

（2）绩效管理须与组织的战略目标保持一致。也就是说，通过实施绩效管理，要确保员工的行为和结果与组织的目标是一致的，并使员工对组织的贡献更加清晰。

由此可见，绩效管理是一个复杂、工作量较大、涉及人员较多的管理行为，那么通过有效实施绩效考核,究竟会为企业带来哪些好处呢?

一是有助于组织目标清晰化。从战略层面来看,绩效管理是企业战略管理机制的重要组成部分,是企业战略实现的重要驱动工具。因此,通过实施绩效管理,组织的目标将会更加清晰,员工可以明确地意识到他们的工作与实现组织的目标具有怎样的联系。

二是可以清晰地界定出工作的内容及其需要达到的标准。这样的话,员工便会知道自己努力的方向,有助于员工成为高绩效员工。

三是增强员工完成工作的动力。当员工知道自己的工作将会被组织所评价后,他们的工作动力会更大。

四是使组织及时地区别出高绩效员工和低绩效员工,从而为处于不同层次的员工提供有针对性的培训。

五是为绩效加薪、员工晋升、转岗和解雇提供合理依据。

六是强化员工的自我认知和自我开发。由于绩效反馈和绩效面谈是绩效管理的关键环节。通过这个环节,员工可以清晰地知道自己有哪些不足和长处,从而在未来的工作中扬长避短。

概括来说,绩效管理解决的问题主要包括如下内容:

(1)如何确定有效的目标?

(2)如何使目标在管理者与员工之间达成共识?

(3)如何引导员工朝着正确的目标发展?

(4)如何对实现目标的过程进行监控?

(5)如何对实现的业绩进行评价和对目标业绩进行改进?

绩效管理的基本流程

绩效管理通常被视为一个循环,通过管理者与员工之间持续不断地进行的业务管理循环过程而实现业绩的改进,在这个循环过程中包括四个部分:绩效计划、绩效实施、绩效考核、绩效改进。

第一步:绩效计划

绩效计划是被评估者和评估者双方对应该实现的工作绩效进行沟通的过程,通过这个过程最终将沟通的结果落实为正式的书面协议,即绩效计划评估表。绩效计划的设计从公司的最高层开始,将绩效目标层层分解到各级子公司及部门,最终落实到个人。

在绩效计划阶段,管理者和员工共同投入与参与是进行绩效管理的基础,如果管理者单方面布置任务,员工被动接受,所谓的绩效管理就失去了其存在的价值与意义。

一般而言,绩效计划包括如下内容:

(1)本岗位在本次绩效周期内的工作要项。

(2)衡量工作要项的关键业绩指标。

(3)关键业绩指标的权重。

(4)工作结果的预期目标。

(5)工作结果的测量方法。

(6)关键业绩指标的计算公式。

(7)关键业绩指标的计分方法。

(8)关键业绩指标统计的计分来源。

(9)关键业绩指标的考评周期。

(10)在达成目标的过程中可能遇到的困难和障碍。

(11)各岗位在完成工作的时候拥有的权力和可调配的资源。

(12)组织能够为员工提供的支持和帮助以及沟通方式。

第二步:绩效实施

当管理者和员工就绩效计划达成共识后,便进入绩效实施阶段,在这个阶段,管理者对员工的工作进行指导和监督,为员工提供必要的辅导,协助其共同完成工作、提高工作质量,并随时根据实际情况对绩效计划进行调整。

在绩效实施阶段,绩效沟通是关键,如果缺少了沟通,管理者与员工都处于各自为政的状态,既不利于管理者及时发现绩效实施中所存在的问题,也难以保证绩效计划得到正确有效的执行。

第三步:绩效考核

绩效考核过程一般可以分成以下若干阶段:

第一阶段是根据组织设计和工作分析设定绩效考评标准,对绩效考核指标进行详细阐述。设计绩效考核标准是企业实施绩效考核的一项基础工作,绩效标准决定着员工努力的方向以及组织战略目标的实现程度。绩效考评标准的确定也是以职务分析为基础,职务分析的结果决定了绩效考评的标准。

第二、第三阶段分别为确定绩效考评的内容和实施绩效考评。一般来说,员工绩效考评的内容主要侧重于工作实绩和行为表现两个方面,由有关人员对被考评员工的实际成绩和表现做客观的记录,并确定在不同的指标上的成绩水平。

绩效考评的第四阶段是确定评语及改进措施。该阶段对被考评员工的工作进行综合评定,确定最后的评价等级,并指出其优缺点和制定改进方案。

第四步:绩效改进

绩效管理的目的不仅仅是为了发现问题,更重要的是为了解决问题,不断根除掉导致员工绩效不佳的因素,所以针对前三个阶段所出现的问题,组织要以企业的战略目标为准绳,对绩效考核系统本身和员工的工作绩效实施有针对性的改进。企业的绩效成果来自于员工恰当的工作行为,而员工行为的有效性又受三个方面的制约:员工个人特征、组织战略和工作情境。因此,绩效改进主要侧重从如上三个方面着手开展工作。

实施绩效管理的前提条件

企业在实施绩效管理前,需要有一些内部和外部条件的支持和保证,其中的一些条件是成功建立绩效管理体系所必不可少的。比如,需要从流程和组织结构上界定清楚各职能、职位对于战略目标的支持程度;必须统一公司上下尤其是各级直线经理对于绩效管理的认识;建立畅顺有效的信息沟通渠道等。因此,要建立绩效管理体系并希望能行之有效,应当具备一定的前提条件(见表2-1)。

表2-1　　　　　　　　绩效计划建立所需的支持条件

项目	界定工作职责	设定关键绩效指标	设定工作目标	分配权重	指标检验
主要目的	理解所涉及职位关键业务内容及主要工作成果	结合企业战略重点,设定可衡量的具有代表性的关键绩效指标	根据工作内容与职责,设定工作目标,用以考核难以量化的关键工作领域,作为关键绩效指标的补充	根据各关键绩效指标及工作目标的战略重要性、员工对结果的影响力大小确定权重	检查目标分解情况的延续性、一致性、支持性
所需信息	组织结构图、部门职责、业务流程、工作内容	企业战略、业务流程及经营计划、职位工作职责描述	企业战略、业务流程及经营计划、职位工作职责描述	企业战略、业务流程及工作计划、职位工作职责描述	企业战略、业务流程及经营计划、职位工作职责描述
参与者	高层规划、人力资源部组织	上下级员工共同参与	上下级员工共同参与	上下级员工共同参与	人力资源部组织进行

成功实施绩效管理的关键

绩效管理是一把双刃剑，有的企业确实通过推行绩效管理提升了企业的核心竞争力，有的企业则非但没有享受到绩效管理所带来的好处，反而对企业的运营和管理产生负面影响。索尼公司前常务董事曾经撰写了一篇名为《绩效主义毁了索尼》的文章，深情地控诉了绩效管理为索尼带来的恶劣影响。为什么在推行绩效管理的过程中有人欢乐有人愁？究其原因，是由于绩效管理的实施具有复杂性和系统性，企业在实施的时候稍有考虑不周，便有可能带来很多次生问题，甚至非但没有心想事成地提高企业的绩效，反而导致企业绩效下滑。其实，绩效管理并没有绝对的"好"或者"坏"的色彩，关键取决于企业如何推行绩效管理。吉姆·柯林斯曾说："只要训练有素的人在车上，你就不用担心，车一定会到达你想要去的地方。"

成功的绩效管理注重与企业实际情况的紧密结合，是一个系统性工作，强调持续不断的沟通，不仅强调工作结果，而且重视达成目标的过程。绩效管理作为一种工具，如何使用对实施绩效管理的主体尤其关键，成功实施绩效管理要把握如下几个关键点。

1.企业在准备推行绩效管理之前，首先要审思为什么要推行绩效管理

绩效管理的执行具备一定的前提条件，如果企业尚不具备这些条件，便不宜盲目实施绩效管理。比如，成功的绩效管理要求共同价值观的形成，如果企业尚没有形成共同价值观的企业文化，推行绩效管理只会破坏上下级的关系。如果一家公司，员工自身的奋斗目标自觉与公司目标保持一致，公司的总体战略和分阶段目标都能顺利完成，短期内便不宜硬性介入绩效管理，打破原有的平衡。当企业确实觉察到员工的绩效出现了停滞下滑的情况时，可考虑是否在企业内部开展绩效管理。

2.为绩效管理工作提供组织保障，绩效管理工作一定要获得高层管理者的支持

许多企业绩效管理的失败，是由于辛辛苦苦进行的各项绩效措施不能顺利推进，这其中的主要原因之一就是绩效管理没能得到高层管理者的支持。绩效管理具备系统性特点，这必然涉及企业的各个部门，甚至每一名员工，虽然绩效管理追求的是企业与员工的共同发展，但从局部看是利益均衡的打破和重新分配，这自然会引起部门间、员工个体间的冲突与不和。人力资源部作为推行绩效管理工作的主要负责人，应积极获取各部门经理和相关高层管理者的支持，这对绩效管理工作的顺利推进非常有

必要。

3. 设计完整的绩效管理体系

绩效管理是一个完整的体系系统，在任何一个环节的掉以轻心都可能导致绩效管理的失败，这便要求企业在实施绩效管理前，首先，要对绩效管理前、绩效管理中和绩效管理反馈三个环节进行体系分解，制定完整的绩效管理的闭环流程；其次，企业还要明确考核内容与标准，并将这些内容和标准准确无误地传达给被考核者；再次，企业还要根据自身的经营情况和管理现状选择适宜的绩效考核方法。

4. 强调企业、部门、员工三者之间的互动

绩效管理工作不是对员工个体或个别部门的管控，是企业、部门、员工三位一体的共同持续改进，这就要求企业在实施绩效管理时，要与员工建立相互信任的关系，组织与员工之间的信任关系可通过如下途径来建立：

（1）不断向各部门和员工宣传绩效管理的目的和意义，尤其强调绩效管理对他们的现实好处，以此来获得全体员工的支持。

（2）在绩效标准和考评内容上要与员工进行充分的沟通，达成绩效管理的协议。

（3）在绩效管理过程中，进行持续地沟通反馈。

（4）绩效结果出来后，做好绩效面谈工作。

5. 注重发挥绩效面谈的积极作用

绩效面谈作为绩效管理过程中的重要环节，在达成绩效管理的目的上发挥重要作用。通过面谈，组织与个人可以对绩效评估的结果形成一致的看法。借助面谈这种面对面的形式，还可以营造和谐的气氛，从而了解员工对绩效评估结果的根本看法，而且通过双方的讨论了解员工需要的资源和支持，并制订双方都能接受的改进计划。

在绩效面谈前，面谈人首先要确定最佳的面谈时间和场合，以为被考核者提供帮助为原则准备面谈的相关事宜。在面谈的过程中，尽量运用探索性、开放性提问题法，避免自顾自地大谈特谈，而是把说的机会尽可能留给被考核者，以便全面了解被考核者内心的真实想法。

6. 谨慎处理绩效考核的误差

在绩效管理中，绩效考评工作往往是定量与定性相结合的，这样由于评价者个人的偏见、宽大化倾向、晕轮效应、逻辑误差、近期持为偏见等，会对绩效评估结果造成较为严重的影响。如果对其不加以控制，不能保证评估结果的客观，公正，更为此而引发组织内的冲突，使绩效管理工作全盘失败。所以，考评误差的防范须在绩效评估的前、中、后都要给予高度重视。在评估前，要对评估者做评估标准、内容、方法和程序的培训工作，端正评估者的态度。在评估中，要使评估者与被评估者有面谈的机会，做好双方的沟通工作。在评估后，要有反馈和申诉程序。

7.绩效管理与奖惩制度适配

首先，企业的薪资结构在满足保证企业组织结构稳定性的需求外，须包含动态内容，并能灵活响应企业与个人绩效的变化。例如，设立绩效工资组成部分，使组织能够用绩效工资作为激励工具来支持绩效管理目标的实现。

其次，企业中的晋升晋级制度与绩效结果相关联，使个人职业发展与绩效的持续改进相适配。开发多渠道宽带晋升途径，使各类绩效改进突出的员工有晋升渠道。

最后，在绩效管理过程中，适时的要树立绩效突出员工的典型，通过建立标杆和榜样，为绩效管理提供一个明确的导向。

8.拓展绩效评估结果的应用范围

绩效考核的结果的充分利用是绩效管理的重要组成部分，通过对评估结果的应用，也对绩效管理的其他部分提供支持。根据绩效评估结果的特性，分别应用于企业人力资源的规划、招聘选择、人力资源开发、报酬方案的设计与调整、员工培训等方面。目前，许多企业进行的绩效管理，往往停留在评估结果的奖惩方面，而利于组织发展的更加重要的规划和提升方面使用甚少，这也阻碍了绩效管理的持续滚动的提升进程。

成功实施绩效管理的三个基础保障

绩效管理体系是一个较复杂的全员参与的系统，企业如果想实现成功的绩效管理，至少应该具备如下三个基础保障。

1.企业高层管理者和各部门主管责任到位

企业高层管理者是绩效管理的倡导者和推动者，他们是否对绩效管理有清晰、正确的认识，对于实施绩效管理的成败发挥着重要的影响，因而企业高层管理者必须承担起绩效管理中应该承担的责任。至于各部门主管，他们可谓是实施绩效管理的责任主体，因为绩效管理是一个自上而下目标分解、不断指导沟通和交流的过程，所以各部门主管对于自己应该承担的责任是否明确，是否很好地履行了责任，将决定绩效管理最终实施的效果。

2.企业建立了相关的绩效管理制度，使绩效管理的实施具备制度保障一般而言，绩效管理制度应该具备如下内容：

（1）绩效管理的宗旨和目的。

（2）绩效管理的原则。

（3）绩效管理的组织和领导。

（4）绩效管理的执行关系。

（5）绩效考核周期。

（6）绩效考核内容。

（7）绩效考核方法。

（8）绩效考核程序和步骤。

（9）绩效考核结果的要求及应用。

3.企业的目前环境足以为绩效管理提供支持

成功实施绩效管理必不可少的环境因素包括：

（1）企业的发展目标和战略规划十分明确。

（2）企业已建立了完善的预算管理评估机制。

（3）公司的治理结构比较完成，权责关系十分明晰。

（4）企业已建立了与绩效相关的奖惩和分配机制。

（5）企业已建立了与绩效管理相配套的其他管理体系。

下面列举某公司绩效管理制度。

某公司绩效管理制度

第一章　总则

第二章　绩效管理的构成与分类

第三章　部门绩效管理

第四章　员工绩效管理

第五章　绩效管理参与者的责任

第六章　附则

第一章　总则

第一条　目的。

为构建公司的现代人力资源管理体系，健全和完善绩效管理工作，促使公司持续、快速、稳定发展，特制定本管理制度。

第二条　定义。

绩效就是组织和员工在工作中想要达到的结果。能够影响并可能成为绩效的因素分为五个方面：

工作者，包括企业员工的态度、技能、知识、适应性、人际关系等；

工作本身，包括开始工作的目标、计划、准备，工作过程中的程序、规定、需求，结束工作的标准、时间等；

工作方法，包括工具、技巧、流程、协调、组织等；

工作环境，包括场地、条件、信息等；

管理机制，包括激励、检查、监督等。

绩效管理是人力资源管理系统的重要组成部分，是组织与员工相互间就提高绩效而持续进行的沟通过程，是将个人绩效与公司的任务与目标相联系的一种工具。具体包括：

组织期望员工完成的实质性工作职责；

员工的工作对企业目标实现的影响；

以明确的条款说明"工作完成得好"是什么意思；

员工和组织之间应如何共同努力以维持、完善和提高员工的绩效；

工作绩效如何衡量；

指明影响绩效的障碍并排除之。

第三条　绩效管理的基本目标。

贯彻、执行集团整体发展的战略思想、战略规划；

保障和促进公司经营目标的实现，提高企业的核心竞争力；

加强内部的沟通与协作，提升士气，降低内耗，形成合力，打造团队精神；

帮助每个员工提高工作绩效与工作胜任能力，培育适应企业发展需要的人力资源队伍；

促进管理者与员工之间的沟通与交流，形成开放、积极参与、主动沟通的企业文化，增强企业的凝聚力。

第四条　绩效管理的基本原则。

"三公"原则：

公平：考核标准公平合理，人人都能参与平等竞争；

公开：考核实行公开监督，人人知晓理解考核办法；

公正：考核做到客观公正，考核结果尽量做到准确。

"四严"原则：

严格考核制度：即考核的规程和考核的准则要严格，使考核工作有据可依，有章可循；

严格考核标准：即考核要素的标准必须具体、明确、客观、合理；

严格考核方法：即考核的形式和方法必须符合科学、严谨的要求；

严肃考核态度：即考核的思想要端正，态度要认真，反对老好人主义和不负责的态度。

第二章　绩效管理的构成与分类

第五条　绩效管理的构成。

绩效管理是一个持续进行的动态过程，包括以下五个不可或缺的环节：

绩效计划。这是绩效管理的起点，指在一个绩效管理周期内，就员工（或组织）"做什么、为什么做、什么时候做、需要做多好才算成功"等问题进行识别、理解并达成共识，是绩效评价的基本依据。

持续的绩效沟通。这是连接计划与评价的中间环节，指管理者与员工（或组织）就工作进展情况，潜在的障碍和问题、解决问题的可能措施以及如何帮助员工（或组织）实施等信息进行交流和分享的动态过程。

数据收集、观察和记录。数据收集就是有组织的系统的得到关于员工（或组织）绩效信息的过程。观察是一种收集数据的特定方式，通常是亲眼所见或亲耳所闻而不是从他人处得知。记录是将有关数据、观察结果、沟通和讨论情况予以书面记载以防止重要信息丢失。

绩效评价。评定和估价员工（或组织）对绩效计划所定目标的完成情况。绩效评价本身不能防止问题的产生，只是进一步讨论、诊断、处置的起点。绩效评价有效或成功的关键在于不能省却其他任何一个绩效管理环节。

绩效诊断和辅导。问题分析和解决，绩效诊断和提高是与员工（或组织）一起分析、讨论成功（或失败）的真实原因，并加以消除和克服的过程。绩效辅导指借助培训、导师或其他工具来帮助员工（或组织）开发自身知识和技能，从而改善绩效的过程。

第六条　绩效管理的分类。

绩效管理自上而下分为企业绩效、部门绩效、员工绩效三个层次，其考核内容、考评周期如下：

企业绩效，绩效评价周期为年度，主要内容为：包括财务、顾客、内部营运流程、员工学习与成长四方面。

部门绩效，绩效评价周期为月度，主要内容包括主要绩效（出色要求）和基础绩效（基本职能、绩效管理、学习与创新等完美要求）。

员工绩效，绩效评价周期为季度+年度，主要内容包括任务绩效（员工的工作结果）、关系绩效（工作过程中表现的行为）。

第三章　部门绩效管理

第七条　适用范围。

本章之管理主要针对公司的办公室、财务科、供水所、营业所、安装公司等部门。

如部门下设科室或班组，也可按照此章的管理办法进行绩效管理和考评。

第八条　部门绩效管理内容。

主要绩效指最能体现部门显著业绩的那部分工作，或对工作的主要要求，这部分又包括显性业绩、短板要求和临时任务。

【显性业绩】此部分与公司平衡计分卡的发展目标相关联和保持一致。显性业绩的量化采用关键绩效指标，确定指标时必须遵循SMART原则，即：

S——Specific（具体的）。

M——Measurable（可度量的）。

A——Attainable（可实现的）。

R——Realistic（现实的）。

T——Time-bound（有时限的）。

【短板要求】有效的解决短板问题，可以大幅改善组织的整体绩效。短板是动态变化的，随着环境和时间的不同，短板时刻在发生变化，因此在每个考核周期开始时要重新审视确定短板内容。短板要求由总经办通过会议纪要或其他形式确定内容、负责部门、解决时限、评价办法等。

【临时任务】工作总有例外，针对计划调整或上级安排的临时工作任务，必须按要求完成同时又漏掉对它的工作评价。临时任务也是随机和动态的，应根据实际情况而定。

【基础绩效】基础绩效是所有的基础工作，包括工作本身、工作品质、工作管理、工作工具、工作环境、工作者等能够产生和支持显性业绩的部分。其分为基本职能、绩效管理、学习与创新三部分。

【基本职能】各部门在组织和流程中必须完成的基本工作。包括日常业务、工作环境、事务管理、质量目标、给予其他部门的服务和支持以及劳动卫生、安全保卫、考勤纪律等工作。

【绩效管理】各部门为保障工作的顺利开展和目标任务的完成，所进行的流程优化、管理改善、组织协调、上下沟通、检查监督等工作。

【学习与创新】各部门为更好、更快地完成目标任务而进行的培训、激励、授权、采纳建议、业务创新等工作。

第九条　部门绩效计划与数据的收集、记录。

部门绩效的计划通过部门绩效考核标准表进行，绩效数据的收集、记录通过部门绩效考核评价表来进行。其具体内容和编制方法如下：

部门绩效考核标准表

基本内容：包括考核角度、指标名称、单位、计算方法或评价依据、评价周期、权重、评价标准、评价方法。因每个部门的实际业务和职能职责而具体设定，此表由部门主管编制，公司审核确认。编制过程即为绩效计划过程，其指标确定后除【短板要求】和【临时任务】项外原则上本年度不予调整。

权重设置原则：主要绩效基准分为60分，其中短板要求占5分，每一个临时任务占5分，其余为显性业绩分。基础绩效基准分为40分，其中基本职能占20分，绩效管理占10分，学习与创新占10分。其中，基本职能和绩效管理的评分标准原则上只有扣分没有加分，如有特别优异之改善，由总经办人事科核定后酌情加分。

部门绩效考核评价表

基本内容：此表之项目与部门绩效考核标准表完全对应，但栏次调整为考核角度、指标名称、单位、分值、标准值、实际值（结果）、差异值、简要说明、计分、下月计划。此表是每月部门绩效考核的执行评价表，也可称为绩效数据的收集和记录。

编制方法：完全按照部门绩效考核标准表进行，计分以自评为主，并对数据的真实性、准确性负全责，计分完成需经主管副总审核。

审核机制：此表作为【月度绩效检讨会议】的重要素材，各部门在每月8日前将部门绩效考核评价表交至总经办人事科，并由其分发至公司领导和各部门。公司领导和各部门对其进行审核并在1周内将意见书面反馈至总经办人事科，人事科予以核实修正。人事科拥有1年内追溯调整的权利。各部门就其重要事项或重要误差在【月度绩效检讨会议】进行质询。

第十条　月度经营绩效检讨会议。

公司每月定期召开经营绩效检讨会议，此会议既是公司的经营工作会议，又是部门绩效的评价会议；既是绩效的沟通过程，又是绩效的诊断和提高。

第十一条　部门经营绩效评价的应用。

经营绩效检讨会议完成后，由总经办负责在48小时内下发书面会议纪要，主要包括各单元（或部门）的主要绩效完成情况，存在问题及解决办法，新安排和布置的工作任务、会议精神或决议等。

各部门将此会议纪要作为未来1个月工作的指导性文件予以执行，如有必要，应制订绩效改进计划或召开局部会议安排布置落实。

在绩效会议上，针对部门绩效评价计分，若有疑义或错误，应予以修正，修改确认后的绩效评价表抄报至总经办人事科进行审校、汇总、排名，并由其作为年度评价的关键资料存档。

部门的绩效计分将作为部门主管的定量考核计分在员工绩效管理中直接引用。

年末，人事科汇总各部门的每月绩效考核计分，按照计分高低分成A级（1~2名）、B级（3~6名）、C级（7~8名）三类。并从公司绩效奖总额中提取一定金额进行奖罚。具体方案另文规定。

说明：月度绩效检讨会议是公司原有的经营工作会议平台，将此纳入绩效管理体系以及将部门的绩效评价视为部门主管的任务绩效是为了简化环节、避免多层皮的现象。

第四章　员工绩效管理

第十二条　适用范围。

本章之管理针对公司除下列人员外的所有员工：

A.在考核周期内出勤不满2/3(2个月)者，如产假、病假、人事变动等。

B.在试用期或见习期内的新入公司员工。

按照公司职等规定又将员工分为四个绩效评价层次：

E层(临时层)日薪制员工、季节性劳务工。

J层(作业层)6、7、8、9、10职等，指科级（含中级职称）、班长级（含助理职称）以及普通员工。

S层(管理层)3、4、5职等，指总监、特理、部门正副经理。

M层(决策层)1、2职等，指总经理/副总经理、总工程师/副总工程师。

说明：不同职等的人因其责任和关联面不同，管理层注重协调和沟通能力，而一般员工主要的是如何完成任务即可,故分开进行评价。

第十三条　员工绩效管理内容。

员工绩效管理内容分为任务绩效和关系绩效两部分。

任务绩效,指员工按照工作性质完成的工作结果或履行职务的结果,用质量、数量、时效、成本、他人的反应等定量指标进行考核。员工任务绩效在员工整体绩效中的权重为60%。

关系绩效,指影响员工完成工作结果的行为、表现和素质,用工作态度、工作能力、个性特征等定性描述来评价。员工关系绩效在员工整体绩效中的权重为40%。

说明:任务绩效和关系绩效即是定量和定性的区别。

第十四条　员工任务绩效的管理与考核评价。

M层(决策层)的任务绩效即为董事会下达之年度经营目标,由董事会进行评价。具体参见集团的有关文件。

S层(管理层)的任务绩效即为第三章、部门绩效管理中考核的部门绩效,按月考核计分,年度计分＝各月考核计分合计÷12。如该部门设有副职,则副职任务绩效计分方法为:部门经理定性评价(20%)+部门绩效年度评分(80%)。

J、E(普通员工层)的任务绩效按照【目标管理法】进行管理,基本程序如下:

确定目标,即绩效计划。

确定本季度员工目标任务的原则是:

上下级一致认同;

目标符合SMART原则;

目标中有个人努力的成分;

目标存在于一项完整的工作中;

目标越少越好。

确定目标的方法或形式可选取下列中的一种或其他:

召开专题绩效计划会议,讨论公司经营计划、部门目标作用,岗位职责,讨论确定该未来一个考核期的目标并达成一致,签署书面的目标任务书。

结合部门、科室或班组的工作会议进行,要有会议和书面记录。

上下级的一次面谈,建议上级作简要的记载。

目标过程管理,即绩效的持续沟通、数据收集与记录。包括下级在行动开始前列出方案和措施并与上级进行沟通,以确定方向和方法正确;上级对下级进行适当授权并让其分担责任;若遇情况变化,相互进行目标或工作方法的调整等。

过程管理的方法或形式可选取下列中的一种或其他：

定期的部门、科室或班组的工作通报会；

就某项工作的专题会议或小组会；

员工定期的简短书面报告；

非正式沟通，如走动观察或聊天；

出现问题时应员工所需的专门沟通。

结果评估，即绩效评价与反馈。

必须进行绩效评价，计算量化得分，员工之间可不进行强制分布。

必须将任务绩效评价反馈至员工本人并尽可能就此交换意见并确认。

如制定目标时有临时激励措施应及时兑现。

J、E（普通员工层）管理实施通过员工目标管理考核评价表进行。

此考核周期为季度，每季度次月中旬各部门对上季度的员工工作进行评价，确定员工下一季度的目标任务。

第十五条　员工关系绩效的管理与考核评价。

员工关系绩效的考核周期为1年，在每年的12月中旬进行。

关系绩效的内容包括：

工作业绩（定性部分）包括工作数量、工作速度、工作质量；

工作态度包括主动性、协作性、责任性、纪律性；

工作能力包括专业知识、工作方法、工作经验、协调沟通、理解与判断能力等；

个性专长员工个人的学习能力、性格特征、业余爱好。

M层（决策层）的关系绩效分为自我评价(15%)、同级互评(45%)、直接下级参评(40%)三部分。

S层（管理层）的关系绩效分为自我评价(10%)、同级互评(30%)、直接上级考评(40%)、直接下级参评(20%)四部分。

J、E（普通员工层）的关系绩效分为自评（10%）、直接主管（科级及以上）评价（50%）、部门主管二次评价（40%）三部分。

第十六条　员工绩效考核的年末评级。

年末评价汇总处置流程：

M层（决策层）：自我评价+下级参评+同级互评→人事副总汇总形成关系绩效结果→总经理最终评价并反馈→呈报董事会。

S层（管理层）：任务绩效评价+关系绩效评价→人事副总汇总并扼要总结提出相

关建议方案→总经理审定方案→总经理之书面回馈或面谈（含评价及改进意见、考评处置结果）→考评处置。

J（普通员工层）：任务绩效评价+直接主管关系绩效评价→部门经理二次评价并扼要总结及建议→主管领导知/人事主管备案→人事副总商榷后决定处置方案→绩效面谈（含评价及改进意见、考评处置结果）→考评处置。

E（临时层）：定量评价+直接主管定性评价→部门经理二次评价并扼要总结及建议→人事主管商榷后决定处置方案→绩效面谈（含评价及改进意见、考评处置结果）→考评处置。

按照强制分布原则划分的绩效考核等级

等级	描述	区别比例
S	出色、无可挑剔（超群级）	A级中遴选，名额不定
A	满意、不负众望（优秀级）	15%
B	称职、令人放心（较好级）	50%
C	注意、存在问题（一般级）	25%
D	危险、勉强维持（较差级）	10%

上述区别比例适用于：

直接主管对下级的评定按照被评人数以此比例加以区别；

同级互评按照被评人数以此比例加以区别；

公司及各部门最终评定结果以此比例加以区别。

对计算过程中的小数问题按照满0.8进一原则先确定A、D，然后确定B、C，员工评价总人数不包括经理级人员。

第十七条　员工年度绩效评价的面谈。

部门层次的面谈：

员工年度绩效评价完成后，部门经理必须与每一个员工进行绩效面谈。

面谈的内容为告知评价结果，提出改进意见和建议，帮助员工制定绩效改进措施。

面谈必须具体，要援引数据，列举实例来支持绩效评价的结论。

绩效面谈必须单独进行，且时间不少于30分钟。

对于人员较多的部门，可由部门经理与副经理分别进行。

公司层次的面谈：

员工在与部门主管的面谈上有不同意见时，可向公司人事科申诉，人事科必须及时与其进行面谈。

对考评为D级的J层员工，必须由人事副总（或授权人）进行面谈。

对考评为D级的E层员工，必须由人事主管进行面谈。

公司层次的面谈内容为对绩效考评结果的基本态度；绩效考评中是否存在不合理、不公开、不公平现象；对未来工作的设想和打算等。

绩效面谈必须单独进行，且时间不少于30分钟。

如评比结果显失公平或太过平衡，公司人事部门及相关上层领导有权责令部门修正调改。

第十八条　员工绩效管理的结果应用。

作为公司级选拔评优的标准：

从J层的A级员工中遴选10名最优秀者成为公司十佳员工（S级），推荐晋升或享受总经理特别奖励薪资或采取别的奖励措施；工会或对外推荐的各种评优活动人选原则上也从A级员工中遴选。

从E层的A级员工中选拔非常优秀者转为正式月薪制员工。

作为公司整体绩效奖金与部门绩效奖金发放标准：

此部分完全按照员工绩效考评结果，本着激励先进的原则，适当考虑其薪资基准，拉开档次发放，并作为年度调薪的标准。

年度调薪原则：A级员工上调4n～6n级数薪资，B级员工可上调2n～4n级数薪资，C级员工上调0～2n级数薪资，D级员工培训上岗后下调0～2n级数薪资。n为调薪系数。

末位处置机制：

对考评结果为D级的S层员工，建议总经理对其进行岗位调整或降职处理。

对考评结果为D级的J层员工，由人事科召开专门会议或协调沟通，据实分别采取培训、换岗、解聘、建议辞聘等处置办法并报总经理批准后施行。

对考评结果为D级的E层员工，直接予以解聘。

第五章　绩效管理参与者的责任

第十九条　绩效管理的是公司经营管理的重要组成部分，与每个部门和每位员工的切身利益休戚相关。所以每一位员工有责任和义务参与公司的绩效管理工作，尤其是各部门主管，应视绩效管理是进行本部门管理的重要工具和手段。

人事科在绩效管理中的责任：

运用最新的工具结合公司实际情况，设计、改进和完善绩效管理制度；

绩效管理制度的宣传、培训、沟通，确保管理者和员工透彻理解和明确绩效管理的目标和意义，掌握绩效评价的标准和方法；

提供绩效评价所需的各种表格，汇总、分析各类绩效评价结果；

组织、协调绩效评价工作，进行时间进度控制、评价实施答疑等；

收集、记录绩效管理中的各种反馈信息，如存在问题和建议；

分析、撰写绩效管理的总结报告，制定人力资源开发计划和相应的人力资源管理决策。

各部门主管在绩效管理中的责任：

各部门主管应视为本部门的人力资源管理者，也是绩效管理的第一责任人；

制订本部门的部门绩效计划，组织进行本部门的员工绩效计划；

进行过程管理，对下级进行绩效的跟进和指导，并记录关键事件；

负责指导下属进行自我评估，并客观、公正地对下属的绩效进行评估；

与下属进行沟通，帮助下属认识到工作中存在的有待解决的问题，并与下属共同制订绩效改进计划和培训发展计划；

对绩效管理中出现的问题随时与人事科进行沟通，并提出建议。

所有员工在绩效管理中的责任：

学习和了解公司的绩效管理制度；

理解或参与制定部门的工作目标和绩效指标；

积极配合直接上级讨论、确定本人的绩效计划；

在工作中主动和上级保持沟通，明确方向和方法，并勇于承担责任；

认真进行自我评估，并与直属上级或公司人事科进行交流沟通；

主动制定个人发展规划。

第六章 附则

第二十条 本制度由总经办制定并负责解释、执行、检查与考核。

第二十一条 本制度报总经理批准后施行，修改时亦同。

第二十二条 本制度施行后，公司和部门原有之类似规章制度自行终止，与本制度有抵触的规定以本制度为准。

第二十三条 本制度自2003年3月1日起施行。

下面列举某公司经营绩效检讨会议制度。

某公司经营绩效检讨会议制度

一、会议性质

此会议既是公司的经营工作会议,又是部门绩效的评价会议;既是绩效的沟通过程,又是绩效的诊断和提高。

二、会议目的

根据董事会确定之公司发展规划及年度经营目标、预算,研究制定公司周、月、季的工作计划,决定企业的经营策略;

对各部门的主要工作、绩效指标进行检查、评价;

解决各部门在经营工作中所暴露的问题、所遇到的障碍,分析其原因并采取必要的策略措施;

协调各部门之间在计划、方法、工具、进度、人员、设备上的冲突和矛盾;

传达、贯彻集团总部的经营动态、会议精神,安排、布置新的工作任务;

增加各部门的团结合作,提供一个公开、公正、平等、民主的质询与辩解平台进行绩效沟通。

三、会议时间

每月财务月报报出之10日前后,会期半天,于上午9:00~12:00进行。

地点在公司综合楼三楼多功能厅。

具体时间按每次下发的会议通知执行。

四、会议主席

总经理或执行副总经理。

总经理无法主持会议时,由其指定其他副总经理代为主持。

五、与会人员

部门副经理以上人员,原则上不许缺席,部门主管因故缺席必须指定他人代为参加。

其他相关人员按会议通知可列席会议。

六、会议准备

各部门在本月绩效检讨会议后即确定一人（建议为经理）代表本部门进行汇报，汇报人应提前就本月本部门之汇报主题或其他重要事项进行收集、观察和记录。

会议通知应在召开会议前3日下发。

会议召开前3日，各部门将部门绩效考核评价表报总经办人事科，人事科负责将其分发至公司领导和各部门。

汇报人可以据此提炼和补充本单元的主要业绩指标或其他汇报材料，公司领导和其他部门据此就某些重要事项或重要误差在会议上进行质询。

汇报资料除绩效指标外，还要包括主要指标所涵盖工作的详细分析、报告资料；临时任务或短板要求或其他专项工作的详细资料；上述资料的Powerpoint演示文档。

七、会议程序

按以下顺序进行报告：行销部、采购部、生产管理部、技术品管部、财会部、总经办。

各部门指定汇报人代表本部门进行汇报，汇报时间限制在30分钟（含简要质询、答辩所费时间，下同）。

与会人员可进行质询，汇报人（或相关责任人）必须对此作出合理、真实的解释说明。

会议主席在听取汇报、质询及辩解后，应作出必要的指示或裁决并指定负责人。

对较大、较复杂的工作事项，一时无法在会议上作出明确决策时，可由会议主席制定部门或专人在规定期限内进行专题研究并提出解决方案呈报本次会议主席。

绩效会议结束后，由会议主席当场评价各部门的汇报质量和效果，并排序。

八、会议内容

均按照部门绩效考核评价表的思路和顺序进行汇报，显形业绩、短板要求、临时任务为主要汇报内容，绩效管理、学习与创新为次要汇报内容，基本职能无显著提升或错误原则上不汇报。

针对某项指标代表的工作业务内容，可配以图表或文字详细说明进行预算对比、计划对比、同期对比、上月对比、对手对比等分析。

九、其他

经营绩效检讨会议完成后,由总经办负责在48小时内下发书面会议纪要,主要包括各部门的主要绩效完成情况,存在问题及解决办法,新安排和布置的工作任务、会议精神或决议等。

人事科应就公司领导和各部门对部门绩效考核评价表的质询意见核实并修正计分。

各部门将此会议纪要作为未来1个月工作的指导性文件予以执行,如有必要,应制订绩效改进计划或召开局部会议安排布置落实。

经营绩效检讨会的决策权(董事会授权范围内)属于会议主席的职责,会议主席必须对每一议题有所明确决定;在会议主席作出决策之前,所有与会人员对他人(不论职务高低)的汇报、发言均享有质询权。汇报人、发言人对所有质询必须作出合理的、真实的解释,也可指定单元内相关经理作出解释;在会议中凡被会议主席决定负责执行某项工作的人,即为该项工作的授权人。若因困难无法完成所定目标时,应立即反馈,并提出寻求支持的具体要求或应采取的补救措施。被授权人若有失职,应自己承担其失职责任。

绩效管理的职责分工

一、人力资源部在绩效管理中的责任

人力资源部相当于实施绩效管理的资源统筹者,他们在绩效管理中的责任非常重大,他们在考核中的角色可以定位为提供工具、培训、组织、协调等,其中培训部门主管是他们最主要的工作。具体来说,人力资源部在绩效考核中承担的责任有如下几方面:

(1)开发绩效管理系统,设计、改进和完善绩效考核制度,向有关直线部门宣传、推广绩效考核的意义、方法与要求。

(2)帮助各部门贯彻执行考核制度,为了保证系统的成功实施,向直线部门主管提供相关的技术和知识培训。

(3)帮助部门主管解决绩效考核中的操作问题。

(4)监督和评估绩效管理系统的实施情况,不断改进绩效考核系统。

（5）收集反馈信息，包括存在的问题和建议，记录和积累有关资料，提出改进措施和方案。

（6）将绩效管理系统与其他人力资源实践联系起来，根据考核结果，制订人力资源开发计划和相关的人力资源管理决策。

二、管理者在绩效管理中的责任

很多管理者片面地认为绩效管理只是人力资源部门的事情，自己只是一个次要角色，其实人力资源部门固然在绩效管理中的角色十分重要，但是各部门主管的角色也可以说是人力资源部门不分伯仲。

作为绩效管理体系的设计者和组织实施者，人力资源部担当着绩效管理的宣传者和培训者的角色，他们的角色十分重要，他们等于是绩效管理体系的架构者。但是当实施绩效管理时，真正的主演还应该是管理者和员工。管理者在绩效管理中的责任见表2-2。

表2-2　　　　　　　　　　管理者在绩效管理中的责任

	管理者的责任	管理者需具备的能力
行为	1.保证员工有任务去履行 2.要求员工按照标准完成工作任务 3.督促员工在规定的时间内完成工作 4.培训员工在履行工作任务时趋于熟练化	1.分析完成任务需具备的条件以及员工的能力 2.分析员工的能力是否允许其胜任工作 3.向员工阐明任务的要求，必要时向其传授具体的知识和技能 4.对员工的工作进程实施监督，为员工提供支持和协助
结果	1.保证员工目前的绩效令人满意 2.如员工表现不佳，分析其绩效下降的原因 3.激发员工产生提高自身技能的动机 4.为员工的学习和发展创造更多的机会	1.明确规定你所期望的员工绩效水平 2.分析员工在绩效上出现问题的原因 3.通过为员工提供支持与挑战，使员工有所进步 4.与员工一起总结绩效方面的经验，帮助员工扬长避短
职业	1.挖掘员工个人职业发展的潜力 2.针对员工的职业生涯抉择，提出建议 3.帮助员工作出最适当的职业生涯选择 4.支持员工达到预期的目的	1.了解员工的内在需求和动机 2.现实地评价员工的职业发展愿望是否与其自身能力相称 3.为员工设计最佳的职业发展途径和职业规划实现策略

三、员工在绩效管理中的责任

在绩效管理中，员工并不是被动的被考核者，他们应该是主动的绩效改进者，为了组织战略目标的实现而付出必要的努力，因此，员工在绩效管理中也承担着一定的责任：

（1）理解自己在组织中的位置，明确自己应该为组织作出怎样的贡献。

（2）了解组织对自己的期望。

（3）认识自己应该在多大程度上满足这些期望。

（4）不断提高自己的能力和胜任素质，以便自己满足组织的期望并适应组织未来的发展要求。

（5）与上级一起制订自己的工作目标和计划。

（6）主动从上级和同事那里寻求绩效反馈，以弥补自己的不足。

四、绩效管理成功实施的表现

绩效管理成功实施的表现有以下几个方面：

（1）公司绩效、部门绩效与员工绩效在管理上协调一致，没有出现相互冲突的现象。

（2）管理者所提供的绩效辅导及时有效，与员工在整个绩效管理过程保持了沟通的互动性。

（3）人力资源部门和部门主管随时跟踪绩效实施情况，根据绩效实施现状对既定的管理模式作出修正。

（4）员工自发地实现绩效目标和改进个人绩效，员工对组织的战略目标和个人的绩效目标作出较强的承诺，一旦他们发现自己的行为和态度不再与组织的要求相适应，他们便会主动改进自己的工作方式。

（5）企业的战略和目标用通俗易懂地方式传达给管理者和员工，大家对企业的战略和目标没有产生歧义。

（6）每个部门和每名员工都知道组织需要他们做什么，他们应该为组织提供什么样的劳动产出，以及他们在企业的目标实现进程中扮演什么样的角色。

（7）在企业内已经建立了高绩效文化，追求卓越绩效成为大家共同的目标和诉求。

（8）企业的信息反馈系统比较完善，员工能够通过多种渠道了解他们的现实工作与绩效目标的差距。

（9）员工固然期望获得物质报酬，奖励和认可也能对他们发挥较强的激励作用。

（10）员工在工作时激情十足，他们认为工作的意义高于生存，对于实现组织的目标怀有较强的使命感。

五、绩效管理与绩效考核的区别与联系

本书的核心是绩效考核，但是在阐述绩效考核之前，先对绩效管理的相关概念及

对组织的意义介绍了一下，是因为组织的绩效管理是实施绩效考核的体系背景，为了更好地理解绩效考核，我们有必要先对绩效管理进行一下了解。而且，很多人的认知中，他们往往将绩效管理与绩效考核混为一谈，认为绩效考核就是绩效管理，其实这种认识是不正确的。

所谓绩效考核，通常也称为业绩考评或考绩，是指针对企业中每位员工所承担的工作，应用各种科学的定性和定量的方法，针对员工的工作表现和工作结果进行考核和评价的过程。绩效考核是绩效管理的一个重要组成部分，通过绩效考评可以组织改善绩效管理提供资料，帮助组织获得理想的绩效水平。

具体来说，绩效管理和绩效考核有如下区别：

（1）绩效管理是一个完成的管理过程，包括了绩效计划、绩效实施、绩效沟通、绩效考核以及绩效反馈等部分，绩效考核只是这个管理过程中的局部环节和手段。

（2）绩效管理贯穿于企业的日常管理活动中，循环往复不断进行，而绩效考核只出现在某一个特定时期，属于阶段性总结。

（3）绩效管理具有前瞻性，可帮助管理者战略性看待组织所面对的机会和威胁，而绩效考核不具备前瞻性，只是对于过去一个阶段工作成果回顾和总结。

（4）绩效管理侧重于绩效的提高，绩效考核只是强调评价绩效。

（5）绩效管理将员工的个人发展囊括进来，充分考虑员工个人的发展需要，注重员工个人能力素质的提高，绩效考核却不包括这一内容。

（6）在整个绩效管理过程中，管理者与员工是一种合作的关系，而当实施绩效考核时，管理者与员工处于对立的两面，容易导致彼此的对立。

绩效管理与绩效考核虽然在使命、目的和内容上面有一定的区别，但这两者的联系也是非常紧密的——绩效考核是绩效管理的不可或缺的组成部分，通过绩效考核可以为企业改善绩效管理提供事实证据，帮助企业不断提高绩效管理的水平和有效性，使绩效管理真正帮助管理者改善管理水平，帮助员工提高绩效水平，最终帮助企业达到理想的绩效水平。

六、绩效考核所提供的回报

1.对组织

绩效考核建立在职务分析和目标管理的基础上，通过绩效考核，员工便会知道组织对自己的确切要求是什么，组织为自己的工作设定了怎样的标准，与员工毫无目的地工作相比，实施绩效考核后，组织的效率将会更高。同时，当员工意识到自己的付出与企业的成功之间的关联后，员工的士气也会得到提高。

此外，如果组织定期记录下员工的绩效数据的话，还可以使组织更好地规避法律风险，免于遭受法律诉讼。比如，当企业解聘一名不能胜任的员工后，此名员工可能会诉诸劳动仲裁部门要求赔偿。如果员工认为是组织的歧视性对待导致自己失去工作，或者控诉组织一直没有事先予以警戒，结果让自己没有机会改善绩效，以致失去了赖以为生的工作，一旦组织平时没有记录员工的绩效数据，无法提供解雇具备正当理由的证据的话，组织将不得不面对法律仲裁，甚至赔偿被解雇员工不菲的费用。

2.对管理者

很多管理人员都有一个困惑，那就是下属总是不能按照他们的要求完成工作，员工对于应该做什么、如何做、为什么要做似乎都不是很清楚，这必然造成管理人员自身工作量的增加，导致部门沦为一个低效的组织。

员工为什么总是达不到管理者的要求呢？原因很可能有如下几个方面：

一是管理者与员工之间缺乏沟通协调，员工自认为自己的工作方式和努力方向是正确的。

二是管理者没有为员工制定具体的目标，或者员工没有按照管理者的思维方式理解上级对自己的要求。

三是管理者只是意识到管理过程中所存在的问题，但是没有帮助下属改善他们的绩效，即使管理者试图改善下属的绩效，也不知道应该具体怎么做。

对于上述问题，实施绩效考核虽然不会使它们迎刃而解，但是绩效考核的客观性和科学性却为大部分问题的解决提供了可能性。因此，实施绩效考核，可使管理者获得如下回报：

（1）管理者不必事必躬亲地进行那些事务性工作。

（2）让员工发现自己绩效需要改善的事实。

（3）及时获得关于员工工作情况的信息。

（4）让员工学会自主管理，他们知道如何根据目标要求来完成自己的工作。

（5）发现员工的潜力和需要改进的地方。

（6）为员工的晋升和调动提供依据。

（7）减少部门中员工之间相互推诿、扯皮的现象。

3.对员工

员工往往把绩效考核视为对自己实施奖惩的工具，因此，每当组织实施绩效考核时，员工便如临大敌，认为这是公司对自己的单方面审判。其实，绩效考核的意义并不真如员工所料想的那样，企业实施绩效考核的真正用意是为了帮助员工改进自己的绩效，更好地实现自身的价值。

具体来说，通过实施绩效考核，员工可获得如下益处：

（1）知道组织为自己制定了哪些工作职责、赋予了哪些权限，从而有了努力的方向。

（2）完成或超越目标，员工的个人能力得到了提高。

（3）会清楚地了解到自己的工作业绩究竟是好还是坏，在公司中处于什么样的水平，从而使自我认知更加深刻。

（4）可根据自身的不足和优势制定个人职业规划。

（5）绩效优秀的员工可以脱颖而出。

（6）有机会得到晋升。

（7）得到与自己的价值相匹配的收入。

七、绩效考核的法律风险

很多企业在制定绩效考核制度时，常常有着"我的地盘我做主"的强势，认为既然员工是公司的一员，经营者自然有足够的权力对其实施生杀予夺。这种观念意识很容易导致公司的绩效考核制度承受着较高的法律风险，稍不留意，企业的行为便违背了我国现行劳动法，使企业陷入法律纠纷中。

下面是实行"绩效考核"和"末位淘汰"管理办法中，引发的法律纠纷的案例。

案例1：某公司实验室工作人员小张，因为在年度考核中不合格，公司与其解除了劳动合同，小张不服，认为公司解除劳动合同理由不充分，于是向劳动争议仲裁庭提出仲裁请求，在仲裁庭上，公司代表出具了小张绩效考核不合格的考核依据，但是仲裁委员会依旧最后裁定小张与该公司恢复劳动关系。

案例2：某体育运动品制造公司实行"末位淘汰"的考核方式，公司的一位女性检验工，经过考核被认定是"末位"且决定对其实施"淘汰"时，引发了一场劳动仲裁，并且最终劳动争议仲裁委员会裁决支持该女工，并认定"末位淘汰"不合法。

案例3：某上市公司季度考核，其中销售部主管丁某，由于其销售产品后的应收账款迟迟不到账，公司认定其考核不合格，决定对丁某实施季度考核奖金扣除之外，自本月起工资停发，直至其催回应收账款后才予以补发。发薪日公司果然停发了丁某的工资，第二天公司收到了丁某聘请的律师发来的函，律师函中提出，公司未按照约定支付劳动报酬。按照《中华人民共和国劳动法》第三十二条"用人单位未按照约定支付劳动报酬的,劳动者可以随时提出解除劳动合同"的规定解除劳动合同,同时按照有关规定,用人单位必须支付经济补偿金、补足工资并按照工资的25%支付赔偿金。

　　企业在加强人力资源管理,通过绩效考核提升企业的竞争优势时,必须以相关法律为依据,在法律法规的框架中行动。根据《中华人民共和国劳动法》第二十六条的规定,即便劳动者不能胜任工作,用人单位也不能立即解除劳动合同,而是必须经过法律规定的程序,即:考核不合格,对劳动者培训或者换岗,再次证明不合格,才能够实施劳动合同的解除。

　　上述案例中,案例1中的小张仅仅是达到了第一步,即考核不合格,公司没有履行法律规定的此后的两个步骤。因此是不能立刻解除劳动合同的。

　　案例2中的女检验工只要完成了规定的指标或工作任务,即便是刚好完成,哪怕是处于末位,也属于"胜任的"。因此也是不能解除劳动合同的。

　　案例3中的丁某只要履行了劳动合同,不管其业绩如何,劳动报酬是必须支付的。其业绩不佳,可以扣除未在劳动合同中约定的奖金部分,而不能扣除劳动合同中约定的工资。

　　上述案例中,由于没有充分考虑到绩效考核的法律风险,导致案例中的三家企业都与员工产生了法律纠纷,而且在法律仲裁中处于不利地位。

　　综合来看,在中国的本土企业中,由于绩效考评所产生的法律风险,最常见的是组织"劳动合同"的违约。有的劳动合同期限是3~5年甚至更长,而考评是1年修改一次,有的考评方式和结构化的考评工具直接与劳动合同发生冲突,如"末位淘汰制"常常不符合劳动合同的条款。

　　例如,深圳有一家集团,他们首次实施(季度)述职考评后,对考评结果予以公报,并对绩效考核不合格的3名员工予以辞退。深圳这家集团本以为自己的绩效考核制度是非常科学的,但却在无形中触犯了《中华人民共和国劳动法》(以下简称《劳动法》)。因为《劳动法》第十六条规定,劳动合同是劳动者与用人单位确立劳动关系、明确双方权利和义务的协议,建立劳动关系应当订立劳动合同。《劳动法》第十七条则规定,订立和变更劳动合同,应当遵循平等自愿、协商一致的原则,不得违反法律、行政法规的规定。劳动合同依法订立即具有法律约束力,当事人必须履行劳动合同规定的义务。显而易见,这家集团与3名员工签订的劳动合同期限尚未到期,该集团以绩效考核不合格为理由而辞退他们,是不符合《劳动法》相关规定的。即使是这3名员工考核不合格,集团与他们签订的合同依然有效,公司只能革掉他们的管理职务,但要承担重新安排岗位的义务。如果这3名员工将公司的辞退行为诉诸法律，该集团将不可避免会陷入不利于己的劳资纠纷。

针对这 3 名绩效考核不合格的员工，公司可暂时免去他们的职务，另外为其安排可以胜任的职位，并进行相关培训。如果这 3 名员工又经过一段相当长时间的岗位培训后，仍然达不到岗位要求，根据《劳动法》第二十六条第二款规定，劳动者不能胜任工作，经过培训或者调整工作岗位，仍不能胜任工作的，用人单位可以解除劳动合同，但是应当提前三十日以书面形式通知劳动者本人。

绩效考核制度由于涉及员工的切身利益，稍有不慎，便会使企业无形中触犯了相关的法律条文，导致企业为处理法律纠纷支付较高的时间和资金成本。所以，任何公司在制定绩效考核制度时，一定要有效地规避其可能带来的对依法受保护群体的侵害，尽量注意避免法律上的误区。目前，我国还没有专门与绩效考核相关的法律法规，但是在绩效考核结果应用阶段，《劳动合同法》中的"不符合录用条件"和"严重违反规章制度"等条例要在绩效考核结果用于员工留用部分明确规定。

第三章
目标管理与绩效指标

绩效考核容易陷入误区，如：①绩效管理是HR的事情，与业务部门无关；②轻视和忽略绩效辅导沟通；③过于追求量化指标，轻视过程考核；④忽略其导向作用；⑤过于注重结果，忽略过程控制；⑥抱有不切实际的幻想，不能持之以恒。当绩效考核走进这些误区后，就需要加以改进。

目标管理

一、目标管理（MBO）的内涵

1954年，管理大师彼得·德鲁克在其名著《管理的实践》中提出了"目标管理"的概念，并提出了"目标管理和自我控制"的主张。彼得·德鲁克认为，并不是有了工作才有目标，而是相反，有了目标才能确定每个人的工作，因而"企业的使命和任务，必须转化为目标"，如果一个领域没有目标，这个领域的工作必然被忽视。目标管理理论的提出是德鲁克对管理学界的一个伟大贡献，美国前总统布什在把2002年度的"总统自由勋章"授予彼得·德鲁克时，便指出他的三大贡献之一就是提出了目标管理理论。

所谓目标管理，就是强调组织中的上级和下级一起协商、根据组织的使命确定一定时期内组织的总目标，由此决定上、下级的责任和分目标，并把这些目标作为组织经营、评估和奖励每个单位和个人贡献的标准。彼得·德鲁克主张，管理人员在工作中一定要避免"活动陷阱"，不能只顾低头拉车，而不抬头看路，最终忘了自己的主要目标。目标管理的一个重要概念是企业战略规划不能仅由几个高管来执行，所有管理人员都应该参与进来，这将更有利于战略的执行。另一个相关概念是，企业要设计一个完整的绩效系统，它将帮助企业实现高效运作。

目标管理提出以后，一时之间，这种理论观点在美国管理学界和企业界甚嚣尘上，当时，正值西方经济自第二次世界大战后由恢复转向迅速发展的时期，西方企业急需新的管理方法来把企业引向欣欣向荣，目标管理可谓应时而生，逐渐被广泛使用，并很快风靡到日本和西欧国家，在世界管理界大行其道。

不过，目标管理被引入企业后，并没有如彼得·德鲁克所料想的那样得到有效应用，关于"什么目标""目标管理的真正含义是什么""如何确定目标""如何激励员工实现目标"等方面，企业主观地按照自己的逻辑进行了诠释，结果在实践中的目标管理所取得的效果与理论陈述相差甚远。

彼得·德鲁克为目标赋予的真正含义是怎样的？概括地说，可以归结为如下几点。

1.目标不是命运，目标是方向

企业在确定了自身的使命和战略后，必须用目标把使命和战略诠释出来，目标将引导着企业向着既定的方向前进——实现特定的组织使命和战略；否则，所谓的使命和战略不过是乌托邦。没有目标，就没有所谓的战略。

2.目标不是命令，目标是承诺

高层管理者制定目标、下属执行目标——这并不是真正的目标管理。真正的目标管理强调企业的管理层和执行层共同对目标作出承诺，企业的每一个员工都明确知道企业要做什么，自己要做什么。只有如此，目标在执行和实现的过程中才不会遭遇太大的阻力，即使遇到困难，大家也会竭尽全力地想办法克服。

3.目标并不决定未来，目标是动员企业的资源和能力以实现未来的手段

目标只是企业对未来的一种想象，并不意味着企业会必然到达理想的彼岸。为了避免产生目标成为幻影的伤感，企业便应该竭尽全力地用合理的资源配置来保证目标的实现。企业常犯的错误之一就是"把精力放在解决问题上而让机会溜走"。企业的管理者往往把最好的人派去解决问题，把资源放到"昨天"而不是"明天"上。目标本身是为了使企业的管理者能够实现企业的"未来"而在"现在"采取的手段，所以企业在进行目标管理时，要规避那些本末倒置的做法。

4.目标是用来衡量企业绩效的标准

一旦目标成了企业上下共同的承诺，也成了企业为了迈向明天的手段，那么就很容易理解"目标是衡量企业绩效的标准"了。每一个企业都需要建立一个团队并把团队所有成员的努力拧成一股力量。团队的每一个成员都在做各不相同、但是又互相关联的事情，他们都在为实现企业的目标贡献自己的一份力量。要使团队的成员都这样做，企业必须有一个衡量每个成员绩效的标准。这个标准不可能是别的，而只能是经过上下共同协商、达成共识的目标。

5.目标是分配任务的基础

为了实现既定的目标，需要哪些部门的配合，需要每个员工在各自的岗位上行使什么职责——这些要求使目标注定是组织分配任务的基础。

6.目标决定了企业的组织架构，决定了企业所进行的活动，也决定了资源和人员的配置

企业的组织架构、资源和人员配置也需要符合实现目标的要求，可以说，目标是企业所有管理活动的共同纲领。

二、目标管理的八要素和七步骤

一个优秀的目标管理体系要解决好以下八个问题：

（1）目标是什么？——实现目标的中心问题、项目名称。

（2）达到什么程度？——达到的质、量、状态。

（3）谁来完成目标？——负责人与参与人。

（4）何时完成目标？——完成目标的期限、预定计划表、日程表。

（5）如何完成目标？——应采取的措施、手段、方法。

（6）如何保证？——应给予的资源配备和授权。

（7）是否达成了既定目标？——对成果的检查、评价。

（8）如何对待目标完成情况？——结构与奖惩制度挂钩，随之进入下一轮目标管理循环。

制定目标的七个步骤如下：

第一步，理解公司的整体目标是什么。

第二步，由总目标分解出的分目标要符合SMART原则（SMART原则——specific：目标必须是具体的；measurable：目标必须是可以衡量的；attainable：目标必须是可以达到的；relevant：目标必须和其他目标具有相关性；time-based：目标必须具有明确的截止期限）。

第三步，检验分目标是否与公司的战略总目标一致。

第四步，确认实现目标的过程中可能遇到的问题，以及完成目标所需的资源。

第五步，列出实现目标所需的技能和授权。

第六步，就所制定的目标与相关部门进行沟通。

第七步，为了避免目标滞留在中层而不往下分解，督促中层管理者与下属一起制定下一级目标。

三、目标管理的基本程序

目标管理的具体做法分为三个阶段。

1.设置目标

设置目标是实施目标管理的第一步，也是最重要的阶段，这一阶段可以细分为四个步骤：

（1）企业高层管理者和员工共同预定目标。关于预定目标的提出，既可以由上级提出，再同下级讨论，也可以由下级首先提出，上级进行审核和批准。总之，目标的预定建立在企业上下共同商量讨论的基础上。在这个过程中，企业的高层管理者承担着更重要的角色：他们需要根据企业的使命和长远战略，充分估计客观环境带来的机会和挑战，并对企业的优势和劣势有一个清醒的认识，从而对组织应该和能够完成的目标心中有数。

（2）重新审议组织结构和职责分工。目标管理要求每一个分目标都有确定的责任主体，因此预定目标后，需要重新审查现有组织结构，根据新的目标分解要求进行调整，明确目标责任者和协调关系。

（3）为下级确立目标。在下级明确组织的战略和目标的基础上，上级需要与下级一起商定下级的分目标。分目标的建立要符合如下要求：具体量化，便于考核；分清轻重缓急，以免顾此失彼；既要有挑战性，又要有实现可能。

（4）上级和下级就实现各项目标所需的条件以及实现目标后的奖惩事宜达成协议。分目标制定后，要授予下级相应的资源配置的权力，实现权责利的统一。

2.目标实现过程的管理

目标管理强调员工的自主、自治和自觉，一切用结果说话，但这并不意味着管理者可以放手不管，因为目标管理是系统性管理方式，一个环节出现失误，就可能影响全局的绩效。因此在实施目标管理的过程中，管理者的监测和矫正更是必不可少的。这便要求管理者对下属的工作情况进行定期检查，定期向下属通报整个部门的进度，也便于彼此的协调。此外，管理者还要力所能及地帮助下属解决工作中出现的困难和问题，及时为下属排查不利于工作目标实现的不利因素。

3.对目标管理所取得的结果进行测定和评价

当达到预定的期限后，下级首先要进行自我评估，向上级提交书面报告，然后上、下级一起考核目标完成情况，决定如何实施奖惩。与此同时，上、下级也进入了下一个工作周期的循环，彼此一起讨论下一个阶段的目标，投入新一轮的战斗。

四、目标管理的优点和不足

没有绝对十全十美的管理方式，目标管理也有着一些毋庸置疑的优点和不可避免的缺点。

1. 目标管理的优点

（1）可以有效地激励员工达到组织对他们的期望。当目标成为组织的每个部门和每个成员的追求，且实现的可能性较大时，目标管理就会发挥激励员工的作用，如果目标与报酬相关联的话，目标的激励效用会更大。一般而言，员工对目标的承诺度越高，目标的激励效果越好。

（2）提高组织管理的效率，实现有效管理。相对计划管理方式，目标管理在推进工作进展、保证组织战略目标实现方面更胜一筹。因为目标管理是一种结果式管理，这种管理方式促使组织的每个部门和每位成员不得不考虑目标的实现，以完成目标为工作使命。由于这些分目标是组织总的战略目标的分解，因此当组织的分目标实现时，便意味着组织已实现了总的战略目标。此外，在实施目标管理时，由于只确定分目标，并不规定每个部门和每位成员完成分目标的方式和手段，这便给员工在完成目标方面提供了一个自由驰骋的空间，从而有效地提高了组织管理的效率。

（3）有助于企业的全体人员对工作任务做到心中有数。目标管理的另一个优点就是使组织各级主管和成员都明确了组织的总目标、组织的结构体系、组织内部的分工与合作以及每位人员各自的任务——这样便避免了组织内人浮于事、沟通不足的弊端。

（4）强化员工的自我管理意识。目标管理实际上是一种自我管理的方式，或者说是引导组织成员自我管理的方式。由于在目标设定阶段，员工参与了目标的制定，并对目标作出承诺，因而员工不再只是被动地执行上级的指示，而是成为有明确工作使命的主动工作者。从这个意义上看，目标管理至少可以算作自我管理的方式，是以人为本的管理的一种过渡性试验。

（5）有助于对组织整体运行实现有效控制。目标管理的进程并不是终止于总目标分解的阶段，而是需要组织的管理者对目标实现的过程进行经常检查，对比工作实际执行情况与既定目标的差距，从而及时地从旁给予纠正。可以说，目标管理本身就是一种结果控制的方式，如果一个组织已经有了一套明确的可考核的目标体系，那么其本身就是进行监督控制的最好依据。

2.目标管理的不足

（1）只注重短期目标。大多数的目标管理中的目标通常是一些短期的目标，如年度目标、季度目标、月度目标等。短期目标一般比较具体、易于分解，而且容易迅速得到实现，而长期目标则不然，不仅比较抽象、难以分解，而且通常需要较长的验证期。基于长短期目标的上述特征，组织在实施目标管理时，惯于强调短期目标的实现，而对长期目标漠不关心——这种认知和做法自然偏离了目标管理的真正内涵，使目标管理的功能大打折扣。

（2）目标设置困难，难以做到目标的量化。组织实际上等同于一个产出联合体，因此很难界定出每个人贡献的大小，以致确定可度量的目标就十分困难，往往一个组织的目标只能定性地描述出来。比如，对于组织后勤部门"有效服务于组织成员"的指标，虽然可以采取一些量化指标来度量，但是实现了这些指标后，并不意味着达到了"有效服务于组织成员"的指标。

（3）无法权变。在执行目标管理的过程中，改变目标是不允许的，因为这样会造成组织的混乱，而目标一旦确定就不允许改变，必然会导致组织运作缺乏弹性，无法通过权变来适应变化多端的外部环境。

目标管理绩效考核表的格式如表3-1所示。

表3-1 目标管理绩效考核表

部门		岗位		姓名		时间	
类别	工作任务和目标	权重	是否完成	任务完成情况综述及原因分析说明	自评得分	上级评分
日常型						
达成型						
合计						
总评得分		总评得分=自评得分×40%+上级评分×60%				

主管签字：　　　　　　　　　　　　　　　员工签字：

关键绩效指标

一、关键绩效指标（KPI）的概念及特点

关键绩效指标（key performance indicator，KPI）是用来衡量某一职位员工工作绩效表现的具体量化指标，是对完成工作效果的最直接的衡量方式。关键绩效指标来自于对企业总体战略目标的分解，反映了最能有效影响企业价值创造的关键驱动因素。

与普通工作目标相比，关键绩效指标体现了由公司战略目标分解得出的关键价值驱动因素，并且只反映目标职位的最主要经营活动效果，而非全部工作。关键绩效指标具有如下四个特点。

1. 来自于对公司战略目标的分解

KPI的第一层含义在于，作为衡量各职位工作绩效的指标，关键绩效指标所体现的衡量内容最终取决于公司的战略目标。当关键绩效指标构成公司战略目标的有效组成部分或支持体系时，它所衡量的职位便以实现公司战略目标的相关部分作为自身的主要职责；如果KPI与公司战略目标脱离，则它所衡量的职位的努力方向也将与公司战略目标的实现产生分歧。

KPI来自于对公司战略目标的分解，其第二层含义在于，KPI是对公司战略目标的进一步细化和发展。公司战略目标是长期的、指导性的、概括性的，而各职位的关键绩效指标内容丰富，针对职位而设置，着眼于考核当年的工作绩效，具有可衡量性。因此，关键绩效指标是对真正驱动公司战略目标实现的具体因素的发掘，是公司战略对每个职位工作绩效要求的具体表现。

最后一层含义在于，关键绩效指标随公司战略目标的发展演变而调整。当公司战略侧重点转移时，关键绩效指标必须予以修正以反映公司战略新的内容。

2. 关键绩效指标是对绩效构成中可控部分的衡量

企业经营活动的效果是内因、外因综合作用的结果，其中内因是各职位员工可控制和影响的部分，也是关键绩效指标所衡量的部分。关键绩效指标应尽量反映员工工作的直接可控效果，剔除他人或环境造成的其他方面影响。例如，销售量与市场份额都是衡量销售部门市场开发能力的标准，而销售量是市场总规模与市场份额相乘的结果，其中市场总规模则是不可控变量。在这种情况下，两者相比，市场份额更体现了职位绩效的核心内容，更适于作为关键绩效指标。

3. KPI是对重点经营活动的衡量，而不是对所有操作过程的反映

每个职位的工作内容都涉及不同的方面，高层管理人员的工作任务更复杂，但KPI只对其中对公司整体战略目标影响较大，对战略目标实现起到不可或缺作用的工作进行衡量。

4. KPI是组织上下认同的

KPI不是由上级强行确定下发的，也不是由本职职位自行制定的，它的制定过程由上级与员工共同参与完成，是双方所达成的一致意见的体现。它不是以上压下的工具，而是组织中相关人员对职位工作绩效要求的共同认识。

KPI指标体系与一般绩效考核体系的区别如表3-2所示。

表3-2　　　　　　　　KPI指标体系与一般绩效考核体系的区别

项　目	KPI指标体系	一般的绩效考核体系
假设前提	假定员工会采取一切必要的行动努力达到既定的目标	假定员工不会主动采取行动以实现目标；假定员工不清楚应采取什么行动以实现目标；假定制定与实施战略与一般员工无关
考核的目的	以战略为中心，指标体系的设计与运用都是为战略服务的	以控制为中心，指标体系的设计与运用来源于控制的意图，为了达到有效地控制员工行为的目的
指标的产生	在组织内部自上而下对战略目标进行层层分解产生	通常是自下而上地根据个人以往的绩效与目标而产生
指标的来源	来源于组织的战略目标与竞争的需要	来源于特定的程序，即对过去行为与绩效的修正
指标的构成及作用	通过财务与非财务指标相结合，体现关注短期效应，兼顾长期发展的原则；指标本身不仅传达了结果，还体现了产生结果的过程	以财务目标为主、非财务目标为辅，注重对过去绩效的评价，指导绩效改进的出发点是过去的绩效存在的问题，绩效改进行动与战略需要脱钩
收入分配体系与战略的关系	与KPI指标的值、权重相搭配，有助于推进组织战略的事实	与组织战略的相关程度不高，但与个人绩效的好坏密切相关

二、关键绩效指标对组织的意义

KPI所具备的特点，决定了KPI在组织中举足轻重的意义。

首先，作为公司战略目标的分解，KPI的制定有力地推动公司战略在各单位各部门得以执行。

其次，KPI为上下级对职位工作职责和关键绩效要求有了清晰的共识，确保各层各类人员努力方向的一致性。

再次，KPI为绩效管理提供了透明、客观、可衡量的基础。

接着，作为关键经营活动的绩效的反映，KPI帮助各职位员工集中精力处理对公司战略有最大驱动力的方面。

最后，通过定期计算和回顾KPI执行结果，管理人员能清晰了解经营领域中的关键绩效参数，并及时诊断存在的问题，采取行动予以改进。

三、关键绩效指标的作用

对于组织的未来发展而言，KPI将有助于：

（1）根据组织的发展规划/目标计划来确定部门/个人的业绩指标。

（2）监测与业绩目标有关的运作过程。

（3）及时发现潜在的问题，发现需要改进的领域，并反馈给相应部门/个人。

（4）KPI输出是绩效评价的基础和依据。

当公司、部门乃至职位确定了清晰的KPI体系后，可以：

（1）把个人和部门的目标与公司整体的目标联系起来。

（2）对于管理者而言，阶段性地对部门/个人的KPI输出进行评价和控制，可引导正确的目标发展。

（3）集中测量公司所需要的行为。

（4）定量和定性地对直接创造利润和间接创造利润的贡献作出评估。

四、设计关键绩效指标的基本方法

组织确定关键绩效指标时，亦需遵循SMART原则，即：

（1）绩效考核要切中特定的工作指标，不能笼统。

（2）绩效指标是数量化或者行为化的，验证这些绩效指标的数据或者信息是可以获得的。

（3）绩效指标在付出努力的情况下可以实现，避免设立过高或过低的目标。

（4）绩效指标是与上级目标具明确的关联性，最终与公司目标相结合。

（5）注重完成绩效指标的特定期限。

如何才能精准设定有效的关键绩效指标呢？目前，常用的方法是鱼骨图分析法和九宫图分析法。

1.鱼骨图分析法

鱼骨图分析法的首创者是日本管理大师石川馨，这种方法常用来发现问题的根本原因。鱼骨图分析法理论认为，问题的特性总是受到一些因素的影响，找出这些因素，并将它们与特性值放在一起，然后按相互关联性整理成层次分明、条理清楚的特性要因图，将有助于透过现象发现问题发生的本质。

鱼骨图分析法有三种类型：

（1）整理问题型鱼骨图（各要素与特性值间不存在因果关系，而是与结构形成关系）。

（2）原因型鱼骨图（鱼头在右，特性值通常以"为什么……"来写）。

（3）对策型鱼骨图（鱼头在左，特性值通常以"如何提高/改善……"来写）。

应用鱼骨图分析法的主要步骤为：确定个人/部门业务重点。①确定哪些因素与公司业务相互影响。②确定业务标准。定义成功的关键要素，满足业务重点所需的策略手段。③确定关键业绩指标，判断一项业绩标准是否达到的实际因素。④将公司级的关键业绩指标逐步分解到部门，再由部门分解到各个职位，依次采用层层分解、互为支持的方法，用定量或定性的方式确定各部门、各职位的关键业绩指标。

2.九宫图分析法

九宫图分析法是一种有助扩散性思维的思考策略，利用一幅像九宫格的图，将主题写在中央，然后把由主题所引发的各种想法或联想写在其余格子，即由事物之核心出发，向八个方向去思考，发挥八种不同的创见。依循此思维方式加以发挥并扩散其思考范围。

五、KPI指标分解的原则

在层层分解KPI的过程中，需要遵守如下原则：

（1）分解到各个部门的指标必须具有激励作用。

（2）员工对所分解指标可以实施有效的控制，指标与部门的工作密切相关，没有超出员工的能力范围。

（3）所分解的指标具有较强的可测性，便于进行指标计算。

上述原则反映在具体的指标分解工作中，主要有如下三个方面：

（1）根据员工的工作性质和内容而确定各指标权重。比如，在分解财务类指标时，对于客户经理而言，财务指标可占其总指标60%；对于呼叫中心主任而言，财务指标可占其总指标的5%；对于维护安装部主任而言，财务指标可占其总指标25%。这种分解方案的原因在于：一般而言，公司的前端和后端分别是公司收入与成本的主要产生处，财务类指标的考核权重应该大于职能部门或支撑部门这些不直接与财务挂钩的部门。

（2）明确关键绩效指标的计算和数据来源。举例见表3-3。

表3-3　　　　　　　某通讯公司对于关键绩效指标的定义

关键绩效指标	指标定义	数据来源	考核周期
分公司贡献	实际收入-实际网络成本-运营成本	财务部	季、年
坏账	应收账款超出3个月以上÷公司贡献×100%	财务部	季、年
净营运资产贡献率	固定资产+流动资产+无形资产	财务部	季、年
实际网络成本	实际网络成本折旧+网络维修费用	财务部	年
收入增长率	（当年客户收入-去年年终客户收入）÷去年年终客户收入×100%	财务部	年
用户人均收入	（用户租费收入+通话费收入+服务费收入）÷用户总数	财务部、营销服务中心	季、年

（3）定性指标用分级评估表的形式予以明确。合格的分级评估表格见表3-4。

表3-4　　　　　　　　　合格的分级评估表

评估方面	权重	优（100%）	良（75%）	中（50%）	差（0）
部门协调能力		主动协调相关部门，全面展开各项工作，流程运作非常顺利	能够协调相关部门开展各项工作，流程运作没有严重问题	基本能协调相关部门开展各项工作，流程运作有较少问题	无法协调相关部门开展工作，流程无法运作
政府协调能力		主动、及时地走访政府相关部门，与其沟通融洽，使企业各项工作顺利开展	能按计划与政府相关部门沟通，基本能开展各项工作	基本能与政府相关部门保持沟通，但工作开展不顺利	不能与政府相关部门保持联系，各项工作无法展开
关键岗位人才的培养		注重后辈人才的发掘，有计划、有针对性地提供培训、锻炼机会，使企业各项工作顺利开展	能够提供后辈人才的培训、锻炼机会，基本能满足关键岗位人才需求	不能按计划地开展后辈人才的培训、锻炼，关键岗位人才培养发展不均衡	不能提供培训、锻炼计划，造成后辈人才的短缺
客户响应		主动分析市场发展，对新业务需求有预见性，并协调后端对新业务进行测试、论证及网络承受能力的预测，以主动向客户提供响应或者在客户提出业务需求时立即响应	对客户提出的电信业务需求能及时协调后端，在客户要求时间内满足	对客户提出的电信业务需求不能主动协调后端支撑，能满足客户基本需求，但时限较长，不能令客户满意	不能满足客户提出业务需求，不能协调后端
网络分析的有效性		对话务量等网络数据十分熟悉和敏感，并能从其他系统得到有用数据进行系统分析。对网络、网元情况熟悉，分析推断的结论与事实吻合，并能妥善解决问题	对话务量数据比较熟悉和敏感，知道从其他系统得到有用数据进行系统分析的途径，分析推断的结论与事实基本吻合，基本上能指导问题的解决	对话务量了解一般，但不敏感，不会从其他系统得到有用的数据进行系统分析。对网络、网元情况了解一般，分析推断的结论与事实在方向上大体吻合，需进一步分析后，才能指导问题的解决	对话务量数据不了解、不敏感，对网络、网元情况不了解，分析推断的结论与事实在方向上不吻合，需重新分析

（4）在设计职能部门的关键业绩指标时，要以主要工作的完成情况为基础。关键业绩指标的设计除了要考虑主要工作的完成情况外，还要充分考虑到影响工作完成的三大因素：时间（工作完成地是否及时）、质量（工作的质量如何）、成本（完成主要工作的费用支出是否合理）。下面列出了企业五大职能部门关键绩效指标（见表3-5至表3-9）。

表3-5　　　　　　　　　　　　　研发部门关键绩效指标

项目	指标名称	指标定义	设立目的	数据收集
组织增幅	新产品销售额比率增长率	年度新产品订货额占全部销售订货额比率的增长率	反映产品研发的效果，体现公司后劲的增长，坚持产品的市场检验标准	财务部
	老产品市场增长率	老产品的净增幅	反映产品研发的效果，体现公司后劲的增长，坚持产品的市场检验标准	财务部
生产率提高	人均新产品毛利增长率	在计划期内，新产品销售收入减去新产品销售成本后的毛利与研发系统员工平均人数之比的增长率	反映研发系统人员的平均效率，控制研发系统人员结构和改善研发管理	人力资源部
成本控制	老产品技术优化及物料成本降低额	在计划期内，销售的老产品扣除可比采购成本升（降）因素后的物料成本降低额	促使研发部门不断完善和改进老产品，降低老产品物料成本，提高老产品竞争力	财务部
	运行产品故障数下降率	在计划期内，网上运行产品故障总数的下降率	促使研发系统提高新、老产品的质量和稳定性，降低产品维护费用	市场部

表3-6　　　　　　　　　　　　　营销部门关键绩效指标

项目	指标名称	指标定义	设立目的	数据收集
组织增幅	销售额增长率	在计划期内，分别按订货口径计算和按销售回款口径计算的销售额增长率	作为反映公司整体组织增幅和市场占有率提高的主要指标	财务部
	出口收入占销售收入比率增长率	在计划期内，出口收入占销售收入比率的增长率	强调增加出口收入的战略意义，促进出口收入增长	财务部
生产率提高	人均销售毛利增长率	计划期内，产品销售收入减去产品销售成本后的毛利与营销系统平均员工人数之比	反映销售费用投入产生销售收入的效果，促使营销系统更有效地分配和使用销售费用	财务部、人力资源部
成本控制	销售费用率降低率	在计划期内，销售费用支出占销售收入比率的降低率	反映销售费用投入产生销售收入的效果，促使营销系统更有效地分配和使用销售费用	财务部
	合同错误率降低率	在计划期内，发生错误的合同数占全部合同数的比率的降低率	促进营销系统减少合同错误，合理承诺交货期，从而提高整个公司计划水平和经济效益	生产总部

表3-7　　　　　　　　　　　　采购部门关键绩效指标

项目	指标名称	指标定义	设立目的	数据收集
组织增幅	合格物料及时供应率提高率	在计划期内，经IQC检验合格的采购物料及时供应的项次各占生产需求的物料采购项次的比率的提高率	反映采购系统管理供应商的能力，以及对均衡生产的保障能力和响应能力	生产总部
生产率提高	人均物料采购额增长率	在计划期内，到货的物料采购总额与采购系统平均员工人数之比	反映采购系统的生产率，促使其减人增效	人力资源部
成本控制	可比采购成本降低率	按代表性物料品种(重点是A类物品)计算的与上年同期比较或与业界最佳水平比较的采购成本降低率，在采购成本中包含采购系统的费用分摊额	降低物料采购综合成本	生产总部

表3-8　　　　　　　　　　　　生产管理部门关键绩效指标

项目	指标名称	指标定义	设立目的	数据收集
组织增幅	及时齐套发货率增长率	在计划期内，生产系统按照订货合同及时齐套正确发货的产值占计划产值的比率	反映生产系统和公司整体的合同履约能力	市场部
生产率提高	人均产值增长率	在计划期内，生产系统总产值与平均员工人数之比	促使生产系统降低制造费用	财务部
成本控制	制造费用率降低率	产品制造成本中制造费用所占比率的降低率	促使生产系统降低制造费用	财务部
成本控制	产品制造直通率提高率	产品(含元器件)一次性通过生产过程各阶段检验的批次占全部生产批次的比率的提高率	提高制造质量，降低制造质量成本	管理工程部

表3-9　　　　　　　　　　　　财经管理部门关键绩效指标

项目	指标名称	指标定义	设立目的	数据收集
组织增幅	净利润增长率	在计划期内，净利润增长率	旨在促进财经管理系统通过全面预算的有效控制和对货款回收的有效监控，促使公司最终成果的增长	管理工程部
生产率提高	财经管理人员比例降低率	在计划期内，技术财经管理系统人员平均数占公司员工平均数的比例降低率	旨在促进财经管理系统减人、增效	人力资源部
成本控制	管理费用率降低率	在计划期内，公司管理费用支出（不含研发费用）占销售收入的比率的降低率	促使财经管理系统通过全面预算管理，有效地提高管理费用支出效果和降低管理费用率	管理工程部

六、KPI指标体系建立流程

KPI指标的提取，可以用"十字对焦、职责修正"一句话来概括。也就是说，在具体的操作过程中，要做到在各层面从纵向进行战略目标分解、横向结合业务流程进行"十"字提取如图3-1所示。

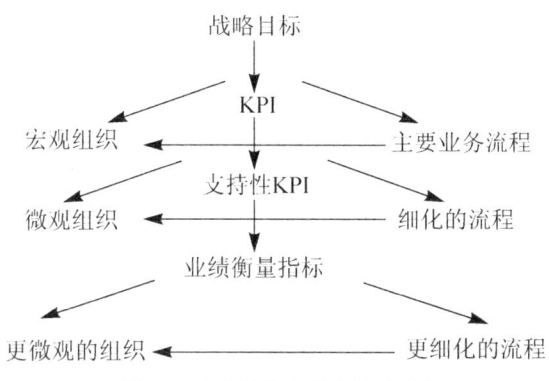

图3-1　KPI指标提取总示例图

第一步：分解企业战略目标，分析并建立各子目标与业务流程的关系（见图3-2、图3-3）。

在通常情况下，企业的总体战略目标可以分解为几项主要的支持性子目标，而这些支持性子目标要实现的话，需要企业的某些主要业务流程的支持，所以，当组织提取KPI指标时，在这个环节上需要完成以下工作：

（1）企业高层管理者确立公司的总体战略目标。

（2）由企业（中）高层管理者将战略目标分解为主要的支持性子目标。

（3）将企业的主要业务流程与支持性子目标之间建立关联。

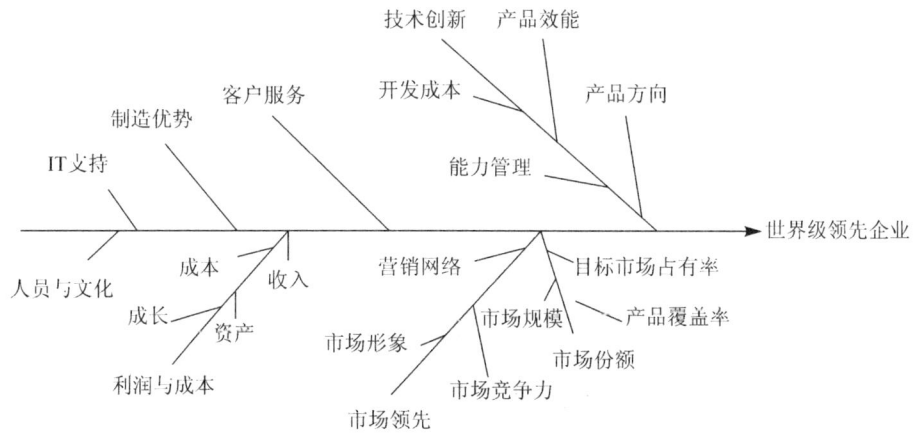

图3-2　战略目标分解的鱼骨图方式示例图

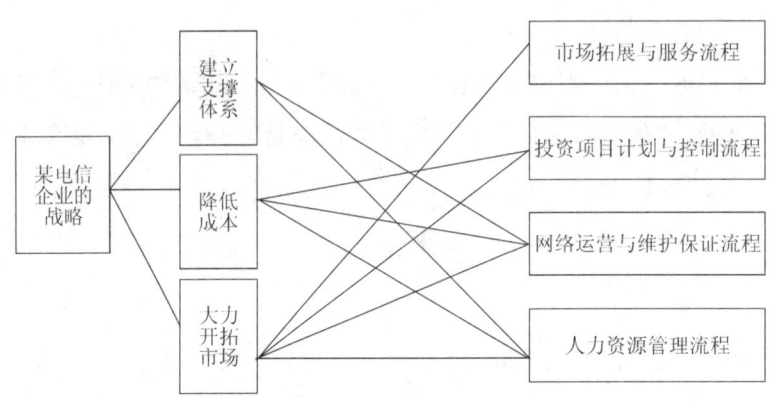

图3-3　战略目标与流程分解示例图

第二步：确定各支持性业务流程目标（见表3-10）。

在确认对各战略子目标的支持性业务流程后，需要进一步确认各业务流程在支持战略子目标达成的前提下流程本身的总目标。

表3-10　　　　　　　　　确认流程目标示例表

流程总目标：低成本、快速满足客户对产品质量和服务要求	组织目标要求（客户满意度高）			
	产品性能指标合格品	服务质量满意率	工艺质量合格率	准时齐套发货率
	产品设计质量	工程服务质量	生产成本	产品交付质量
客户要求	质量	产品设计好	安装能力强	质量管理	发货准确
	价格低	引进成熟技术			
	服务好		提供安装服务		
	交货周期短			生产周期短	发货及时

第三步：确认各业务流程与各职能部门的联系（见表3-11）。

本环节建立流程与工作职能之间的关联，从而在更微观的部门层面建立流程、职能与指标之间的关联，为企业总体战略目标和部门绩效指标建立联系。

表3-11　　　　　　　确认业务流程与职能部门联系示例表

流程：新产品开发	各职能部门在流程中所承担的角色				
	市场部	销售部	财务部	研究部	开发部
新产品概念选择	市场论证	销售数据收集	—	可行性研究	技术力量评估
	—	—	—	—	—
产品概念测试	—	市场测试			技术测试
产品建议开发			费用预算	组织预研	

第四步：提取部门级KPI指标（见表3-12）。

在本环节中要将从通过上述环节建立起来的流程重点、部门职责之间的联系中提取部门级的KPI指标。

表3-12　　　　　　　　　部门级KPI指标提取示例表

项目	KPI维度			指标
	测量主体	测量对象	测量结果	
时间	效率管理部	新产品（开发）	上市时间	新产品上市时间
成本	投资部门	生产过程	成本降低	生产成本率
质量	顾客管理部	产品与服务	满足程度	客户满意率
数量	能力管理部	销售过程	收入总额	销售收入

第五步：将企业战略目标、流程、职能、职位目标统一起来（见表3-13）。

根据部门KPI、业务流程以及确定的各职位职责，将企业目标、流程、职能与职位统一起来。

表3-13　　　　　　　　　KPI进一步分解到职位示例表

流程：新产品开发流程		市场部部门职责		部门内职位职责			
				职位一		职位二	
流程步骤	指标	产出	指标	产出	指标	产出	指标
发现客户问题，确认客户需求	发现商业机会	市场分析与客户调研，制定市场策略	市场占有率	市场与客户研究成果	市场占有率（增长率）	制定出市场策略，指导市场运作	市场占有率（增长率）
			销售预测准确率		销售预测准确率		销售预测准确率
			市场开拓投入率（降低率）		客户接受成功率（提高率）		销售毛利率增长率
			公司市场领先周期		领先对手提前期		销售收入月度增长幅度

七、KPI指标设计的误区

有的企业在设计关键绩效指标时，推崇多多益善的原则，一般每个部门设计几个KPI指标，最少的部门也有七八个，这样延伸到整个系统，如果一个系统有几个工作性质不同的部门的话，整个系统就至少有50个关键绩效指标。可以想象，执行这样的绩效考核制度自然导致极大地增加了绩效考核的成本，然而绩效考核工作并没有直接的利润产生，只是帮助实现利润的工具，应该追求合适的投资回报率。

关键绩效指标并不是越多越好，绩效指标设计不合理至少会给企业带来两个严重的问题：

（1）不能够有效地支持企业的目标和绩效，甚至会把企业带到错误的方向。绩效指标基本上是以各个职能部门为单位设计，如果指标过多、差异较大，很可能导致各个部门为了实现部门利益而相互推卸责任，从而使企业陷入混乱和低效率中。

（2）难以使指标得到很好的执行。在企业中，有很多这样的情况：一个很好的管理方法、管理工具往往不能执行。不能执行的原因可能有很多种，最重要的一个原因是指标设计不合理。比如，在一个企业中，对于销售人员的绩效考核，制定了一个"每周拜访客户30次"的目标，这个指标本身是没有什么问题的，但是该企业的销售人员的工作水平还没有达到这样一个水平，这便导致这个指标对提升员工的绩效毫无意义。

一些企业推行绩效考核制度后，常会不自觉地认为：每件事情都需要设计一个指标来考核员工对其的执行情况，于是便从各种管理资料中照搬一大堆各种各样的指标，而忽略了指标与公司战略目标的匹配性。不同的企业、相同的企业在不同的时期，关注的绩效目标极有可能是不同的，设计的绩效指标也可能会不同。但是，一个能够反映企业需要到达的目标的绩效指标系统应该有以下几个标准：①恰如其分地反映了企业的战略目标。②大多数指标是能够量化的，具有客观考核的价值。③可以成为激励员工高效工作的指标标杆。④绩效考核指标并非是越多越好，也实现绩效考核目标为制定准则。

对于上述四个标准，可以归为一点，即：量化正确的事情，以企业的各项资源和人力资源为基点，尽可能做到组织可以做好的事情。

平衡计分卡

一、平衡计分卡（BSC）的问世及发展

20世纪90年代初，哈佛商学院的罗伯特·卡普兰（Robert Kaplan）和诺朗诺顿研究所所长、美国复兴全球战略集团创始人兼总裁戴维·诺顿（David Norton）在从事一项名为"未来组织绩效衡量方法"的绩效评价体系时，提出了平衡计分卡的概念。平衡计分卡打破了传统的单一使用财务指标衡量业绩的方法，在财务指标的基础上加入了未来驱动因素，即客户因素、内部业务流程和员工的学习和成长。平衡计分卡自创立以来，在美国和欧洲的管理学界引起了巨大的反响，《哈佛商业评论》将其评为75年来最具影响力的管理工具之一。据相关的调查表明，财富1 000强企业中，50%的企业都应用了平衡计分卡的绩效管理系统。

平衡计分卡的出现对于企业的战略管理和绩效考核具有重大的意义，它使得传统

的绩效管理从人员考核与评估的工具转变为战略实施的工具,并使企业管理者拥有了全面的统筹战略、人员、流程和执行四个关键因素的管理工具,从而可以使企业管理者从长期和短期、内部和外部多个角度平衡企业的持续发展。

至今为止,平衡计分卡在历史上经历了三个发展阶段。

第一阶段:"平衡计分卡"时期

罗伯特·卡普兰和戴维·诺顿将他们的研究成果《平衡计分卡:驱动绩效的量度》发表在1992年《哈佛商业评论》的1月号和2月号上,他们在文中指出,传统的绩效考核只注重财务会计指标,这种指标只能衡量企业过去发生的事项,无法评估企业前瞻性的投资。因此,他们主张,必须改用一个将组织的远景转变为一组由四项观点组成的绩效指标架构来评价组织的绩效,这四项指标分别是:财务(financial)、顾客(customer)、企业内部流程(internal business processes)、学习与成长(learning and growth)。

这种崭新的绩效管理模式,既保留了传统上衡量过去的财务指标,也兼顾了促成财务指标实现的其他绩效因素,除了支持组织追求业绩之外,还督促组织要注重和加强员工的学习和成长。总之,这种绩效管理模式把组织的使命和策略转变为一套前后连贯的系统绩效评核量度,把复杂而笼统的概念转化为精确的目标,借以寻求财务与非财务的衡量之间、短期与长期的目标之间、落后的与领先的指标之间以及外部与内部绩效之间的平衡。

第二阶段:"平衡计分卡+战略地图"时期

在这个阶段,罗伯特·卡普兰和戴维·诺顿将战略地图的概念囊括进平衡计分卡考核体系,从而扩展了平衡计分卡原先的考核功能。罗伯特·卡普兰和戴维·诺顿指出:"在盛行的管理思想大师们的智慧中,我们很难寻找到有关全局框架的帮助。战略教义存在于下列领域:股东价值、客户管理、流程管理、质量、核心能力、创新、人力资源、信息技术、组织设计和学习组织。尽管上述领域都有深刻见解,但是没有一个领域能提出一个全面的、集成观点来描述战略。连迈克尔·波特的竞争优势定位方法都没有提供一个简单、有效的描述战略的通用平台……因此描述战略的公认方法还不存在。让我们想想后果吧!由于无法全面地描述战略,管理者之间以及管理者与员工之间无法轻松地沟通。对战略无法达成共识,管理者也无法使战略协同一致……"

战略地图的构成文件主要是"图、卡、表"。所谓图、卡、表,是指"战略地图""平衡计分卡""单项战略行动计划表",它们是运用战略地图来描述战略的三个必备构成文件。

以前要想将描述清楚的集团战略、SBU战略、职能战略直观地展现出来，需要数百页的战略规划文件，而"战略地图"只通过几张简洁的图表就实现了这一功能，"战略地图"可以说是企业集团战略描述的一个集成平台。而"平衡计分卡"本身则是对"战略地图"进行进一步解释的表格，它由战略目标与主题、核心衡量指标、战略指标值（3~5年）、单独战略行动计划表（名称）所构成；而"单项战略行动计划表"则是对"平衡计分卡"中罗列出的一个个单项战略行动计划（名称）的进一步演绎，它将那些所谓"务虚的战略"落实为一步一步可操作监控的、具有明确时间结点、责任归属、资源安排的行动计划。可以说"单项战略行动计划表"正是化战略为行动的关键所在，也是平衡计分卡体系在描述战略中独特的魅力！

第三阶段："平衡计分卡+战略地图+战略中心组织"时期

罗伯特·卡普兰和戴维·诺顿认为在当今的商业环境中，战略从来没有显得这样重要过。但研究表明，大多数企业仍不能成功地实施战略。在浩繁的记录背后隐藏着一个无法否认的事实是：大多数企业仍然继续使用专门为传统组织而设计的管理流程。所以这一阶段的核心思想是"平衡计分卡+战略地图+战略中心组织"。

二、平衡计分卡理论

传统的业绩管理模式只注重企业的财务目标，平衡计分卡突破了这种方式。平衡计分卡理论认为，传统的财务会计模式只能衡量过去发生的事情，而无法评估组织前瞻性的投资，那些领先的驱动因素根本就顾及不到。在工业时代，注重财务指标的管理方式还是有效的，但是当进入信息社会后，传统的业绩管理方法便显示了它的局限性，组织只有全面考量其在客户、供应商、员工、组织流程、技术革新等方面的投资，才能获得持续发展的动力。基于这种观点，平衡计分卡理论认为，组织应从四个角度审视自身业绩：学习与成长、业务流程、顾客、财务。这种革命性的管理方式反映了财务和非财务衡量方法之间的平衡、长期目标与短期目标之间的平衡、组织外部和内部的平衡、结果和过程平衡、管理业绩和经营业绩的平衡等多个方面。因而，通过平衡计分卡，可以全面获知企业经营发展状况，有助于组织的业绩评价趋于平衡和完善，从而使组织迈向更远大的未来。

平衡计分卡的理论框架见图3-4。

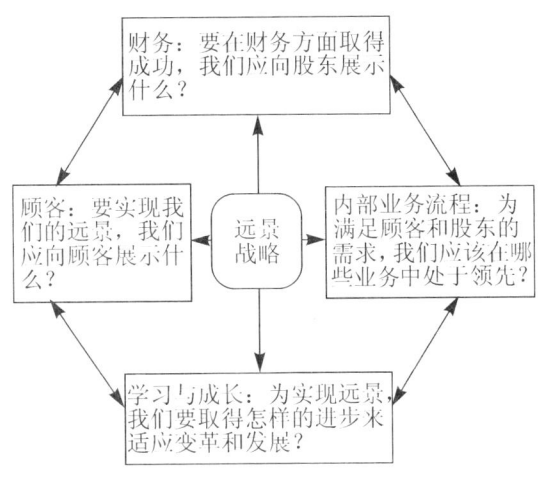

图3-4 平衡计分卡理论框架

1.平衡计分卡的维度

美国管理咨询顾问保罗·尼文在其所著的《平衡计分卡：战略经营时代的管理系统》一书中，将平衡计分卡定义出四个主要维度（企业可根据自己的发展阶段和经营特点，增加为五个维度或者缩减为三个维度，平衡计分卡是一种柔性化的管理系统）：

（1）顾客维度。企业在设计顾客维度评价指标时，首先要确定两个重要问题的答案：我们的目标客户是哪些？我们为其提供的服务的价值定位是什么？如果一个企业组织认为他们的目标顾客是所有的消费者，这种定义方式将难以显示出企业与竞争对手的差别，从而很难在市场上累积自身的竞争优势。关于顾客维度评价指标一般有：顾客满意度、顾客忠诚度、市场份额、顾客获得率等。

（2）财务维度。单纯考量组织的财务指标的管理方式虽然有一定的局限性，但是财务指标仍然是平衡记分卡的一个相当重要的组成部分，典型的财务指标包括获利能力、收益增长率和经济增加值等。

（3）内部业务流程维度。为了更好地服务于企业组织的顾客，实现企业组织的价值定位，企业需要确定能够增加顾客和股东价值的关键流程，通过制定有效的指标追踪企业的发展。业务流程维度的指标包括产品开发、生产、制造、配送和售后服务等。

（4）学习与成长维度。在平衡记分卡中，学习与成长维度可以说是实现其他三个维度目标的"强化剂"。比如，当企业确定顾客和内部业务流程维度的指标和相应行动后，也许会发现员工现有的知识技能难以实现这样的目标，于是企业就需要设定学习与成长维度的目标来强化员工的胜任素质。学习与成长维度指标包括员工满意度、信息的可用性以及协调等。

2.平衡计分卡的功能

平衡计分卡是一种基于企业战略的业绩评价系统，对于企业的运营和发展，平衡计分卡可实现如下功能：

（1）借助平衡计分卡，企业可以有效地进行战略思考，并实现资源的优化配置，最终把企业的战略和使命转化为具体的目标和评估指标。

（2）平衡计分卡可对组织变革发挥积极的作用，它将有助于企业在变革中平衡组织内外的各种变量，从而保证企业在变革过程中的均衡性。

（3）平衡计分卡克服了传统的绩效评价体系的片面性、主观性，强化了目标制定、行为引导、绩效改进等流程管理，使企业的绩效管理具有完整性。

（4）平衡计分卡把企业的财务指标和非财务指标联系起来，并且把企业的长期目标与短期目标、组织目标与个人目标实现了对接，因此平衡计分卡保证了组织管理的系统性。

三、平衡计分卡与战略管理

平衡计分卡的本身内涵注定了其与企业战略管理的合拍性，可以说，战略管理的三个阶段都有平衡计分卡的踪影。

1.战略制定阶段

在应用平衡计分卡时，需要把组织的战略转化为一系列的目标和衡量目标，此时对战略进行重新的审视和修改便成了管理层的必然工作，经过这个环节，管理层就可以就战略的具体含义和执行方法进行全面的沟通。

2.战略实施阶段

战略制定和战略实施是一个交互式的过程，在战略实施阶段，平衡计分卡等同于一个战略实施机制，它把组织的战略和一整套的衡量指标相联系，避免了所实施的战略与所制定战略相背离的现象——传统的组织模式在实施战略时有很多弊端：或是虽有战略却无法操作；或是长期的战略和短期的年度预算相脱节；或是战略未同各部门及个人的目标相联系，这样，便导致当初制定的战略不过成了毫无意义的组织"装饰品"。

3.战略评价阶段

借助平衡计分卡，管理层可以全面了解组织的运营情况，从而获知战略到底执行地怎么样，以便对战略进行检验和调整。

综合来看，平衡计分卡对企业的战略管理具有如下意义：

（1）平衡计分卡承担了组织战略的解释者角色，成功的平衡计分卡等于是通过一系列因果关系将组织战略系统地展示出来。比如，某一个组织的战略目标之一是增加营业收入，为了达到这个目标，可使用如下手段：对销售人员进行销售技能培训→销售人员更加了解产品性能→提高销售工作的质量→员工个人销售额增加→企业营业收入得到了提高。

（2）平衡计分卡可以有效地宣传组织的战略，使组织的管理层和普通员工加深对战略的了解，提高他们实现战略的自觉性。此外，通过平衡计分卡的评估结果，公司的高层管理者也可以及时获知公司管理人员和整个组织的业绩表现，实施平衡计分卡管理模式后，高层管理者监督的重点将不再是短期的财务目标，而是战略的实施情况。

（3）平衡计分卡促使团队目标和个人目标与组织的战略相关联。

（4）平衡计分卡有效地将组织的战略转化为实实在在的行动。

四、平衡计分卡的实施

企业在设计和实施平衡计分卡之前，首先需要明确组织的愿景和战略，列出推行平衡计分卡的理由，以此来引导管理过程，然后展出平衡计分卡的四大维度：财务、顾客、流程及学习与成长，接着便评估企业的关键成功要素，最后设计与战略相联结的关键性评估指标。总结成功实施平衡计分卡企业的经验，一般包括以下步骤：

（1）建立企业的愿景和发展战略，并致力于在企业上下对愿景和战略达成共识。为了使愿景和战略成为全体员工的共同信仰，企业的每一个部门都要根据公司的愿景和战略制定自身的绩效衡量指标，在这个过程中，部门也可以建立部门级战略。与此同时，企业还要成立平衡计分卡小组或委员会去解释公司的愿景和战略，并建立财务、客户、内部业务流程、学习与成长四个方面的具体目标。

（2）设计与建立绩效指标体系。当企业的愿景和发展战略确定下来后，企业便要依据组织的战略目标，结合企业自身的资源，为四类具体的指标设定最有意义的绩效衡量指标。关于绩效衡量指标的制定，企业要全面征询企业上下、内外的各层次建议，使所设计的指标体系达到平衡，从而能全面反映和代表企业的战略目标。

（3）在平时的工作中，加强企业内部沟通与教育。企业应该利用各种不同沟通渠道在企业上下普及企业的战略愿景、战略、目标与绩效衡量指标。

（4）确定每年、每季、每月的绩效衡量指标的具体数字，并与公司的计划和预算相结合。

（5）不断完善与提高既有的绩效指标体系。管理方式的完善是一个持续演进的过程，企业所实行的平衡计分卡管理模式也很难一步到位，全面解决企业在发展过程中所面对的所有问题，这便需要企业定期对平衡计分卡的科学性、有效性进行测评，不断使之完善。

虽然对于企业的战略发展，平衡计分卡是一个非常有帮助的管理工具，但这并不意味着所有的企业都适用平衡计分卡，平衡计分卡是一个非常复杂的系统，企业在实行平衡计分卡时，常会遇到如下困难：

（1）某些维度的指标难以创建和量化。一般而言，财务指标的制定和量化是比较容易的，但是其他三个维度的绩效评价指标的制定和量化就不是那么容易了，这需要企业管理者对于企业的战略、关键业务种类以及所面对的外部环境进行全面斟酌，一旦有某一个因素被遗漏了，便可能导致所制定的指标不具有驱动性。此外，有些指标虽然十分重要，但是它们很难量化。比如，关于员工受激励程度方面的指标，为了使指标的衡量标准具有实用价值，企业需要收集大量的信息，这对企业的信息传递和反馈系统的要求是非常高的。但是，目前很多企业在信息传递和反馈方面都相对比较薄弱，难以达到实施平衡计分卡对企业这一方面的要求。

（2）不易明确企业组织业绩成果与驱动因素间的关系。确定结果与驱动因素间的关系是实施平衡计分卡的必然要求，而在大多数情况下，结果与驱动因素间的关系并不那么明显，这便对成功实施平衡计分卡造成了又一个困难。企业需要花很大的力量去寻找、明确业绩结果与驱动因素间的关系。

（3）实施平衡计分卡的高额成本让企业得不偿失。平衡计分卡要求企业从财务、客户、内部业务流程、学习与成长四个方面考虑战略目标的实施，并为每个维度制定详细而明确的目标和指标，这项工作需要企业全体成员参加。因此，实施平衡计分卡的成本是较高的，某些企业所付出的成本代价甚至比所获得的回报还要高。

总结一些企业实施平衡计分卡的成功与失败经验，一般而言，平衡计分卡对如下这些企业组织的帮助是比较大的：

（1）高层管理者有短期行为，或换了几任总经理仍然业绩不良。

（2）缺乏有效的员工绩效管理系统。

（3）对分公司业绩管理存在诸多问题，如虚假利润、短期行为等。

（4）希望实现突破性业绩。

（5）需要转型或变革的国有企业。

（6）希望实现长期发展，打造百年品牌。

（7）规范化管理，提高整体管理水平。

（8）提高组织战略管理能力。

（9）二次创业的民营企业。

（10）希望对市场有更快的反应速度。

五、导致平衡计分卡失败的七个因素

理想与现实总是存在着一定的差距，关于平衡计分卡在企业中的应用，罗伯特·卡普兰曾预言平衡计分卡"知易行难"，甚至断言，在使用平衡计分卡的企业中，半数以上都存在问题。为此，他总结出导致平衡计分卡失效的七个因素。

1. 高层管理者不认可平衡计分卡的战略工具作用

平衡计分卡的最大特点就是把战略意图与实施指标挂起钩来，而公司的高层管理者是战略目标的主要制定者，如果他们不认可平衡计分卡的战略意义，那么，就有可能把它仅仅当作传统的绩效考核工具，顶多当作绩效工具的改进版而已。固然，平衡计分卡有许多具体指标，但高层如果仅仅看到了它的测评作用而看不到它的战略作用，则很难使平衡计分卡发挥出它的全部意义。高层管理者对平衡计分卡的认可包括两个层面的意义：其一，他们在理性上认可平衡计分卡；其二，他们对平衡计分卡作出了情感的承诺。只有具备上述两个条件，平衡计分卡才会得到成功实施。

2. 很多的公司高管没有参与到平衡计分卡实施的工作中

高层管理者意识到了平衡计分卡的战略意义，并且对其期望很高，兴致勃勃地忙于平衡计分卡的实施工作，但是如果没有足够的公司高管参与进这项工作来，便会导致平衡计分卡失去了一定的根基，难以成功实施。在很多企业，平衡计分卡的设计和实施往往是由首席财务官（CFO）和首席计划官（CPO）来负责的，但是即便CFO和CPO设计出了十分科学、合理的平衡计分卡，但是如果没有一定数量的高管参与执行，便会导致平衡计分卡沦为纸上谈兵的工作。一般而言，让很多的人参与进来是很不现实的，所以，建议使用核心小组逐步扩展的方式。

3. 平衡计分卡停留在公司高层，没有向下推进

哪怕是整个高管层都在努力，如果没有员工的参与，平衡计分卡也难以奏效。平衡计分卡最终要让所有员工参与，因为它要使所有员工都理解企业战略并作出相应贡献。一旦基层员工认为这不过是企业高管的事，他们就会以事不关己的态度对待平衡

计分卡的实施,导致企业远景目标无法成为员工日常工作的一部分。一旦失去了基层的支持,不论平衡计分卡的相关指标设计得多么细致,也会在操作层面上难以实施,公司的战略目标与员工的工作绩效成为毫不相干的两件事。

4.制定平衡计分卡相关制度和流程耗时过长

平衡计分卡的设计者追求完美,力求每个指标每个数据都要达到最优,某个指标缺乏相应信息时,非把这些信息弄齐全了才罢休,追求一劳永逸,导致平衡计分卡的实施永远在"未开始"。真正推行平衡计分卡,要及时实施,一边实施一边对既定的平衡计分卡进行修正。最初的指标遗漏和指标不可用都是常事,需要在实施中反馈调整。平衡计分卡的实施不是"一次性事件",而是一个持续推进的过程。

5.将平衡计分卡视为一个工程而不是一项管理活动

很多公司准备实施平衡计分卡后,为了省事省心,便从企业外部聘用咨询人员来推行平衡计分卡,导致平衡计分卡沦为了一个工程,企业既支付了不菲的代价,平衡计分卡也只停留在理论层面。聘用咨询人员来推行平衡计分卡,往往一年半载后,咨询人员会给出一堆报告和一个看起来很完美的方案,经理们的办公桌面会增加一个管理信息系统,然而,几乎无人使用这一系统,公司的管理得不到应有的改进。企业必须明确这样一个理念:实施平衡计分卡是企业自身的事,必须从内部开始,企业应该着眼于管理改进,而不是建设毫无价值的数据库。

6.聘用缺乏经验的顾问

随着平衡计分卡的流行,许多咨询公司都开始"推销"这一工具,然而,多数咨询公司仅仅是把它们原来的绩效考评方法稍作变动,便以"平衡计分卡"的名号招摇撞骗,其实这些咨询人员并不具备实施平衡计分卡的经验,只是拿着罗伯特·卡普兰和戴维·诺顿的文章和书籍照猫画虎,使企业的平衡计分卡工作误入歧途。

7.将平衡计分卡等同为业绩计分卡

平衡计分卡是预测未来的战略管理工具,不是衡量过去的报酬管理工具。管理离不开报酬和奖惩,然而,报酬和奖惩针对的是已经作出的行为,一旦把平衡计分卡变成计酬依据,那就会抑制了平衡计分卡在帮助实现企业战略目标的角色。平衡计分卡必须关注未来发展,只看过去就丧失了战略价值。许多企业在实施平衡计分卡时,只是看中了它在绩效考量上增添了非财务指标,其结果是战略不见了,变成了KPI计分卡。平衡计分卡固然能增加绩效,但这种绩效只有同战略的实施紧密联系起来才具有发展意义。

罗伯特·卡普兰认为,上述因素并不是由平衡计分卡本身导致的,而是由企业在操作层面使用不当造成的。平衡计分卡到底是成功还是失败,并不在于投入的资源与花费的努力有多少,关键是物尽其用。在中国的企业界,越来越多的本土企业正在推行平衡计分卡,为了避免在应用平衡计分卡的过程中出现"竹篮子打水一场空"的现象,企业应该对上述七个因素保持警惕心理,尽可能发挥平衡计分卡的积极意义。

六、应用平衡计分卡容易出现的错误

错误一 把平衡计分卡仅仅用在员工绩效考核上,人力资源部门希望借助平衡计分卡解决组织的绩效考核和奖金分配问题。

案例一:

广东某企业有2 000名员工,年产值达数亿元,从某一年起,他们将平衡计分卡引入了公司的绩效考核体系,人力资源部的绩效经理张小姐负责平衡计分卡的推广事宜。然而,张小姐做了相关的工作将近1年后,平衡计分卡仍然难以在企业内得到实施,所招致的只是怨声载道。有的员工私下里抱怨道:"原来的考核办法就像是一根绳子拴着我们,现在想用四根绳子,还不就是拴得再紧点,为少发奖金找借口"。

张小姐感到非常困惑和无奈,她不知道是企业不适用平衡计分卡,还是平衡计分卡本身就在中国企业水土不服。

分析:

平衡计分卡是一种战略管理工具,人力资源部将平衡计分卡仅仅用在员工绩效考核上,只是让其行使薪酬激励的功能,等于是本末倒置的做法。这样必然会出现如下后果:企业考核什么,员工便做什么,对于那些没有纳入考核体系的工作,员工将对其冷眼旁观,不愿意去付出必要的努力。然而,平衡计分卡强调的只是关键绩效指标,这种体系特征便注定很多工作都不会被纳入到考核体系,可是,这些工作又是非做不可的,这便导致管理人员不得不利用权力将工作指派给员工——平衡计分卡失去了其存在的意义。

解决方案:

(1)应用平衡计分卡最重要的原则就是要以组织的战略目标为准绳和出发点,人力资源部在设定绩效考核指标时,必须以企业的战略和愿景为客观标准。

(2)平衡计分卡只关注关键绩效指标(KPI),所以人力资源部要规避员工"工作只向着KPI看齐"的理念,对于那些非关键绩效指标的实现,主要借助"软"性的文化、使命、价值观等来引导。

错误二 把年度目标当作企业的战略,将平衡计分卡的实施简化为"目标层层分解"。

案例二：

潘先生是一家中小型出口企业的负责人，2002年年底，他看了一些关于平衡计分卡的资料后备受鼓舞，他认为平衡计分卡将会为企业实现最大化的利润增长，于是，他兴致勃勃地将平衡计分卡引入了企业。

根据2002年公司业务的发展，潘先生将出口额增长8 000万元作为2003年的战略目标，并且根据平衡计分卡的要求将这个战略指标层层分解，落实到各个部门的员工头上。在2003年的第一个季度，潘先生发现平衡计分卡确实给公司带来了很好的效益，甚至比自己最初定下的财务目标还要高出不少。正当他为此暗暗高兴、认为自己实施平衡计分卡取得了成效的时候，3月份的SARS和5月份伊拉克战争不期而至，企业顿时陷入危机之中。按照当时的形势来看，企业2003年的出口额能增长2 000万元就已经相当不错了。

经过1年的实践，潘先生对于平衡计分卡失去了当初的热情，他消极地认为："什么卡也卡不住天灾人祸，我们现在所能做的只有降低当初制定的目标。"

分析：

在上面的案例中，潘先生在应用平衡计分卡这种管理工具时，并没有完全理解平衡计分卡的内涵。他错把年度销售计划当作公司的战略，把实施平衡计分卡简单地理解为"层层分解目标"，这种认知和做法自然导致平衡计分卡难以发挥其既定的功能。

所谓战略，是组织针对未来可能出现的机会和危害的审查，并针对自身的资源制定出最佳的发展方案，仅仅根据往年经验对某一年的销售额进行粗略估计并不算是真正意义上的战略。战略管理能力强的公司会密切关注内外环境的变化，主动利用机会、避开危机，求得快速发展。

解决方案：

虽然从某种意义上来看，平衡计分卡是为战略而生的，但是如果企业一直没有制定过什么战略，并不意味着企业被排除在应用平衡计分卡之外。实施平衡计分卡应该被视为提高企业战略管理能力的奇迹，而不是知难而退，因为没有战略管理而否决了平衡计分卡。

下面列示出了企业的七大职能部门平衡计分卡绩效指标（见表3-14至表3-20）。

表3-14　　　　　　　　市场系统BSC指标体系

指标	衡量要素	指标名称	指标定义（衡量标准）	设立目的	数据收集	备注
财务表现	组织增幅	销售额增长率	在计划期内，分别按订货口径计算和按销售回款口径计算的销售额增长率	作为反映公司整体组织增幅和市场占有率提高的主要指标	财务部	暂按订货额及回款额
	人均利润	人均销售毛利增长率	在计划期内，产品销售收入减去产品销售成本后的毛利与营销系统平均员工人数之比	反映营销系统运行的效率	财务部、人力资源部（配合）	暂按销售毛利总额的增长率
	成本控制	销售费用率降低率	在计划期内，销售费用支出占销售收入比率的降低率	反映销售费用投入产生销售收入的效果，促使营销系统更有效地分配和使用销售费用	财务部	暂为监测指标
顾客	客户满意	客户满意度	衡量客户对公司形象、产品、服务、接待及员工形象满意程度的综合指标，衡量标准中包含有关营销系统的用户投诉率及营销环节引起的退货率	以市场为牵引，提高客户满意度	质量管理部（外部调查）	
	市场份额	市场占有率	在计划期内，按某一产品计算的销售额占该产品总市场容量的比率	反映公司产品在市场中的地位，促使提高产品市场份额	营销办（外部调查）	暂为监测指标
内部流程	渠道	销售网络覆盖率	相对目标市场而言，已有的销售网络与整个市场的销售网络的比率	反映出本公司的市场潜力或市场工作的缺陷	市场营销部	
组织学习	人力资源	营销队伍的实力	对营销队伍的人员规模、结构、水平、学习能力等方面的综合评价	反映营销实力，促使营销方面人力资本的增值	人力资源部	
	组织气氛	部门员工士气	员工对管理者、管理体制、工作环境等方面的综合满意程度	直接反映部门的工作效率	人力资源部	

表3-15　　　　　　　　　研发系统BSC指标体系

指标	衡量要素	指标名称	指标定义	设立目的	数据收集	备注
财务表现	组织增幅	专利数量	年度内专利申报及批准的数量	促进新产品开发，以及加强知识产品权保护	总经理办公室	
		新产品的市场竞争力	新产品在市场先机、技术、质量、价格等方面与竞争对手相比的竞争力	及时将新产品推向市场，确保新产品的发展潜力	市场营销部	
		新产品销售比例	年度新产品订货额占全部销售订货额的比例	反映产品研发的效果，体现公司后劲的增长，坚持产品的市场检验标准	财务部	
	成本控制	技术及模块复用率	在新产品或非标产品中采用现有技术和模块的比率的提高率	提高技术和模块的通用化和标准化水平，降低采购、制造和维护成本	生产系统	
顾客	客户满意	外部投诉	其他部门（市场、生产等）及客户对研发系统的有效投诉数	提高对下游环节及客户的服务意识和质量	总经理办公室	
内部流程	速度	TTM（产品上市周期）	新产品从立项到规模推向市场的时间	加快产品开发周期	市场营销部	
组织学习	技术创新	产品技术的领先性	核心技术在行业中的地位、领先性及后劲	确保核心技术领先优势	行业调查	
	人力资源	研发团队的实力	对研发团队的人员规模、结构、水平、学习能力等方面的综合评价，以符合研发战略需要为标准	反映研发实力，促使研发方面人力资本的增值	人力资源部	
	组织气氛	部门员工士气	员工对管理者、管理体制、工作环境等方面的综合满意程度	直接反映部门的工作效率	人力资源部	

表3-16　　　　　　　　　　　生产系统BSC 指标体系

指标	衡量要素	指标名称	指标定义	设立目的	数据收集	备注
财务表现	组织增幅	及时齐套发货率	在计划期内，生产系统按照订货合同及时齐套正确发货的产值占总的应发货产值的比率	反映生产系统和公司整体的合同履约能力	财务部	
	生产率提高	人均产值增长率	在计划期内，生产系统总产值（按发货计）与平均员工人数之比	反映生产系统的劳动生产率，促使其减人增效	财务部、人力资源部	
	成本控制	可比采购成本降低率	按代表性物料品种计算的与上年同期比较的采购成本降低率，在采购成本中包含采购系统的费用分摊额	降低物料采购综合成本	财务部	
		制造费用率降低率	产品制造成本中制造费用所占比率的降低率	促使生产系统降低制造费用	财务部	
顾客	投诉	顾客投诉率	由于生产系统原因导致的最终顾客、代理商及营销人员的有效投诉	提升生产系统的服务质量	总经理办公室	
内部流程	质量	质量保证体系有效性	质量保证体系运行与ISO9000 标准的符合性	促使按ISO9000 标准运行	品质部	
	一次合格率	一次合格率	在整个生产过程（含外协）的各环节的产品合格率	建立有效的质量控制和质量保证体系	品质部	
	采购物料合格率	采购物料合格率	指计划期内经IQC 检验合格的物料采购额占计划的物料采购额的比率	反映采购系统控制供应商交货的能力	品质部	
组织学习	组织气氛	部门员工士气	员工对管理者、管理体制、工作环境等方面的综合满意程度	直接反映部门的工作效率	人力资源部	

表3-17　　　　　　　　　　总经理办公室BSC 指标体系

指标	衡量要素	指标名称	指标定义	设立目的	数据收集	备注
财务表现	组织增幅	对总经理的协助程度	在参谋决策、计划制定、考核、信息收集等方面协助总经理工作的好坏	做好总经理的参谋和助手	总经理	
		管理改进项目的优质完成率	优质完成的管理改进项目数占总的管理改进项目数的比率	关注管理改进项目的最终成效	公司高层领导	
	成本控制	管理费用率降低率	在计划期内,总经理办公室公室管理费用支出占销售收入的比率的降低率	促使总经理办公室通过预算管理,合理调配资源,有效地提高管理费用支出效果,降低管理费用率	财务部	监测指标
顾客	客户满意	公共关系满意度	对外合作关系改善的程度	改善公司经营环境	外部调查各部门	
内部流程	信息	信息传递	公司信息流通的有效性和及时性	保障公司上传下达信息沟通渠道的顺畅	公司领导及各部门	
组织学习	组织气氛	部门员工士气	员工对管理者、管理体制、工作环境等方面的综合满意程度	直接反映本部门的工作效率	人力资源部	

表3-18　　　　　　　　　　人力资源部BSC 指标体系

指标	衡量要素	指标名称	指标定义	设立目的	数据收集	备注
财务表现	组织增幅	合格人员需求满足率	在计划期内,经招聘、培训和调配为各部门提供的合格人员占各部门人员总需求的比率	反映人力资源系统对公司人力资源需求的满足能力	各部门	
	生产率	人力资源部人员比例	在计划期内,人力资源部人员平均数占公司员工平均数的比例	使人员规模控制在合理的范围内	人力资源部	监测指标
	成本控制	管理费用率降低率	在计划期内,人力资源部管理费用支出占销售收入的比率的降低率	促使人事行政系统通过预算管理有效地提高管理费用支出效果和降低管理费用率	财务部	
顾客	客户满意	服务满意度	全体员工对人事服务的满意情况	提高人事的服务质量	员工调查	

（续表）

指标	衡量要素	指标名称	指标定义	设立目的	数据收集	备注
内部流程	绩效管理	绩效考核有效性	绩效考核对目标完成的有效关系	改善和提高绩效考核的效果	各部门	
组织学习	人力资源	公司人力资本	对公司的人员规模、结构、水平、学习能力等方面的综合评价	促使公司人力资本的增值	总经理办公室	
	培训	人均培训时数	每年平均每位员工接受的培训时数	促进人力资源开发	总经理办公室	监测指标
	组织气氛	全体员工士气	全体员工对管理体制、管理者工作环境等方面的综合满意程度	直接反映公司的工作效率	员工调查	

表3-19　　　　　　　　　　财务部BSC指标体系

指标	衡量要素	指标名称	指标定义	设立目的	数据收集	备注
财务表现	组织增幅	资金需求的及时满足率	及时到位的资金占总的资金需求的比率	优化资金的预算及流量管理，合理拓宽融资渠道	采购部、营销部等部门	
		净利润增长率	在计划期内，按收付实现制计算的净利润增长率	旨在促进财务部通过全面预算的有效控制和对货款回收的有效监控，促使公司最终成果的增长	财务部	监测指标
	生产率	财务人员比例	在计划期内，财务人员平均数占公司员工平均数的比例	使人员规模控制在合理的范围内	人力资源部	
	成本控制	管理费用率降低率	在计划期内，公司管理费用支出占销售收入的比率的降低率	促使财务部通过全面预算管理有效地提高管理费用支出效果和降低管理费用率	财务部	
顾客	客户满意	服务满意度	全体员工对财务部提供的财务服务的满意度	提高财务服务的质量	员工调查	
内部流程	信息	财务信息	财务报告、报表及财务分析信息的质量及及时性	提高财务信息的及时性和质量	管理层	
组织学习	组织气氛	部门员工士气	员工对管理者、管理体制、工作环境等方面的综合满意程度	直接反映部门的工作效率	人力资源部	

表3-20　　　　　　　　　　**行政服务部BSC指标体系**

指标	衡量要素	指标名称	指标定义	设立目的	数据收集	备注
财务表现	生产率提高	行政服务人员比例降低率	在计划期内，行政服务人员平均数占公司员工平均数的比例降低率	旨在促进行政服务部减人、增效	人力资源部	
	成本控制	管理费用率降低率	计划期内，公司行政服务费用支出占销售收入的比率的降低率	促使行政服务部通过预算管理有效地提高管理费用支出效果和降低管理费用率	财务部	
顾客	客户满意	行政服务满意度	各部门对行政服务的综合满意程度	改善行政服务，满足各部门及员工的合理需要	人力资源部、员工调查	
内部流程	质量	接待流程失误次数	在客户接待中由于车辆调度、住宿安排、就餐等行政服务部负责方面出现的失误次数	减少接待过程中行政服务方面的失误	市场部	
组织学习	组织气氛	部门员工士气	员工对管理者、管理体制、工作环境等方面的综合满意程度	直接反映部门的工作效率	人力资源部	

第四章
组织设计与工作分析

在组织中如何发挥人的优势,如何避免关注人的缺点和不足,对于优势,如何在组织设计中不断强化其取得绩效的能力?①将职位设计得合情合理,不要用天才去测试自己的机构。②确保每个岗位既有很高的要求,也有很宽的范围,让岗位具有挑战性。③在用人时,考虑的不是职位的要求,而是被用之人究竟有哪些长处。④在用人之长时,必须容人之短。

案例：

IBM是世界计算机工业蓝色巨人，公司自1946年起，利润年年增长，可谓是美国经济效益最好的企业之一。1989年，公司销售额高达677亿美元，公司的股票在华尔街受到了无数人的追捧。

然而，花无百日好，1992年，IBM遭遇了严重的发展危机，全年净亏损达49.7亿美元，刷新了美国历史上最高的公司亏损纪录。这一年的夏天，公司的股票每股为100多美元，而短短几个月后，当冬天来临以后，股价便跌至每股48美元。

IBM为什么会遭遇如此的重创？

原来IBM一直采用高度集权的管理方式，所有与生产线相关的决策都需要由公司最高管理部门来制定，公司内部机构十分臃肿，官僚行为泛滥成灾。繁杂的管理层次、森严的等级制度、错综复杂的利益关系、日益盛行的保守精神、死板僵硬的集权制度、自满自大的思维方式等——这些痼疾严重影响了IBM的绩效，导致公司漫不经心地处理顾客关系，不再积极进取，而是对新产品的开发持消极观望的态度。

在公司发展岌岌可危之际，1993年，美国运通公司前总裁郭士纳于是被任命为IBM公司的新总裁，这个新总裁对蓝色巨人进行了大刀阔斧的改革：

（1）整顿组织，精简机构。郭士纳在半年之内果断裁去了4.5万名员工，将组织层次由9个层级压缩为4层，彻底摒弃了公司以往的官僚作风，最终实现了组织结构扁平化，大大提高了组织运行效率。

（2）以"客户第一，IBM第二，部门第三"为公司的座右铭。在公司业务方面，郭士纳抛弃了公司前CEO分解公司业务的"肢解计划"，保持了公司服务的整体性。

（3）重组事业群。郭士纳遵循"以顾客为中心"的原则，将原来各自为政的事业群整合成两大团队：产品类和业务类，让他们彼此竞争又彼此合作。

（4）将决策权由各地总公司收回到总部。郭士纳把各地总公司的决策权彻底收回，各地业务分别由当地总经理、地区总经理和美国总部产品类、业务类总经理共同管理。

（5）调整战略重点。郭士纳把计算机服务作为公司新的战略重点，准备在因特网和电子商务市场两个业务领域有所作为。

经过5年的励精图治后，IBM东山再起，发展为世界上最大的计算机服务商。

IBM在1992年陷入发展困境的原因是多重的，但是毋庸置疑的是，其中组织结构与战略目标的脱节是影响绩效的关键因素,因而,谈及绩效管理就不得不说到组织设计,一方面,组织结构是企业的骨骼系统,是企业的运筹体系,是实现组织战略与绩效目标的手段;另一方面,组织设计是绩效考核的基础——经由组织设计而编制的部门岗位职责和职位说明书——为绩效管理提供了考核的标准。

组织设计

一、组织设计概述

所谓组织结构设计,就是把为实现组织目标而需要完成的工作,不断划分为若干性质不同的业务工作,把一个单位的有关组织要素(如战略任务、责权、工作流程等)合理组织并加以制度化,把这些组织要素组合成若干部门,并确定各自职责和职权的动态设计过程。

组织设计的目的是根据公司运营与发展需要,明确组织的目标和任务,并为组织任务的完成提供制度保证和支持,规定组织任务完成的方法、方式,确保组织任务的高效完成。

组织设计建立在企业战略规划基础上,涉及岗位设置、人力资源规划、组织架构、人员编制等工作。一般而言,组织设计的工作在企业中由发展规划部和人力资源部来完成。

总体来说,组织结构具备以下三个特点:

(1)复杂性。组织结构是一个复杂的系统,如部门间的关系、人员间的关系、管理层级、每个人和每个部门所需的信息及权限等,这些不同的因素组合在一起构成了一个复杂的组织系统。

(2)规范性。组织借助规则、程序和标准化程度来规范性地引导员工的行为。

(3)集权性。界定出集权和分权的程度。

在进行组织设计时,需要完成如下三项工作内容。

1.职能设计

所谓职能设计,就是以职能分析为核心,研究确定的职能结构,为组织管理提供客观依据。通过职能设计这项工作,需要实现如下四个目标:

(1)详细列出组织职能清单。

（2）确定各职能之间的关系。

（3）界定出主要职能和辅助职能。

（4）定义每项职能的职责。

2.部门设计

所谓部门设计，就是对企业各项职能加以分类后，将分类后的职能组成专业化的部门单位。在部门设计这个环节，主要需要完成如下两项工作：

（1）确定企业应该设置哪些部门。

（2）定义部门间的相互关系。

基本的组织部门化形式有如下五种：

（1）职能部门化。职能部门化是指把相同或相似的活动归并为一个管理单位，这是一种传统而基本的组织结构形式。职能部门化将技能相似的专业人员集合在专门的职能机构内，让他们在业务范围内分工协作，组织任务非常集中明确，有利于上行下达。职能式组织常常注重内部的运行效率与员工的专业素质。

职能部门化组织结构如图4-1所示。

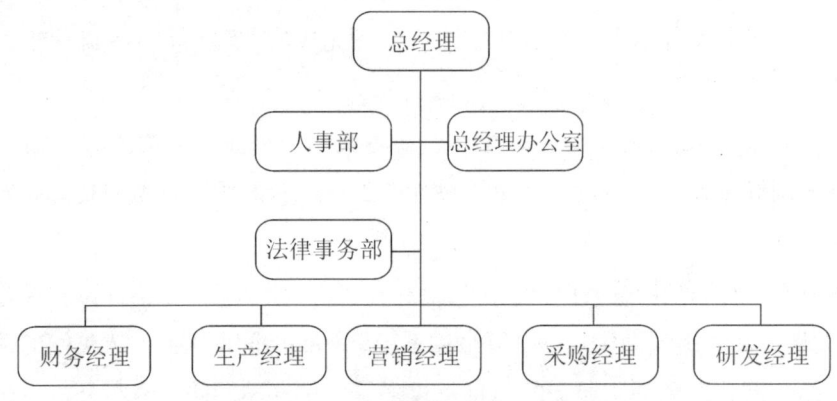

图4-1 职能部门化组织结构图

职能式组织结构具备如下优点：①在部门内实现了规模经济。②可以促进员工发展更高层次的专业技能。③部门主管易于进行规划和实施控制。④可以有效地避免重复浪费。

职能式组织结构的缺点则有：①容易出现各自为政的情况，各职能部门往往会片面追求本部门的局部利益。②部门之间缺乏交流合作渠道，且矛盾冲突会增多。③高层主管难于协调。④员工的专业化部门所有会使其缺乏打破常规的精神，并且难以培养综合管理人才。

职能式组织结构适用的组织：当环境是稳定的，技术是相对常规的，部门之间的依赖程度较低，组织的目标依附于内部效率和专业特长，规模是中小型的组织。

（2）产品部门化。产品部门化是指根据产品来设立管理部门、划分管理单位，把同一产品的生产或销售工作集中在相同的部门组织进行。在大型、复杂、多品种经营的公司里，按产品划分部门往往成为一种通常的准则。通常来说，产品部门化适用于大型和多角化经营的企业。

产品部门化组织结构如图4-2所示。

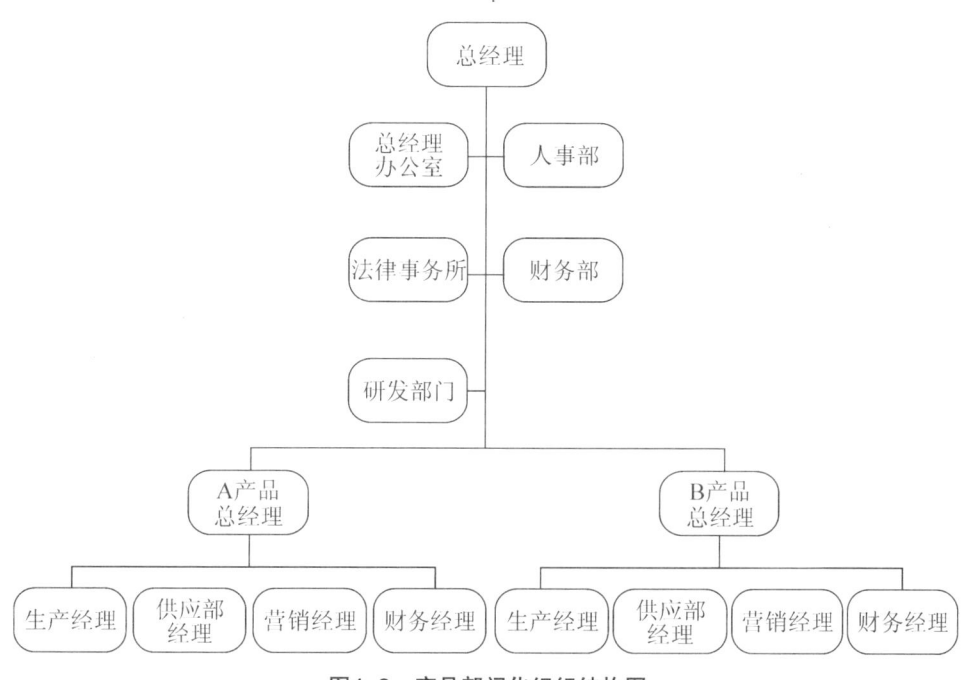

图4-2　产品部门化组织结构图

按产品划分部门具备如下优点：①各类产品直接面对市场并专注于特定产品的经营，有利于提高各类产品的竞争力。②提高了决策的速度和有效性。③按产品划分部门，分部可以形成以利润为目标的责任中心，它承担了总公司的一部分责任，其本身也具有高度的完整性。④任何一种产品发展到一定程度，就可以分化出去，成为一个新的独立分部，这使得每一个分部都能保持一个适当的规模，避免部门的无限制膨胀而导致管理的复杂化。⑤易于客观评估各类产品的利润贡献。⑥有利于组织培养综合管理人才。

同时，产品部门化还具备如下缺点：①组织需要配备更多的综合管理人才，提高了管理成本。②各产品部门只关心本部门的产品，对整体组织欠缺考虑。③分部拥有较大的权力，增加了公司总部的控制问题，如果分权及控制的不当，很可能使得公司的整体性受到破坏,严重时导致公司瓦解。

(3)地域部门化。地域部门化就是按照地域的分散化程度划分企业的业务活动,继而设置管理部门管理其业务活动。随着经济活动范围日趋广阔,企业特别是大型企业越来越需要跨越地域的限制去开拓外部的市场。根据地域的不同设置管理部门,将有利于企业针对各地的特殊环境条件组织业务活动的发展。

地域部门化组织结构如图4-3所示。

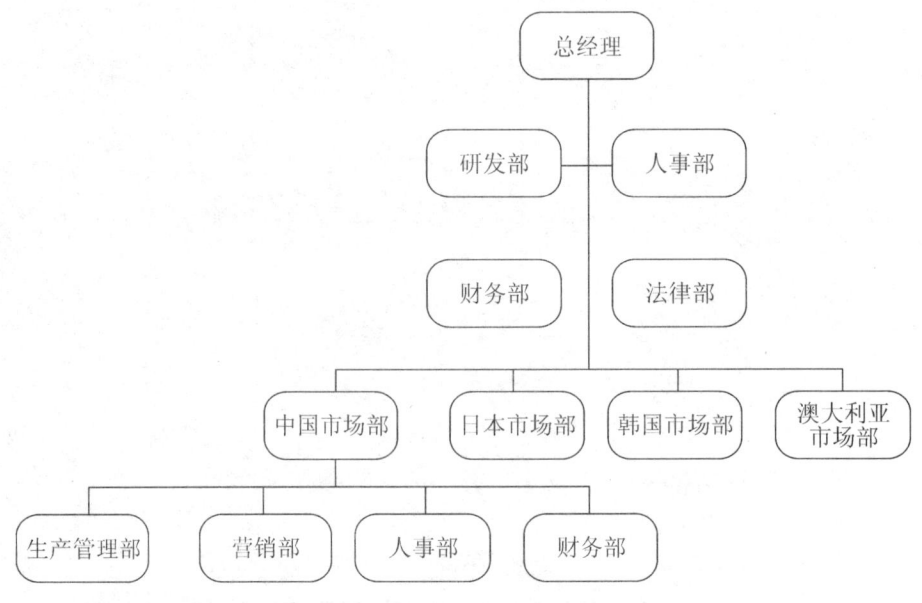

图4-3 地域部门化组织结构图

地域部门化的优点如下:①组织可以把责任和职权下放到基层,鼓励地区主管参与决策。②地区主管可以及时地对本地区的市场和问题作出迅速反应。③有利于充分利用地域资源和地区政策,既减少了外派成本,也减少了不确定性的风险。④有利于为组织培养综合管理人才。

地域部门化的缺点如下:①组织需要配备较多的综合管理人才,各地区可能会因存在职能机构设置重叠而导致管理成本过高。②增加了高层管理者对地区主管实施管理控制的难度。

(4)顾客部门化。以顾客为划分部门的依据,根据不同顾客的需求或不同顾客群设立部门既为顾客部门化。顾客部门化是一种新的组织结构形式,被很多服务型组织(如银行、保险公司等)所采用。

顾客部门化组织结构如图4-4所示。

顾客部门化的优点如下:①有利于集中顾客的需要,真正把顾客放在第一位。②

有利于企业持续发挥自身的核心专长，不断创造顾客的需求，从而在这一领域内建立持久性竞争优势。

顾客部门化的缺点如下：①需要更多能妥善协调和处理与顾客关系的管理人员和一般人员。②如果顾客的需求偏好发生变化，转移成本较大。

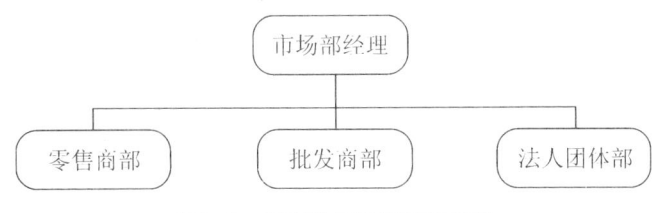

图4-4　顾客部门化组织结构图

（5）流程部门化。按照工作流程或业务流程来设计组织结构便是流程部门化。人员、材料、设备比较集中或业务流程连续是实现流程部门化的基础。大型的制造企业常采用流程部门化的组织结构形式。

流程部门化组织结构如图4-5所示。

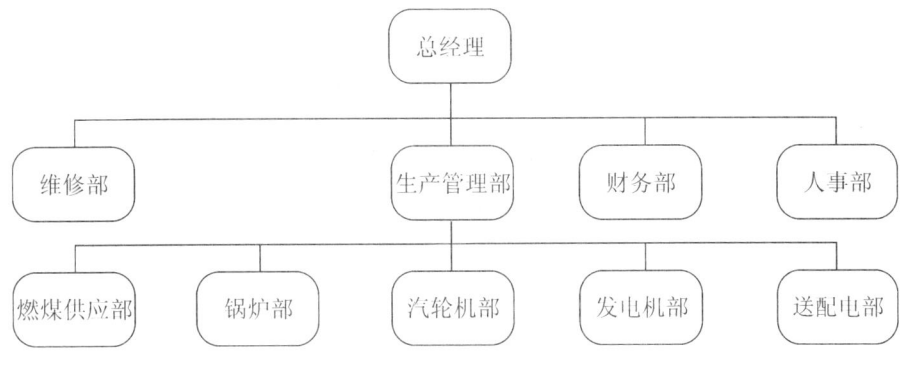

图4-5　流程部门化组织结构图

流程部门化的优点如下：①有助于组织充分发挥专业技术优势。②组织能够对市场需求的变化作出快速敏捷的反应，比较容易获得较明显的集合优势。③简化了培训，容易在组织内部形成良好的相互学习的气氛，会产生较为明显的学习经验曲线效应。④有助于组织实现规模经济。

流程部门化的缺点如下：①部门之间的紧密协作有可能得不到贯彻，然而流程部门化对协作的要求却比较高。②由于权责相对比较集中，不利于组织培养综合管理人才。

3.层次设计

层次设计是指组织内部的纵向分工形式，包括了管理幅度和组织层级两个问题。

所谓管理幅度，就是管理者直接有效指挥和监督的下属的数目。所谓组织层级，则是指由于受管辖人数的限制，从最高的管理者到最低的基层员工之间形成的一定的管理层次。

管理幅度与组织层级的关系决定了组织结构的形态——或者为扁平结构形态，或者为锥形结构形态。

（1）扁平结构形态。扁平结构形态是指管理幅度较大而管理层次较少的一种组织结构形态。

扁平结构形态的优点如下：①由于上、下级之间的距离缩短了，因而更有利于加快信息传递的速度，使下属拥有较多的自主性。②减少了管理人员的数目，从而降低了企业的成本开支。

扁平结构形态的缺点如下：①管理者管理的下属较多，控制较松，容易失控。②同级之间的沟通比较困难，影响了信息的及时利用。

（2）锥形结构形态。锥形结构形态是指管理幅度较小而管理层次较多而形成的高、尖、细的金字塔式结构。

锥形结构形态的优点如下：便于上、下级之间沟通，管理者能够为下属提供更多、更有效的指导。

锥形结构形态的缺点如下：①上级对下属的控制过于严密，遏制了下属的积极性。②由于配备了较多的管理人员，无形中增加了管理成本。③延长了组织中的等级链，增加了信息沟通的环节，从而加大了信息失真的可能性。

关于如何设计有效的管理幅度，应该参考以下五个方面的因素：

（1）管理工作的内容和性质。①组织工作的混乱和组织结构的不完善是限制管理幅度的主要因素之一。②主管所处的层次。③下属工作的相似性。④计划的完善程度。⑤非管理事务的多少。

（2）管理人员以及下属的能力。①管理人员的综合能力和表达能力。②下属有效执行工作任务的能力。

（3）下属员工的空间分布情况。①助手的配备情况。②信息手段的提供情况。③工作地点是否相近。

（4）组织变革的速度。环境变化越快，程度越大，则组织中遇到的新问题就越多，下级的请示就越必要，上级的管理幅度就越小。

（5）信息沟通的情况。上、下级沟通迅速——适用于较窄的管理幅度；横向沟通便利——适用于较宽的管理幅度。

关于企业的组织设计，管理学大师彼得·德鲁克提出组织设计需要回答如下四个问题：

（1）为了实现公司的战略目标，必须在哪个领域有出色的表现？

（2）哪些领域的绩效不佳会影响到企业绩效，甚至威胁到企业的生存？

（3）哪些领域的绩效不佳会使企业遭受严重损失，企业的主要弱点是什么？

（4）在企业中，真正具有重要性的价值是什么？

上述四个问题指向了企业的关键活动，也就是说，组织设计的关键和重点着力点便是与企业战略目标紧密相关的关键活动，企业在进行组织设计前，首先需要对关键活动进行分析重整，当进行完这项工作后，组织的框架图也便应运而生了。

当分析完企业的关键活动后，组织设计最终需要实现如下任务：

（1）设计清晰的组织结构。所谓组织结构，是指组织的框架体系，是对完成组织目标的人员、工作、技术和信息所做的制度性安排。组织结构可以用复杂性、规范性和集权性三种特性来描述。

（2）确立部门划分，规划和设计组织中各部门的职能和职权，界定出管理层次。

（3）编制组织结构图、职位说明书和组织手册。

二、组织设计需要考虑的五个因素

为什么不同的组织采取了不同的组织结构？这是因为组织结构的确定和变化会受到许多因素的影响，不同的因素组织导致企业需要选用不同的组织结构。一般而言，影响组织设计的因素有如下五个：环境、战略、技术、组织规模和组织生命周期。

1.环境

环境不仅是企业制定战略需要考虑的首要因素，也是影响组织设计的重要因素。在通常情况下，置身于稳定的环境中，机械式组织对企业的发展比较有利；而在不确定的环境中，有机式组织由于具备灵活性的特点，则更匹配企业的战略发展目标。

关于如何提高组织对环境的适应性，有如下两个建议：

（1）强调计划，加强对环境变化的预测，从而来减少环境的不确定因素。

（2）通过加强组织间的合作来减少组织自身要素对环境的过度依赖性。

2.战略

战略是组织面对激烈变化、严峻挑战的外部环境，在充分利用自身优势、规避劣势的基础上，为求得长期生存与发展而采取的一种竞争与变革行为。

组织战略与组织结构存在着如下约束关系：

（1）组织战略的内容决定了组织结构的形式。

（2）成功实现企业战略目标的前提条件是组织结构的形式与组织战略的内容相匹配。

（3）当组织结构与组织战略不相适应时，将会影响战略发挥既定的作用。

（4）一般而言，组织战略的变化快于组织结构的变化，也就是说，战略具有前导性，而组织结构则具有滞后性。

对很多经营成功的企业的研究发现，如果企业保持在单一行业内发展，集权的组织结构则更有利于企业的成功，而对于实施多角化经营的企业，分权的事业部制结构是更正确的选择。

战略类型与组织结构特征见表4-1。

表4-1　　　　　　　　　　战略类型与组织结构特征

战略类型	组织环境	组织目标	组织结构特征	结构形式	集权与分权	高管团队结构	信息沟通
探索型战略	动荡、复杂	能够快速、灵活地作出反应	结构较松散；劳动分工程度低；规范程度低	事业部制	分权为主	以营销专家、研发专家为主	横向为主
防御型战略	比较稳定	保持稳定，实现效益	力求严格控制；专业化与规范化程度高；有较多的规章制度	职能制	集权为主	以工程师、成本专家为主	纵向为主
分析型战略	时时处于变化之中	既能灵活反应，又追求稳定效益	适当集权控制，对部分部门采取分权或相对独立自主的方式；有机式与机械式并存	矩阵制	适当组合	联合组成	既有横向，也有纵向

表4-2　　　　　　　　　　竞争战略与组织结构特征

竞争战略	组织结构特征
低成本战略	职责分工明确；高度的中央集权；成本控制严格；操作程序标准化；资源获取和分销系统高效；监督严格、授权有限、控制性报告的提交较频繁
差异化战略	有机的、宽松的行动方式；部门间协调性较强；研发部门、产品开发部门和市场营销部门保持密切协作；工作氛围轻松愉快；员工思维开阔；授权较多
聚焦战略	高层领导与下属决策在特定战略目标上结合；强调客户忠诚、员工在与客户接触方面获得较多授权

3.技术

技术对组织结构的影响也是毋庸置疑的，管理学家琼·伍德沃德认为，成功企业是那些能根据技术的要求而采取合适的结构安排的企业。她认为组织结构特征与技术类型存在着如下关系。（见表4-3）

表4-3　　　　　　　　　　组织结构特征与技术类型的关系

组织结构特征 \ 技术类型	单件小批生产技术	大批量生产技术	流程生产技术
纵向管理层级	3	4	6
高层管理人员的控制幅度	4	7	10
基层管理人员的控制幅度	23	48	15
管理人员与一般人员的比例	1：23	1：16	1：8
技术人员的比例	高	低	高
规范化程度	低	高	低
集权化程度	低	高	低
复杂化程度	低	高	低
总体结构	有机	机械	有机

4.组织规模

组织的规模对组织结构有明显的影响作用，相比小型组织，大型组织的组织结构专业化程度更高，横向及纵向的分化也更繁复，规则条例也更多。

5.组织生命周期

哈佛商学院教授拉里·克黎那认为，企业随着其成长与所经历的时间的演变，依次进入五个阶段：初创时期、成长阶段、规范阶段、扩张阶段和创新阶段。因此，管理者在设计组织结构时，首先应明确和界定企业处于哪个发展阶段，存在着何种危机，进而建立相应的组织结构，不断突破发展的瓶颈。

组织生命周期见图4-6。

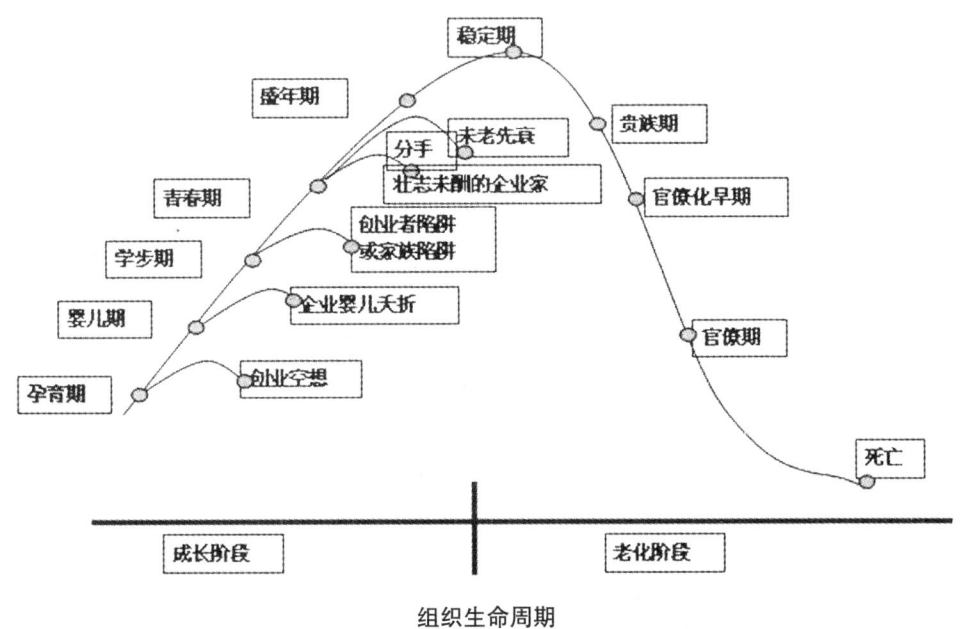

组织生命周期

三、组织结构设计的原则

1. 结构与目标相一致性原则

企业所设计的组织结构必须以实现组织的目标为根本原则。组织的存在是以实现一定的目标为目的的,组织及其每一部分都应该与组织目标相联系,组织结构的设计与调整都应以是否有利于实现组织目标为衡量标准。因此,企业在进行组织设计时,应该以工作为中心设计职务,从而建立机构、配备相关人员。

2. 管理幅度与组织层级互动原则

组织层级取决于组织规模和管理幅度,组织层级与组织规模成反比,在组织规模确定的条件下,组织层级与管理幅度成反比。也就是说,每个管理者直接管辖的下属越多,组织层级就越少。

3. 权责对等原则

职权是把组织紧密结合起来的黏合剂,职责是对权力运用的制约,权责对等是组织正常运行的基本保障——有权无责容易产生盲目指挥的后果,有责无权会严重挫伤企业员工的积极性。

4. 集权与分权相结合的原则

集权是企业组织生产经营管理权限较多地集中在组织最高层管理者手中,分权则是一种组织的权力分散状态,最高层管理者通过有系统的授权将职权分散开来。职权有三种形式:直线职权、参谋职权和职能职权。

影响组织分权程度的主要因素有:

(1) 组织规模的大小。

(2) 政策的统一性。

(3) 员工的数量和基本素质。

(4) 组织的可控性。

(5) 组织所处的成长阶段。

对于组织分权程度的大小,可通过如下四条标准来判断:

(1) 较低的管理层次作出的决策数量越多,分权程度就越大。

(2) 较低的管理层次担任的决策重要性越大,分权程度就越大。

(3) 较低的管理层次担任的决策影响面越大,分权程度就越大。

(4) 较低的管理层次所作出的决策审核越少,分权程度就越大。

5.合理划分部门原则

合理划分部门也就是所谓的部门化,即指将组织中的活动按照一定的逻辑进行安排,划分为若干个管理单位的活动过程。部门化的基本原则如下:

(1)因事设职和因人设职相结合的原则。

(2)分工与协作相结合的原则。

(3)精简高效的部门设计原则。

6.统一指挥原则

统一指挥原则建立在明确的权力系统之上,其基本目的和根本要求是为了保证政令的畅通和效率的提高。为了实现这一原则,组织应注意保持信息通道的畅通,避免出现多头领导和越级指挥的现象。

四、组织设计程序

组织设计是一个动态的工作过程,包括了许多的工作内容,组织设计的背景情况一般有三种:

(1)企业新建时需要进行组织结构设计。

(2)当原有组织结构不再适用于企业的运营发展,或者企业的目标进行了调整时,需要对原有组织结构进行重新评价和设计。

(3)为了适应某些内外的外在的变化,需要对组织结构进行局部的调整和完善。

科学地进行组织设计,要根据组织设计的内在规律有步骤地进行,才能取得良好效果。组织设计不是一次性的工作,组织结构不可能保持一成不变,所以一劳永逸的理想并不适应组织设计。完整的组织设计包括如下七步程序:

第一步,确定组织设计的原则。根据企业的战略目标和经营特点,确定组织设计的原则和主要参数。

第二步,进行职能分析和设计。确定各项管理职能及组织的总体结构,层层分解到各项管理业务和工作中,进行管理业务的总体设计。

第三步,设计组织结构框架。界定管理层次和部门及岗位的责任和权力,用组织系统图表现出来。

第四步,设计沟通方式。设计关于管理控制、信息交流以及综合协调的方式和制度。

第五步,撰写管理规范。主要设计管理工作程序、管理工作标准和管理工作方法,定质、定量地配备各级各类管理人员。

第六步，设计组织运行制度。设计部门和人员绩效考核制度，建立精神鼓励和物质奖励制度，出台管理人员培训制度。

第七步，征求反馈并对组织结构图进行修正。根据组织结构运行反馈对各项设计进行必要的修正。

五、常见的组织结构形式

1.直线制

直线制组织结构又称层次制、分级制、金字塔式或传统式组织结构，这是一种最古老的组织结构形式。在直线制组织结构中，职权从最高层开始传递、分解，经由不同的管理层直到组织的最底层。直线制组织结构的特点是：

（1）每一位部门主管只对其直接下属拥有管辖权。

（2）每一个人只对他的直接上级负责或报告工作。

（3）主管人员在其管辖范围内，拥有绝对的职权或完全职权，即：主管人员对所管辖的部门的所有业务活动行使决策权、指挥权和监督权。

直线制组织结构如图4-7所示。

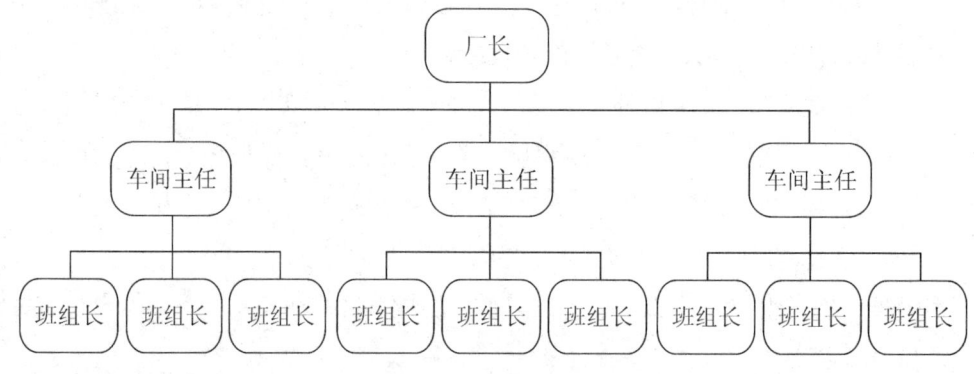

图4-7 直线制组织结构

直线制组织的优点如下：

（1）权力集中，职权和职责十分明确，便于集中管理。

（2）信息沟通简捷方便，有利于组织统一指挥。

直线制组织的缺点如下：

（1）各个部门的主管必须熟悉与本部门业务相关的所有活动，尤其是组织的最高管理者，为了胜任管理的工作，他必须是一位全能管理者。

（2）由于组织没有横向的协调关系，没有职能机构作为最高管理者的助手，很容易使最高管理者出现忙乱的现象。

适用直线制组织结构的企业的特点如下:

(1) 企业规模不大,员工人数不多。

(2) 企业的生产和管理都比较简单。

2.职能制

职能制即职能型组织结构,这种组织结构方式是按照职能来组织部门分工,即从企业高层到基层,把承担相同职能的管理业务及其人员组合在一起,设置相应的职能部门和管理职务。各职能部门在自己业务范围内有权向下级发布命令或下达指示,下级既要服从上级领导的指挥,又要听从上级职能部门的命令。

职能制组织结构如图4-8所示。

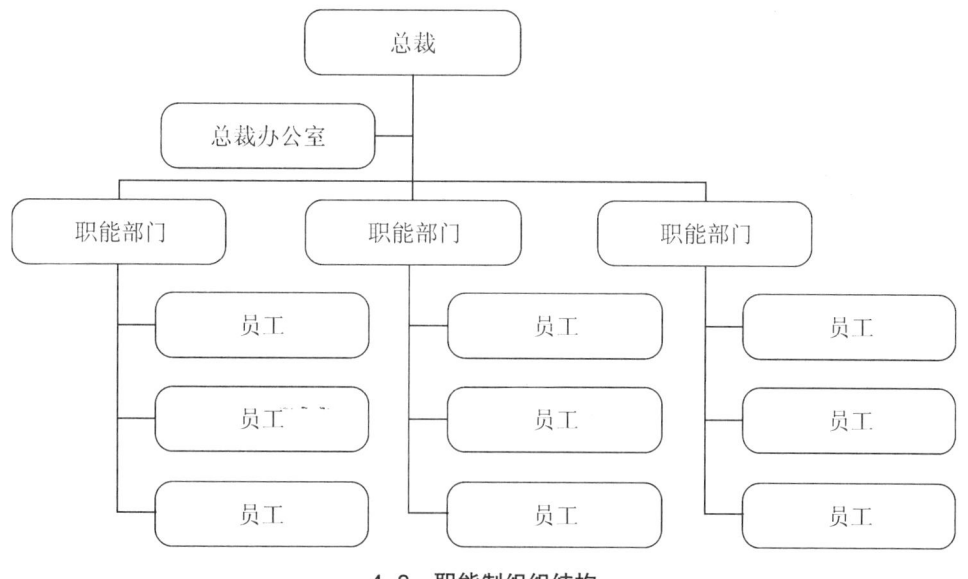

4-8 职能制组织结构

职能制组织结构具有如下特点:

(1) 各级管理机构和人员实行高度的专业化分工,各自履行一定的管理职能,每一个职能部门所开展的业务活动都是为整个组织服务的。

(2) 实行直线—参谋制。整个管理系统划分为两大类机构和人员:一类是直线指挥机构和人员,对其直属下级有发号施令的权力;另一类是参谋机构和人员,其职责是为同级直线管理人员出谋划策,没有权力对下级单位发号施令,而是在业务上起指导、监督和服务的作用。

(3) 管理权力高度集中。由于各个职能部门和人员都只负责某一个方面的职能工作,只有最高领导才能纵观企业全局,所以,企业生产经营的决策权必然集中于最高领导者身上。

职能制组织结构的优点如下:

(1)组织政策、工作程序和职责规范都十分明确。

(2)垂直型权责结构便于实现较好的工作控制。

(3)在已有的专业化生产上容易进行大规模生产。

(4)能适应现代化工业企业生产技术比较复杂、管理工作比较精细的特点。

(5)充分发挥了职能机构的专业管理作用,减轻了直线管理人员的工作负担。

职能制组织结构的缺点如下:

(1)不利于集中领导和统一指挥,导致出现了多头领导的管理弊端。

(2)组织很难建立起完善的责任制,容易出现纪律松弛、生产管理混乱的局面,不利于部门间的沟通合作。

3.直线职能制

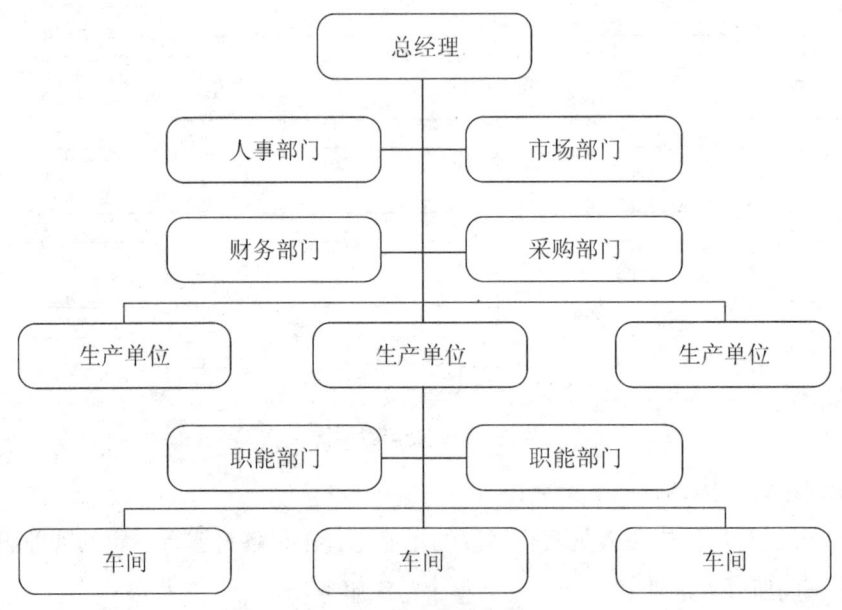

图4-9 直线职能制组织结构

直线职能制也被称为生产区域制或直线参谋制,这种组织结构方式以直线制为基础,在各级行政主管之下设置相应的职能部门(如计划、销售、供应、财务等)从事专业管理,职能部门承担着行政主管参谋的角色,整个组织实行主管统一指挥与职能部门参谋指导相结合的方式。在直线职能制结构下,下级机构既受上级部门的管理,又接受同级职能管理部门的业务指导和监督。美国标准石油公司是采用直线职能制结构的先驱，这种组织结构对于福特公司的成功也功不可没，因为直线职能制结构使福特公司开发出了流水线作业方式，使汽车规模化生产成为现实。

直线职能制组织结构如图4-9所示。

直线职能制组织结构的显著特征是，职能部门所拟订的计划、方案以及有关指令，必须由直线主管批准下达，职能部门参谋只发挥业务指导的作用，并无权直接向相关部门或相关人员下达命令。

直线职能制的优点如下：

（1）结合了直线制和职能制的优点，既能保持统一指挥，也能充分发挥职能部门的参谋作用。

（2）分工细密，责任清楚，实现了管理的专业化，有助于提高管理工作的效率。

（3）组织稳定性较高，在外部环境变化不大的情况下，易于发挥组织的集团效率。

直线职能制的缺点如下：

（1）各职能部门之间的横向联系较差，工作容易出现脱节，部门之间容易产生矛盾。

（2）直线职能制建立在高度的"职权分裂"的基础上，而直线部门的目标与职能部门的目标不易统一，因此当涉及需要多个部门合作的事项时，往往难以确定责任的归属。

（3）直线人员与职能参谋人员易于因权力纠纷而出现不和。

（4）不利于企业培养熟悉组织运营全面情况的综合管理人才。

（5）信息传递路线较长，反馈较慢，难以适应环境的迅速变化。

4.事业部制

事业部制组织结构亦称M型结构（multidivisional structure）或多部门结构、产品部式结构、战略经营单位。所谓事业部制，就是按产品或地区设立事业部（或大的子公司），每个事业部都有自己较完整的职能机构的一种组织设计方式。

事业部制是一种高层集权下的分权管理体制，遵循分级管理、分级核算和自负盈亏的原则，对于实施事业部制的企业，或者按地区或者按产品类别分成若干个事业部，从产品的设计、原料采购、成本核算、产品制造，一直到产品销售均由事业部及所属工厂负责，实行单独核算，独立经营，总部只保留监督权、人事决策权和预算控制权，并通过利润等指标对事业部进行控制。

事业部制适用于规模庞大、产品种类繁多、技术复杂的大型企业,这些企业或按产品、或按区域、或按顾客类型来划分事业部。总体来说,事业部必须具备三个基本要素,即相对独立的市场、相对独立的利益和相对独立的自主权。

事业部制是一种分权式的多分支部门的组织结构模式,概括来说,主要有如下五个特点:

(1)针对特定的产品、地区及目标客户成立特定的事业部。

(2)在纵向关系上,按照"集中决策,分散经营"的原则划分总部和事业部之间的管理权限。

(3)在横向关系上,利润便是事业部的生命,各个事业部实行独立核算。

(4)总部和事业部内部仍然按照职能制结构进行组织设计,以便保证事业部制组织结构的稳定性。

(5)事业部不是独立的法人,只是总部的一个分支机构,各个部门的独立性是相对的,它们对利润没有支配权,没有对外进行融资和投资的权限。

事业部制主要有如下两种形式:

(1)产品事业部制。产品事业部制主要是以企业所生产的产品为部门划分的依据,将与生产某一产品有关的所有活动完全置于同一产品部门内,再在产品部门内细分职能部门,共同完成产品生产和产品销售的工作。按照产品或产品系列进行部门设计,是不少多元化大型企业的共同选择。

产品事业部制组织结构如图4-10所示。

产品事业部制的优点如下:①可以有效地采用专业化设备,从而使个人的技术和专业化知识得到最大限度的发挥。②每一个产品部门都是一个独立的利润中心,便于总部评估各个部门及其负责人的绩效。③比较容易协调同一产品部门内的职能活动,相对职能制更加富有弹性。④容易适应企业规模扩大和业务多元化的要求。

产品事业部制的缺点如下:①组织需要配备很多具有全面管理才能的人,增加了人员招聘的难度。②每个产品部门都被赋予了一定的自主权力,这便导致总部管理人员难以对部门事务实施控制。③各个产品分部各自为政,提高了因资源、内部交易问题发生冲突的概率,导致各个产品分部难以友好合作。

(2)区域事业部制。所谓区域事业部制,就是根据地理空间来划分工作业务,由不同的负责人管理某个地区或区域的所有事务。这种组织设计方式对于规模较大的公司比较适用,尤其是跨国公司。

区域事业部制组织结构如图4-11所示。

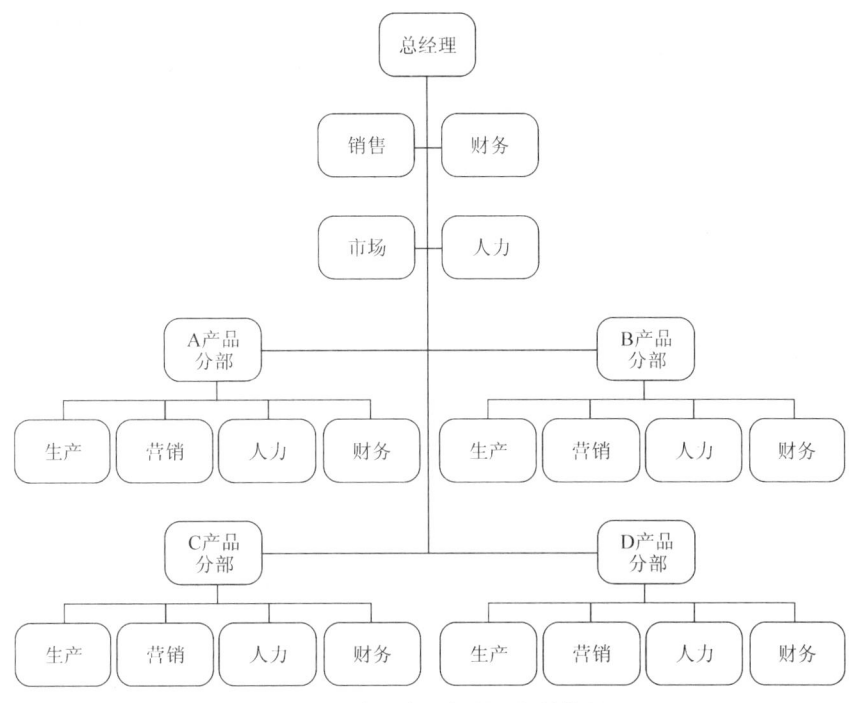

图4-10 产品事业部制组织结构图

区域事业部制的优点如下：①对于每一个市场区域所面对的市场需求和问题，由该区域负责人全权处理，便于问题得到快速及时的解决。②每一个区域都是一个利润中心，便于对部门负责人进行绩效考核。③各个区域工作人员对该地顾客比较了解，有利于服务的本土化，提高顾客满意度。④每一位区域负责人全权负责区域内所有公司事务，便于培养具备全面管理职能的管理人员。

区域事业部制的缺点如下：①随着地区的增加，需要更多具有全面管理能力的人员，而这类人员往往不易得到。②总部难以对区域事务实施管理。③由于受限于空间距离，总部和各个区域难以维持集中的经济服务工作。

5.矩阵制

矩阵制是由职能部门系列和为完成某一临时任务而组建的项目小组系列组成，管理者既同原职能部门保持组织与业务上的联系，又参与项目小组的工作。因此，矩阵制的最大特点在于具有双道命令系统。

矩阵制组织结构如图4-12所示。

矩阵制组织结构还具有如下特点：

（1）规避了直线职能制横向联系差、缺乏弹性的特点。

（2）有助于组织围绕某项专门任务成立跨职能部门的专门机构。例如，组织为了从事新产品开发工作,可以临时组成一个专门的项目小组,在研究、设计、试验、制造等不同阶段,委派职能部门的人员参与其中,从而协调彼此的工作,保证工作任务的完成。

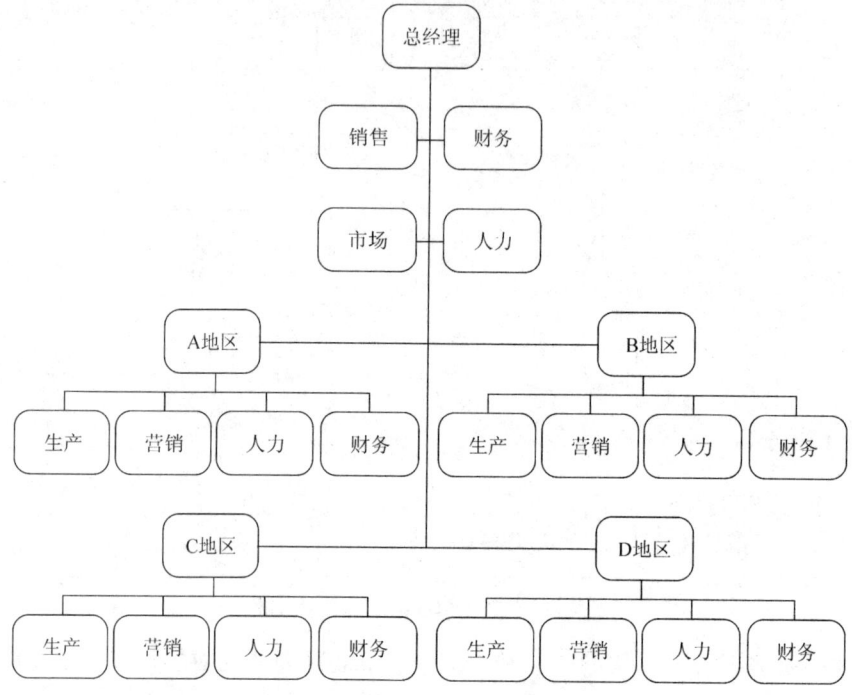

图4-11 区域事业部制组织结构图

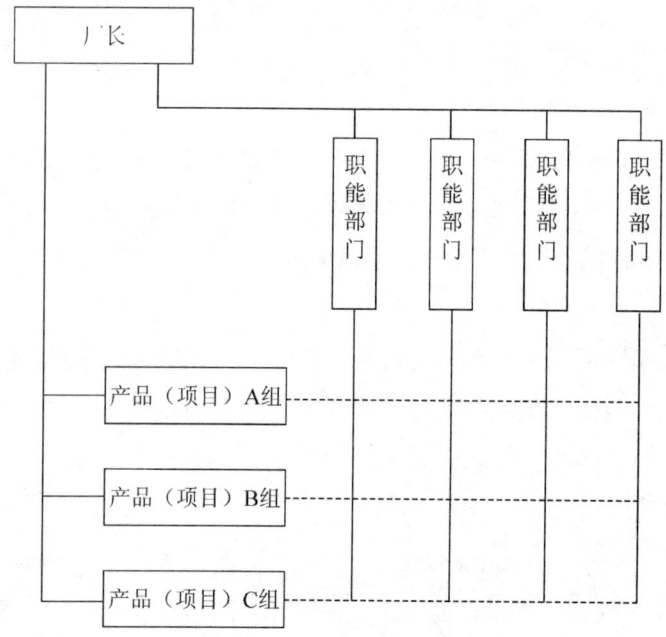

图4-12 矩阵制组织结构图

（3）组织比较富有弹性，组织结构虽然是固定的，但是项目小组和负责人却是临时组织和委任的，因此一旦任务完成后便可以解散项目小组，有关人员从事原来的工作。因此，矩阵制非常适用于横向协作和攻关项目。

矩阵制的优点如下：

（1）项目小组可随任务的开始和结束而成立、解散，组织的适应性比较强。

（2）将企业的横向和纵向关系相结合，有利于实现较高的绩效水平。

（3）组织根据特定的任务而配置人员，有利于个体发挥自身的优势，每个人各施所长地为完成任务作出最大的贡献。

（4）加强了不同部门间的沟通交流，增加了彼此了解和互相学习的机会。

矩阵制的缺点如下：

（1）项目一般涉及多项专业知识，这便要求项目负责人是一个多面手，综合素质较强，具有较高的协调能力和管理技能，而优秀的项目负责人比较难寻找。

（2）项目参与人员在项目进行期间，既要接受项目经理的委派，同时还要服从原部门上级主管的指示，这便容易对参与人员造成冲突压力，使他们感觉无所适从。

（3）项目参与人员来自各个职能部门，参与项目只是他们的临时性工作，这便可能导致他们不愿全力以赴地投入项目之中。

（4）由于实行双重领导机制，将难以界定绩效责任。

6.多维立体制

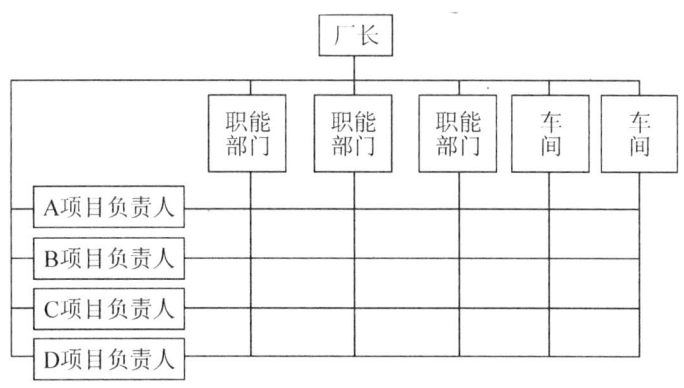

图4-13　多维立体制组织结构图

多维立体制组织结构结合了矩阵制和事业部制的各自优点，所谓多维，就是指在组织内部存在三类以上（含三类）的管理机制。多维立体制组织结构由三方面的管理系统组成：

（1）按产品（项目或服务）划分部门，以产品利润为中心。

（2）按市场研究、生产、技术、质量管理等划分部门，是职能利润中心。

（3）按地区划分的管理机构是地区利润中心。

多维立体制组织结构如图图4-13所示。

在多维立体制组织结构中，每一个系统都不能单独作出决策，而必须由三方代表通过共同的协调才能最终作出决定，因而，多维立体制组织能够促使各部门从组织整体的角度来考虑问题，从而减少了产品部门、职能部门和地区各部门之间的矛盾。即使三者间有摩擦，也比较容易统一和协调。这种组织结构形式的最大特点是有利于形成群策群力、信息共享、共同决策的协作关系。多维立体制组织结构适用于跨国公司或规模巨大的跨地区公司。

六、各个管理机构及部门的职责说明书

通过组织设计要实现的一项重要工作，就是界定组织各个部门的职责，以下是与企业运营相关的一些重要部门的职责描述。

（一）股东会职责描述

股东会（股份有限公司称"股东大会"）由全体股东组成，是公司的权力机构，依照《中华人民共和国公司法》行使以下职权：

（1）决定公司的经营方针和投资计划。

（2）选举和更换董事，决定有关董事的报酬事项。

（3）选举和更换由股东代表出任的监事，决定有关监事的报酬事项。

（4）审议批准董事会的报告。

（5）审议批准监事会或监事的报告。

（6）审议批准公司的年度财务预算方案、决算方案。

（7）审议批准公司的利润分配方案和弥补亏损方案。

（8）对公司增加或者减少注册资本作出决议。

（9）对发行公司债券作出决议。

（10）对股东向股东以外的人转让出资作出决议。

（11）对公司合并、分立、变更公司形式、解散和清算等事项作出决议。

（12）修改公司章程。

（二）董事会职责描述

董事会对股东会负责，行使以下主要职责：

（1）负责召集股东会，并向股东会报告工作。

（2）执行股东会的决议。

（3）决定公司的经营计划和投资方案。

（4）制定公司年度财务预、决算方案。

（5）制定公司利润分配方案，弥补亏损方案。

（6）制定公司增加或减少注册资本的方案。

（7）拟订公司分立、合并、变更公司形式、解散及设立子公司等方案。

（8）决定公司内部管理机构的设置。

（9）聘任和解聘公司经理。根据经理的提名，聘任或者解聘公司副经理、财务负责人，决定其报酬事项。

（10）制定公司的基本管理制度。

（三）监事会职责描述

监事会行使下列职责：

（1）检查公司财务。

（2）对董事、经理执行公司职务时违反法律、法规或者公司章程的行为进行监督。

（3）当董事和经理的行为损害公司的利益时，要求董事和经理予以纠正。

（4）提议召开临时股东会。

（5）公司章程中规定的其他职权。

（四）总经理办公室职权描述

总经理办公室是协助总经理和中层管理者的工作，服务基层员工的综合部门，承担着传递信息、研究政策、辅助领导决策的参谋助手角色，发挥着承上启下、协调左右、联系内外的纽带作用。

1.部门机构设置

直属上级为总经理，下设文秘科、事务科、档案科、基建科等部门。

2.部门职责

（1）国家政策研究，并向总经理、总监提供研究信息。

（2）总经理办公会的组织、会议记录、记录整理归档等工作。

（3）参与草拟企划战略方案，经企划总监审核后交总经理办公会议审议。

（4）经济发展趋势和行业发展趋势信息收集、整理、研究，并将研究成果报告总经理及各位总监，供决策使用。

（5）定期组织公司经济形势分析会和行业经济形势分析会。

（6）协助总经理组织企业整体经济活动的运行，监督总经理办公会决议执行。

（7）协助总经理和各位总监草拟公司级规章制度。

（8）协调总经理、各位总监之间的工作。

（9）做好总经理办公室接待工作。

（10）做好总经理及各位总监的后勤服务工作。

（11）监督公司执行国家经济法规，规范公司经营活动。

（12）总经理、总监交办的其他相关工作。

3.部门权力

（1）有权参与公司重大生产、经营决策。

（2）对不符合国家政策和法规的经营行为，有提出终止的权力。

（3）部门内部员工考核的权力。

（4）部门内部员工聘任、解聘的建议权。

（5）部门内部工作开展的自主权。

（6）要求相关部门配合相关工作的权力。

（7）其他相关权力。

（五）行政部职权描述

行政部门全面负责企业行政事务，是对企业行政实行监督和管理的部门。

1.部门机构设置

行政部受行政总监领导，直接向行政总监报告工作，下设档案科、行政管理科、员工关系科、公共关系科等。

2.部门职责

（1）协调各职能部门的关系。

（2）建立各项规章制度并检查实施情况，促进各项工作规范化管理。

（3）负责公司资料、信息等管理，以及宣传报道工作，沟通内外联系和上下联系。

（4）公司会议组织、记录及记录归档工作。

（5）公司印章管理。

（6）公司证照管理。

（7）员工入职、离职过程中与行政相关的手续办理。

（8）公司各类档案的整理、归档、保管、借阅等。

（9）员工考勤、出勤统计、报表分析等。

（10）员工暂住证、就业证等事项办理。

（11）保健管理。包括：①员工保健规章的制定。②定期保健体检的实施。③特约或定点医院的选择。④特约或定点医院的联络。⑤办理工伤事故。

（12）福利管理。包括：①员工福利制度的制定，并经批准后实施。②福利制度的研究、修订、改进等事项。③福利事项的办理。④福利工作总结、分析和改进。⑤退休、抚恤制度的制定及办理。

（13）文件控制。包括：①发文制度及行文程序的拟定和实施。②公司文件发放。③文件与资料登记、编号、发行、保管、维护等。④过期文件的处理。⑤文件汇编。⑥文件与资料的有效性控制。

（14）公司公共关系维护和改善工作。包括：①内部公共关系的建立和维护。②外部公共关系的建立和维护，包括政府、同行、社区、新闻等公共关系。

（15）行政稽查。

（16）行政开支预算的编制。

（17）行政开支成本控制。

（17）其他相关职责。

3.部门权力

（1）依照制度，对稽查中发现的问题实施处罚的权力。

（2）依照制度，按规定程序，实施其他单位提请的处罚建议。

（3）部门内部员工考核的权力。

（4）对部门内部员工聘任、解聘的建议权。

（5）开展部门内部工作的自主权。

（6）要求相关部门配合相关工作的权力。

（7）其他相关权力。

（六）人力资源部职权描述

人力资源部主要负责选拔、配置、开发、考核和培养企业运营发展所需的各类人才，同时制定各项薪酬福利政策及员工职业生涯规划，全面调动员工的工作积极性，为企业的长短期发展提供人力资源支持。

1.部门机构设置

人力资源部受人力资源总监领导，直接向人力资源总监报告工作。下设人力资源规划、薪酬管理、培训管理、劳务管理、绩效考核等部门。

2.部门职责

（1）人力资源规划管理。包括：①制定人力资源规划，并经批准后实施。②组织拟定公司机构人员编制，并经批准后实施该编制。③增编、缩编等申请的受理、调查、执行。④人力资源支出预算编制，成本控制。⑤其他相关职责。

（2）人力资源规章制度管理。包括：①人力资源管理制度的制定、修订、更正和废止。②执行经批准的人力资源管理制度。③人力资源管理制度的发放、管理。④人力资源管理制度的解释和运用。⑤各单位职责、权限划分原则和方法的拟定。⑥各单位职责、权限划分的草拟，并经批准后执行。⑦各单位职责权限划分的更改、修正草案拟定，并经批准后实施。⑧其他相关职责。

（3）人事管理。包括：①新进、在职、临时、兼职人员人事管理办法的拟定。②人事管理办法的分析研究。③人事管理办法的修正、实施、废止。④人事管理办法的解释。⑤人事问题的解决处理。⑥人事关系的协调。⑦其他相关职责。

（4）人事档案管理。包括：①人事档案的汇集、整理、存档。②人事档案的调查、分析和研究。③人事资料及报表的检查、督办。④人事报表的汇编、转呈和保管。⑤职务说明书的编写、报批、签办。⑥职务说明书的编号、核发、存档。⑦人事统计资料的汇编与管理。⑧人事异动的调查、分析、研究、记录。⑨劳动合同管理。⑩对外提供人事资料。⑪其他相关职责。

（5）任免迁调管理。包括：①新进人员的录用。②新进人员聘用手续的办理，合同签订。③在职人员迁调计划的编制，并经批准后实施。④在职人员迁调的办理，迁调事项通知的下发、登记。⑤迁调人员赴任工作情况的查核、跟踪。⑥人员停职、复职及停薪留职的办理。⑦人员解聘解雇等事项办理。⑧其他相关职责。

（6）薪酬管理。包括：①拟定薪酬制度，并经批准后执行。②薪酬管理制度和方法的研究、改进。③薪酬调整事项的办理。④其他相关职责。

（7）勤务管理。包括：①人员请假、勤务事件登记办理。②人员请假、勤务资料汇编事项。③员工动态管理。④人员辞职签呈手续的转办。⑤各种例假、办公时间的通知、变更等事项办理。⑥其他相关职责。

（8）劳务管理。包括：①劳动合同的签订。②劳动公共关系的建立和维护。③劳动安全方针、制度的拟订、修订、研究和改进。④其他相关职责。

（9）考评奖惩管理。包括：①考评制度的拟订，并经批准后实施。②考评工作的开展。③考评结果的审核、签办。④奖惩制度的研究、修订、改进。⑤奖惩分析、报告。⑥其他相关工作。

（10）教育培训管理。包括：①培训制度的拟定，并经批准后实施。②培训计划的编制与实施。③职前培训、进修等开展。④培训考试的开展。⑤培训效果评估。⑥其他相关职责。

3.部门权力

（1）有权参与公司人力资源战略规划。

（2）对违反人力资源管理制度的单位和个人，有提请处罚的权力。

（3）对各单位员工工作绩效实施考核及奖惩的权力。

（4）各级管理人员任免建议权。

（5）部门内部员工聘任、解聘的建议权。

（6）部门内部工作开展的自主权。

（7）要求相关部门配合相关工作的权力。

（8）其他相关权力。

（七）企划部职权描述

企划部受企划总监领导，直接向企划部总监报告工作。

1.部门职责

（1）参与公司发展规划工作，并对规划案提出意见和建议。

（2）下达实施经审议批准的发展规划方案。

（3）制定企业经营战略，并报总经理办公会批准后实施。

（4）企业形象策划与实施。

（5）企业文化建设。

（6）配合营销中心实施营销企划、促销企划、广告企划、服务企划。

（7）配合技术开发部实施产品企划。

（8）CI策划、CI手册制作和实施。

（9）其他相关职责。

2.部门权力

（1）有权参与公司重大生产、经营决策。

（2）有对不符合公司发展规划、战略策划的经营决策，有建议修订的权力。

（3）有对破坏公司形象的行为提请处罚的权力。

（4）有权要求修正不符合公司文化理念、形象设计的各种行为。

（5）有考核部门内部员工的权力。

（6）有聘任部门内部员工、解聘的建议权。

（7）有开展部门内部工作的自主权。

（8）要求相关部门配合相关工作的权力。

（9）其他相关权力。

（八）财务部职权描述

财务部是主管财务工作的职能部门，该部门根据国家有关财经工作的法律、法规、政策和企业发展战略，执行财务管理和财务运筹的工作任务，确保公司资产和财产的效益和安全，为企业其他部门的工作提供财务支持。

1.部门机构设置

财务部受财务总监领导，直接向财务总监报告工作，下设财务分析科、预算管理科、资金管理科和税务管理科等部门。

2.部门职责

财务部在财务部经理统一领导下开展工作，主要包括财务管理、会计核算、计划统计等职能。

（1）财务管理。包括：①拟定并执行公司各项财务管理制度。②财务预算和各项财务计划的制定、分解、落实。③财务定额、费用开支标准的制定与调整修订。④内部控制制度的制定与实施。⑤参与内部价格的制定。⑥融资。⑦资金配置与调度。⑧税收筹划。⑨成本控制与管理。⑩财务活动控制，保障财务计划的执行和完成。⑪财务考核与奖惩。⑫其他相关职责。

（2）会计核算。包括：①会计核算制度的拟定和执行。②会计核算、报表编制和报表分析。③现金的存、取、转、结等日常管理。④公司一级核算单位（总部）会计核算凭证填制、审核、日常账务处理的报表编制，公司内部的业务结算。⑤公司二级核算单位（分厂、各办事处）会计核算业务的指导和监督。⑥对部门报表进行审核，公司汇总报表的编制与报送。⑦进行定期财务报表的分析。⑧其他相关职责。

（3）计划统计管理。包括：①公司计划统计制度的拟定和执行。②日常统计、统计分析与统计预测，提供统计报表、统计分析报告和统计预测报告。③负责对外统计报表的编报工作。④定额的制定和调整。⑤公司生产经营状况预测。⑥公司经营目标的提出、修改和制定。⑦公司经营预算的编制。⑧负责公司生产经营计划的制订、分解和执行监督。

3.部门权力

（1）有权参与公司重大经营决策，为决策提供财务数据和信息。

（2）有权参与年度、季度、月度生产计划的制订，并提出意见和建议。

（3）有权参与年度、季度、月度销售计划的制订，并提出意见和建议。

（4）有权参与年度、季度、月度采供计划的制订，并提出意见和建议。

（5）有公司预算汇总平衡的权力。

（6）有对违反财务制度的单位和个人给予处罚的权力。

（7）有对其他部门实施财务考核的权力。

（8）有对部门内部员工考核的权力。

（9）有聘任部门内部员工、解聘的建议权。

（10）有开展部门内部工作的自主权。

（11）要求相关部门配合相关工作的权力。

（12）其他相关权力。

（九）内部审计部职权描述

内部审计部是依法对股份企业所属的分企业、各处室以及驻外办事处的财务收支及某些经济活动和经营管理活动进行监督、检查与评价的部门。

1.部门机构设置

内部审计部受企业最高管理者或者董事会直接领导，下设内部审计制度制定科、内部流程审计科、外部审计协调科等。

2.部门职责

（1）拟定并执行公司审计制度。

（2）实施内部审计。

（3）配合外部审计部门和审计机构的审计工作。

（4）对公司各部门和人员的经济问题进行财务检查，并提出检查报告书和处理意见。

（5）对财务部、投资证券部日常业务进行财务监督。

（6）宣传审计法规。

3.部门权力

（1）有对审计中发现的重大问题，有越级汇报的权力。

（2）有对审计中发现的问题，在报经批准后有处罚的权力。

（3）有对财务运作全过程有监督检查的权力。

（4）有要求相关部门配合相关审计工作的权力。

（5）在审计过程中，要求被审计单位和个人无条件提供相关依据的权力。

（6）有对部门内部员工实施绩效考核的权力。

（7）聘任、解聘的建议权部门内部员工。

（8）开展部门内部工作的自主权。

（9）其他相关权力。

（十）投资部职权描述

投资部是负责调配企业资金、为企业实现资产增值、合理规划企业的资产组合的投资管理部门。

1.部门机构设置

投资部受财务总监领导，直接向财务总监报告工作，下设投资分析科、投资风险防范科等部门。

2.部门职责

（1）拟定公司各项投资管理制度，经批准后实施。

（2）拟定公司各项证券管理制度，经批准后实施。

（3）拟定公司股利分配制度，经批准后实施。

（4）参与公司各项投资项目的可行性分析和论证。

（5）投资监管。

（6）投资风险控制。

（7）实施已决策的对外投资。

（8）协助财务部进行公司投资规划。

（9）投资信息库的建立、维护。

（10）其他相关职责。

3.部门权力

（1）有权参与公司重大经营决策。

（2）有权参与公司重大投资决策。

（3）有对不符合投资回报原则的投资决策有提出否决报告的权力。

（4）有对投资监管中发现的问题，有提请处罚的权力。

（5）有对重大投资风险有越级汇报的权力。

（6）有对部门内部员工考核的权力。

（7）有对部门内部员工聘任、解聘的建议权。

（8）有开展部门内部工作的自主权。

（9）要求相关部门配合相关工作的权力。

（10）其他相关权力。

（十一）市场部职权描述

市场部是对市场进行研究并为市场运作提供指导的部门，该部门主要从产品战略角度研究市场、制定市场方案，以实现企业销售目标为工作使命。市场部的工作涵盖了市场调研、产品开发、产品上市、产品促销、产品渠道开拓、产品定价等多项工作，具有市场调查研究、产品营销、生产与供应、创造市场要求和协调公共关系五大职能。

1.部门机构设置

市场部由营销总监领导，直接向营销总监报告工作，下设市场调研科、品牌推广科、市场营销活动管理科、媒体投放科等。

2.部门职责

（1）围绕公司销售目标拟订市场开发计划。

（2）现有市场分析和未来市场预测。

（3）营销信息库的建立和维护。

（4）消费者心理和行为调查。

（5）消费趋势预测。

（6）品牌推广、消费引导。

（7）竞争对手分析与监控。

（8）通路调研。

（9）会同企划部制定营销、产品、促销、形象等企划案，并与销售部、客户部共同实施。

（10）现有产品研究和新产品市场预测。

（11）为公司新产品开发提供市场资料。

（12）其他相关职责。

3.部门权力

（1）有权参与公司营销政策的制定。

（2）有权参与年度、季度、月度营销计划的制订，并提出意见和建议。

（3）有对破坏公司市场形象的行为提请处罚的权力。

（4）有对部门内部员工考核的权力。

（5）有对各办事处销售经理、销售人员考核参与权。

（6）有聘任、解聘部门内部员工的建议权。

（7）有开展部门内部工作的自主权。

（8）要求相关部门配合相关工作的权力。

（9）其他相关权力。

（十二）销售部职权描述

销售部是负责将公司产品和服务推向市场，并促使消费者采取购买行为的部门。销售部具有渠道管理、促销管理、分销体系管理、客户服务等多项职能。

1. 部门机构设置

销售部由营销总监领导，直接向营销总监报告工作，下设各区域管理机构、销售计划管理科、促销活动执行科、渠道/分销体系拓展科等。

2. 部门职责

（1）围绕公司下达的销售目标拟写营销方针和策略计划。

（2）组织货物发运。

（3）组织货款催收。

（4）受理退货。

（5）指导和监督各驻外办事处的工作。

（6）考核各驻外办事处的业绩。

（7）产成品存量控制，提高存货周转率。

（8）销售员营销技能培训。

（9）配合市场部实施促销方案。

（10）收集销售信息，并反馈给市场部。

（11）其他相关职责。

3. 部门权力

（1）有权参与公司营销政策的制定。

（2）有权参与年度、季度、月度营销计划的制订，并提出意见和建议。

（3）有部门内部员工考核的权力。

（4）有各办事处销售经理、销售员考核的权力。

（5）有聘任、解聘部门内部员工的建议权。

（6）有开展部门内部工作的自主权。

（7）要求相关部门配合相关工作的权力。

（8）其他相关权力。

（十三）客户服务部职权描述

在企业内部，客服部的工作与三个职能部门的工作都有重要交集，销售部的储运跟踪、财务部的账务核对以及市场部的营销管理都与客服部有关，客服部担当统一协调的协助角色。面向外界，客服部则是企业连接客户的主要端口，承担的工作事项有：储运联系、传递新产品信息、与客户核对账务、与客户进行密集的信息收集和传播等工作，属于责任制的服务型角色。

1.部门机构设置

客户部受营销总监领导，直接向营销总监报告工作，下设客户分析科、客户信息管理科、客户投诉受理科等部门。

2.部门职责

建立与客户的良好合作关系，为公司销售目标的实现提供帮助：

（1）围绕公司销售目标，拟写客户开发计划。

（2）客户分析与行为调查。

（3）客户资料库建立与维护。

（4）售后服务。

（5）客户联谊与客户访问。

（6）客户需求调查。

（7）受理客户投诉。

（8）代理商和经销商管理。

（9）客户信用分析与调查。

（10）新客户开发。

（11）收集客户信息，并反馈给市场部。

（12）其他相关职责。

3.部门权力

（1）有权参与公司营销政策的制定。

（2）有权参与年度、季度、月度营销计划的制订，并提出意见和建议。

（3）有对破坏客户关系的行为和过失提请处罚的权力。

（4）有考核部门内部员工的权力。

（5）有对各办事处销售经理、销售员考核的参与权。

（6）有聘任、解聘部门内部员工的建议权。

（7）有开展部门内部工作的自主权。

（8）要求相关部门配合相关工作的权力。

（9）其他相关权力。

（十四）技术开发部职权描述

技术开发部是对企业生产实行技术指导、规范工艺流程、制定技术标准、实施技术管理、进行技术监督和协调的专职管理部门。

1.部门机构设置

技术开发部受生产总监领导，直接向生产总监报告工作。下设产品技术开发科、产品技术改善科、包装设计科、产品技术研究科等。

2.部门职责

（1）参与新产品开发，负责产品工艺设计及相关技术引进。

（2）主持成本定额的制定和修订，标准工时的制定和修订，标准用料的制定和修订。

（3）现有产品在设计上的研究与改良。

（4）客户原样蓝图（定制或委托加工）的研究与保管。

（5）工厂布置、生产线布置。

（6）工艺流程设计与改善。

（7）样品制造进度控制。

（8）新产品使用说明与使用跟踪。

（9）各项操作规范的制定与检查（含样品制造）。

（10）一线工人作业方法的设计、改善、简化、策划与推行。

（11）订单标准用量的制定和修订。

（12）会同企划部做好产品企划。

（13）参与产品推广方案的制订。

（14）会同财务部实施定额考核。

（15）其他相关职责。

3.部门权力

（1）有权参与公司生产政策的制定。

（2）有权参与公司产品开发战略的制定。

（3）有权参与年度、季度、月度生产计划的制订，并提出意见和建议。

（4）有对违反操作工艺的行为和过失有提请处罚的权力。

（5）有对部门内部员工考核的权力。

（6）有对各分厂厂长考核的参与权。

（7）有聘任、解聘部门内部员工的建议权。

（8）有开展部门内部工作的自主权。

（9）要求相关部门配合相关工作的权力。

（10）其他相关权力。

（十五）生产计划部职权描述

生产计划部是负责计划并实施企业生产安排，保证企业定额完成生产总量的部门。

1.部门机构设置

生产计划部受生产总监领导，直接向生产总监报告工作，下设生产计划管理科、生产工艺管理科、生产现场管理科、质量控制检验科等。

2.部门职责

（1）组织生产计划的制订，并经批准后实施。

（2）生产任务的调配，订单的审核、登记和分发。

（3）制订并实施生产日程计划。

（4）生产计划的检查和进度控制工作。

（5）受理、分析生产报表。

（6）生产预算的控制与管理。

（7）生产效率的管理与改善。

（8）制造方法的改善。

（9）实施标准生产作业方法。

（10）制造成本控制。

（11）生产现场管理。

（12）生产现场财产管理。

（13）生产负荷统计和产销平衡调度。

（14）负责用料管理与控制。

（15）产品质量控制，质量自检。

（16）负责各个分厂的协调工作。

（17）安全生产检查与处理。

（18）与营销各部门沟通、联系、协调。

（19）其他相关职责。

3.部门权力

（1）有权参与公司生产政策的制定。

（2）有权参与公司产品开发战略的制定。

（3）有权参与年度、季度、月度生产计划的制订，并提出意见和建议。

（4）有对内部员工及分厂厂长、副厂长违规行为处罚的权力。

（5）有对部门内部员工考核的权力。

（6）有各分厂厂长、副厂长考核的权力。

（7）有部门内部员工及下属分厂厂长、副厂长聘任、解聘的建议权。

（8）有开展部门内部工作的自主权。

（9）有要求相关部门配合相关工作的权力。

（10）对影响生产的其他部门人员提请处罚的权力。

（10）其他相关权力。

（十六）供应部职权描述

供应部受生产总监领导，直接向生产总监报告工作。

1.部门职责

（1）根据市场与生产需求，负责制订采购计划，经批准后组织采购实施。

（2）供应商的选择与考评。

（3）采购合同的签订和实施。

（4）采购预算的编制，经批准后实施。

（5）采购成本控制。

（6）受理各类购入申请。

（7）认真做好市场供求信息调查，保质、优质采购，确保生产所需。

（8）认真进行物料消耗分析，在保证生产的前提下降低资金占用，提高存货周转率。

（9）负责物料的初加工工作。

（10）参与公司生产计划的制订工作。

（11）与物管部协调开展工作。

（12）采购结算。

（13）其他相关职责。

2.部门权力

（1）有权参与公司生产政策的制定。

（2）有权参与公司产品开发战略的制定。

（3）有权参与年度、季度、月度生产计划的制订，并提出意见和建议。

（4）有对部门内部员工考核的权力。

（5）有对部门内部员工聘任、解聘的建议权。

（6）有开展部门内部工作的自主权。

（7）有要求相关部门配合相关工作的权力。

（8）其他相关权力。

（十七）品质管理部职权描述

1.部门机构设置

品质管理部受质量总监领导，直接向质量总监报告工作。下设原料检验科、质量控制科、成品检验科、质量体系认证科等部门。

2.部门职责

（1）制定质量准则，经批准后实施。

（2）原料入厂质量检验的执行及异常情况处理。

（3）生产过程中质量的检查与记录。

（4）成品检查与记录。

（5）外协质量检验。

（6）成品各项功能测验。

（7）检验器具的使用与保管。

（8）质量异常处理与追踪。

（9）协同处理质量投诉。

（10）执行质量管理的各种活动。

（11）质量问题分析、报告。

（12）质量体系的推行。

（13）质量体系的认证组织。

（14）其他相关职责。

3.部门权力

（1）有对质量事故依程序和制度提请处罚的权力。

（2）有考核部门内部员工的权力。

（3）有对部门内部员工聘任、解聘的建议权。

（4）有开展部门内部工作的自主权。

（5）有要求相关部门配合相关工作的权力。

（6）有对重大质量事故越级汇报的权力。

（7）其他相关权力。

（十八）物管部职权描述

物管部受生产总监领导，直接向生产总监报告工作。

1.部门职责

（1）物料管理。包括：①做好与技术开发部、生产计划部、供应部、机电设备部的协调工作，确保物料需求和消耗信息链畅通。②退货处理。③材料、辅料、部件、机械、工具等的库存调查。④现场物料消耗调查、研究、分析、报告。⑤制定并实施标准存量，实施存量控制。⑥呆料、滞料、废料报表编制，并经批准后处理。⑦物料补充计划编制，并传递供应部。⑧物料入库办理，物料检查，入库记账核算。⑨物料入库日报、周报、月报、季报的编制。⑩物料出库办理，出库记账核算。⑪物料出库日报、周报、月报、季报的编制。⑫退货的记账核算。⑬物料盘存、盘存报表及核算。⑭其他相关职责。

（2）成品管理。包括：①做好生产计划部、营销各部门的协调工作，确保成品需求和销售信息链畅通。②成品退库处理。③成品、半成品库存调查。④实施成品、半成品存量控制。⑤滞销品、次品、废品报表编制，并经批准后处理。⑥成品、半成品存量表编制，并传递生产计划部和营销各部。⑦成品、半成品入库办理，检查，记账核算。⑧成品、半成品入库日报、周报、月报、季报的编制。⑨成品、半成品出库办理，出库记账核算。⑩成品、半成品出库日报、周报、月报、季报的编制。⑪退库成品的记账核算。⑫成品、半成品盘存、盘存报表及核算。⑬其他相关职责。

（3）运输管理。包括：①运输计划的编制与实施。②运输作业与运送管理。③包装作业与包装物料管理。④外运机构的联系及合同洽谈、签订，费用结算。⑤运输车辆管理。⑥车辆油耗管理。⑦运输保险与运输事故处理。⑧作业报表编制与报送。⑨与营销各部门、各办事处沟通协调，确保货品安全、完整。⑩其他相关职责。

（4）异地成品库存管理。包括：①做好生产计划部、营销各部门的协调工作，确保成品需求和销售信息链畅通。②成品退库处理。③成品库存调查。④实施成品存量控制。⑤滞销品、次品、废品报表编制，并经批准后处理。⑥成品存量表编制，并传递物管部，由物管部处理。⑦成品入库办理，检查，记账核算，成品入库日报、周报、月报、季报的编制。⑧成品出库办理，出库记账核算，成品、半成品出库日报、周报、月报、季报的编制。⑨退库成品的记账核算。⑩成品盘存、盘存报表及核算。⑪其他相关职责。

2.部门权力

（1）有权参与公司生产政策的制定。

（2）有权参与公司产品开发战略的制定。

（3）有权参与年度、季度、月度生产计划的制订，并提出意见和建议。

（4）有对部门内部员工考核的权力。

（5）有聘任、解聘部门内部员工的建议权。

（6）有开展部门内部工作的自主权。

（7）有要求相关部门配合相关工作的权力。

（8）其他相关权力。

工作分析

一、工作分析概述

在员工招聘和管理方面，管理者常会产生这些困惑：为什么有的员工工作量特别大，似乎怎么也忙不完，而有的员工却似乎没什么事干，总是暗暗地偷懒？为什么员工的工作会产生重叠，对工作进行奖励时，大家蜂拥而上，当工作出了问题后，每个人都躲得远远的？为什么企业总是招聘不到理想的员工？……

之所以企业的运行会遭遇上述问题，根本原因便在于企业没有工作分析，或者没有正确行使工作分析这种管理职能。

工作分析的提出与应用便是为了化解上面的那些困惑。一个组织的正常运转需要有特定的人及时完成特定的工作保障。工作分析就是通过对特定工作的任务、性质、价值的研究分析，确定何种条件的员工适合该岗位工作，以及该岗位的工作责任、权利、任职资格等内容的管理活动。

简单地说，工作分析就是对如下七个问题和四个方面信息的分析求证：

七个问题：

（1）雇佣谁（who）。

（2）做什么（what）。

（3）何时（when）。

（4）在哪里（where）。

（5）如何（how）。

（6）为什么（why）。

（7）为谁（for whom）。

四个方面的信息：

（1）工作名称分析：对工作特征的揭示与概括，名称的选择与表达。

（2）工作内容分析：对工作任务、工作责任、工作关系与工作强度等事项的分析。

（3）工作环境分析：对物理环境、安全环境、社会环境的分析。

（4）工作条件分析：对胜任该职位所必备的知识、必备的经验、必备的操作技能与必备的心理素质的分析。

当对上面的七个问题和四个方面的信息明晰后，关于工作分析的最终结果主要有如下四种形式：

（1）工作描述：对工作环境、工作要素及其结构关系等相关资料的记录和说明。

（2）工作说明书：界定了岗位或职位的工作职责。

（3）资格说明书：也称工作规范，主要说明了任职资格和相关素质要求。

（4）职务说明书：完整说明了相关岗位概况、工作职责及其任职资格。

二、工作分析对绩效管理的意义

工作分析对于企业很多管理活动都是必不可少的，如人员招聘、员工培训、薪酬设计等，单就绩效考核而言，工作分析也是不可缺少的前提工作。这是因为工作分析对绩效考核具有如下重要性。

1.通过工作分析，可以明确企业各个岗位的岗位职责和任职条件

如何衡量员工的工作，标准取决于员工的岗位职责，所以只有明确了岗位职责，才能具体评价员工的工作表现处于何种水平。

2.岗位职责是设定绩效指标的基础

对一个岗位任职者进行绩效管理，要确定该岗位的关键业绩考核指标，关键业绩指标在一定程度上取决于员工的岗位职责，所以只有明晰了员工的岗位职责，以此为基础制定的关键绩效指标才具有价值。

3.职位特点决定了绩效考评的方式、绩效考评周期、绩效考核内容等一系列绩效管理构成因素

绩效管理构成因素包括考核周期、绩效考核者、信息来源、绩效考核内容等。考核周期指的是多长时间评估一次，有的岗位工作成果在比较短的时间内就可以表现出来，如生产工人、职位比较低的岗位人员等，考核应该选择较短的周期，如月度考核；有些岗位工作成果在短时间内体现不出来，如中高层管理人员、技术研发人员，考核应该选择较长的周期，如季度、年度考核。绩效考核者指的是由谁来进行考核，有的岗位是由管理者下达任务指标并对任务完成情况负责，那么该岗位任职者的工作

绩效就应该主要有该主管来进行考核；有的岗位工作性质主要与客户打交道，那么对该岗位任职者的考核应该考虑客户的满意度而不仅仅是直线主管的考核。信息来源指的是绩效评估的信息由谁收集、如何收集的问题。绩效考核内容指的是考核哪些方面，如能力指标、态度指标、关键业绩指标等。

三、工作分析的程序

工作分析是一项技术性很强的工作，需要做周密的准备，同时还需具有与组织人事管理活动相匹配的科学的、合理的操作程序。工作分析的具体程序如下。

1.准备阶段

由于工作分析人员在进行分析时，要与各工作现场或员工接触。所以，分析人员应该事先做好准备工作，准备好分析工作所需的书面资料。同时，工作分析人员还有必要与部门主管做好沟通工作，以便于工作的开展。在准备阶段，工作分析人员至少需要完善如下五项工作：

（1）建立工作分析小组。小组成员通常由分析专家构成。所谓分析专家，是指具有分析专长，并对组织结构及组织内各项工作有明确概念的人员。一旦小组成员确定之后，赋予他们进行分析活动的权限，以保证分析工作的协调和顺利进行。

（2）明确工作分析的总目标、总任务。根据总目标、总任务，对企业现状进行初步了解，掌握各种数据和资料。

（3）明确工作分析的目的。工作分析的侧重点因目标导向的变化而不同（见表4-4），为了使工作分析更有针对性，应首先建立工作分析的目标导向，即指明确规定工作分析的具体目标及其成果的具体用途，以此作为构建整体职位分析系统的依据。

表4-4　　　　　　　　　不同目标导向的工作分析侧重点

目标导向	工作分析的重点
以组织优化为导向	强调对工作职责、权限的明确界定；强调将工作置于流程与战略分解体系中来重新思考该职位的定位；强调职位边界的明晰化
以人才甄选为导向	强调对胜任工作所需的教育程度、工作经验、知识、技能与能力的界定
以薪酬为导向	强调对薪酬决策有关工作的评价性分析，包括职位在组织中的地位及对组织战略的贡献、胜任工作所需的知识、技能与能力水平、工作职责与任务的复杂性与难度、工作环境条件、工作负荷与强度的大小等
以绩效考核为导向	强调对工作职责以及责任细分的准确界定，并收集有关各项职责与任务的重要程度、过失损害的信息，为考核指标的提取以及权重的确定提供基础
以培训开发为导向	强调对工作典型样本、工作难点的识别 强调对工作中常见错误的分析 强调对任职资格中可培训部分的界定

（4）明确分析对象。为保证分析结果的正确性，应该选择有代表性、典型性的工作。

（5）建立良好的工作关系。为了搞好工作分析，还应做好员工的心理准备工作，建立起友好的合作关系。

2.计划阶段

分析人员为使研究工作迅速有效，应制订一个执行计划。同时，要求管理部门提供有关的信息。无论这些信息来源与种类如何，分析人员应将其予以编排，也可用图表方式表示。这一阶段包括以下几项内容：

（1）选择信息来源。关于信息来源的选择，应该遵守确保信息的可靠性和完整性的原则。一般而言，信息的提供者有如下几个方面：①工作执行者。②组织现有的各种文字资料。③工作执行者的上级。④培训部门。⑤工作执行者的下属。⑥客户。⑦工作分析专家。

工作分析人员在选择信息的来源时应注意：①不同层次的信息提供者提供的信息存在不同程度的差别。②工作分析人员应站在客观公正的角度听取不同的信息，不要事先存有偏见。③使用各种职业信息文件时，要结合实际，不可照搬照抄。

（2）选择收集信息的方法和系统。工作分析人员根据企业的实际情况灵活选择信息收集的方法和适用的分析信息系统。

3.分析阶段

工作分析是收集、分析、综合关于某个工作信息的过程。也就是说该阶段包括信息的收集、分析、综合三个相关活动，是整个工作分析过程的核心部分。

（1）工作名称。名称必须明确，使人看到工作名称，就可以大致了解工作内容。如果该工作已完成了工作评价，在工资上已有固定的等级，则名称上可加上等级。

（2）雇佣人员数目。同一工作所雇佣工作人员的数目和性别，应予以记录。如雇佣人员数目经常变动，其变动范围英语已说明，若所雇人员是轮班使用，或分于两个以上工作单位，也应分别说明，由此可了解工作的负荷量及人力配置情况。

（3）工作单位。工作单位是显示工作所在的单位及其上下左右的关系，也就是说明工作的组织位置。

（4）职责。所谓职责，就是这项工作的权限和责任有多大，主要包括以下几方面：①对原材料和产品的职责。②对机械设备的职责。③对工作程序的职责。④对其他人员的工作职责。⑤对其他人员合作的职责。⑥对其他人员安全的职责。分析人员应尽量采用"量"来确定季节是某一工作所有职责的情况。

（5）工作知识。工作是为圆满完成某项工作，工作人员应具备的实际知识。这种知识应包括任用后为执行其工作任务，所需获得的知识，以及任用前已具备的知识。

（6）智力要求。智力要求指在执行过程中所需运用的智力，包括判断、决策、警觉、主动、积极、反应、适应等。

（7）熟练及精确度。该因素适用于需用手工操作的工作，虽然熟练程度不能用"量"来衡量，但熟练与精确度关系密切，在很多情况下，工作的精确度可用允许的误差加以说明。

（8）机械设备工具。在从事工作时，所需使用的各种机械、设备、工具等，其名称、性能、用途，均应记录。

（9）经验。工作是否需要经验，如有需要则以何种经验为主，其程度如何。

（10）教育与训练。包括：①内部训练：是由雇主所给予的训练，无论是否在本企业中举行，只要该训练是为企业中某一专门工作而开办的。②职业训练：由私人或职业学校所进行的训练。其目的在于发展普通或特种技能，并非为任何企业现有某一特种工作而训练。③技术训练：指在中学以上含有技术性的训练。④一般教育：指所接受的大、中、小学教育。

（11）身体要求。有些工作必须站立、弯腰、半蹲、跪下、旋转等消耗体力的要求，应加以记录并作具体说明。

（12）工作环境。包括室内、室外、湿度、宽窄、温度、震动、油渍、噪声、光度、灰尘、突变等，各有关项目都需要做具体的说明。

（13）与其他工作的关系。表明该工作与同机构中其他工作的关系，由此可表示工作升迁及调职的关系。

（14）工作时间与轮班。该项工作的时间、工作的天数、轮班次数、长度都是雇用时的重要信息，均应予以说明。

（15）工作人员特性。即指执行工作的主要能力，包括手、指、腿、臂的力量及灵巧程度、感觉辨别能力、记忆、计算及表达能力。

（16）选任方法。此项工作应用何种选任方法也应加以说明。

总之，工作分析的项目很多，凡是一切与工作有关的资料均在分析的范围之内，分析人员可视不同的目的，全部予以分析，也可选择其中必要的项目予以分析。

4.描述阶段

仅仅研究分析一组工作，并未完成工作分析，分析人员必须将获得的信息予以整理并写出报告。通常工作分析所获得信息以下列方式整理：

（1）文字说明。将工作分析所获得的资料以文字说明的方式表述和描述，列举工作名称、工作内容、工作设备与材料、工作环境及工作条件等。

（2）工作列表及问卷。工作列表是把工作加以分析，以工作的内容及活动分项排列，由实际从事工作的人员加以评判。或填写分析所需时间及发生次数，已了解工作内容。列表或问卷只是处理形式不同而已。

（3）活动分析。该分析实质上就是作业分析。通常是把工作的活动按工作系统与作业顺序一一列举，然后根据每一作业进一步加以详细分析。活动分析多以观察及面谈的方法对现有工作加以分析，所的资料作为教育及训练的参考。

（4）决定因素法。该种方法是把完成某项工作的几项最重要行为加以列表，该项"需要性"在积极方面说明工作本身特别需要的因素，在消极方面说明亟待排除的因素。

至于工作分析的报告，其编排应该根据分析的目的加以选择，以简短、清晰的字句，撰成说明式的报告初稿，送交有关主管和分管人员，获取补充建议后，再予以修正定稿。

5.运用阶段

此阶段是对工作分析的验证，只有通过实际的检验，工作分析才具有可行性和有效性，才能不断适应外部环境的变化，从而不断地完善工作分析的运行程序。此阶段的工作主要有两部分：

其一，培训工作分析的运用人员。这些人员在很大程度上影响着分析程序运行的准确性、运行速度及费用，因此，培训运用人员可以增强管理活动的科学性和规范性。

其二，制定各种具体的应用文件。

6.运行控制

控制活动贯穿于工作分析的始终，是一个不断调整的过程。随着时间的推移，任何事物都在变化，工作也不例外。组织的生产经营活动是不断变化的，这些变化会直接或间接的引起组织分工协作体制发生相应的调整，从而也相应地引起工作的变化。因此，一项工作要有成效，就必须因人制宜地做些改变。此外，工作分析文件的适用性只有通过反馈才能得到确认，并根据反馈修改其中不适应的部分。所以，控制活动是工作分析中的一项长期的重要活动。

四、工作分析的定性技术

1.观察法

工作分析人员亲自观察员工的一般工作状态,并予以记录、分析、归纳,最后整理为适用的文字资料,这种方法便是观察法。在运用观察法进行工作分析前,分析人员应该准备好员工手册和分析工作指南,这将有助于分析人员从现场获取更有价值的工作信息。分析人员在现场观察员工的工作行为时,应该着重注意如下三方面的信息:

一是员工正在做什么。

二是员工是如何做的。

三是员工为什么要这么做。

在观察的过程中,分析人员如果认为某些工作事项还可以更简化、可实现工作效率的提高,也应该把这些信息及时地记录下来。

分析人员观察完某个工作场所或某个员工的工作情况后,最好再在其他两三处工作场地予以观察,以克服以偏概全的弊端。

通过观察法进行工作分析有一定的局限性,那些程序化较强、较多通过身体动作完成的工作比较适合观察法,如流水线上的工人、警察、飞机驾驶员等人员的工作可有效地应用观察法,但是某些脑力劳动的从业者的工作就很难通过观察法分析出来。

根据观察对象工作周期的不同和工作突发性的迥异,在具体应用观察法时,有如下三种方式:

(1)直接观察法。分析人员直接对员工工作的全过程进行观察,便是直接观察法。工作周期较短的职务适用于直接观察法,如销售人员,他们的工作基本上是以一天为一个周期,工作分析人员可以跟随销售员一天以对该职务进行分析。

(2)阶段观察法。对于工作周期较长的员工,分阶段观察法是一个可以借鉴的好主意,如公司的行政文员,他需要每年在年底的时候筹备公司的总结表彰大会,这项工作属于行政人员的关键工作行为,所以工作分析人员必须在年终时对该项工作进行观察。

(3)工作表演法。有些工作工作周期较长,或者所处理的一些事情都是突发事件,如医院的急救护士、火警等,对于这样的职务,工作分析人员可让员工在模拟的情境中表演工作的过程,以此来了解他们真实的工作情况。

工作表演法举例见表4-5。

表4-5　　　　　　　　　工作分析观察提纲范例

工作分析观察提纲

被观察者姓名_____　　　　　　　日期_____
观察者姓名_____　　　　　　　　观察者时间_____
工作类型_____　　　　　　　　　工资部分_____

观察内容：
1. 什么时间开始正式工作？_____
2. 上午工作多长时间？_____
3. 上午休息几次？_____
4. 第一次休息时间：_____
5. 第二次休息时间：_____
6. 上午完成产品多少件？_____
7. 平均多少时间完成一件产品？_____
8. 与同事交谈几次？_____
9. 每次交谈约分钟。_____
10. 室内温度。_____
11. 抽了几支烟？_____
12. 喝了几次水？_____
13. 什么时间开始午休？_____
14. 出了多少次品？_____
15. 噪音分贝是多少？_____

2.面谈法

面谈法是由分析人员分别访问员工及其上级主管，以了解工作说明中原来填写的各项目的正确性，或对原先事项有所疑问，以面谈方式加以澄清的方法。在面谈之前，工作分析人员应该准备好面谈问题提纲，以便能在面谈时按照既定的计划进行。面谈法适合于脑力工作从业者，如公司的高层管理人员、设计人员、技术开发人员等。

相比其他工作分析方法，面谈法对工作分析人员的语言表达能力和逻辑思维能力有较高的要求，工作分析人员需要具备有效控制谈话局面的能力，既要防止谈话跑题，也要善于营造轻松的交谈氛围，鼓励交谈者畅所欲言地侃侃而谈。面谈的内容一般包括：

（1）员工应该达到的工作目标，以及组织设立这一职务的原因，确定职务报酬的根据。

（2）员工的工作内容有哪些，员工的工作对组织产生的影响，以及员工在组织中的角色。

（3）工作的性质和范围分别是什么，主要侧重于交流关于该工作在组织中的地位、所涉及的上下属职能关系，以及胜任这份工作所需要的一般技术知识、管理知识、人际关系技巧等。

（4）员工在工作中需要承担的责任，涉及战略、控制、执行、沟通等方面的管理职能。

在面谈的过程中，分析人员的提问非常重要，比较有效的提问方式有这样：

（1）你的主要工作职责是什么？你是如何履行的？

（2）你的工作环境与别人的有哪些不同？

（3）为了胜任这份工作，需要具备的教育程度、工作经历、技能分别是怎样的？

（4）你的工作任务有哪些？

（5）完成这些工作任务需要具备什么条件？

（6）你的工作绩效的标准有哪些？

面谈法的优点主要体现在：应用面谈法获得的资料比较全面，既可以获得标准和非标准的资料，也可以获得关于体力劳动和脑力劳动的信息。

其缺点体现在：①分析人员固有的价值观和偏好会影响分析结果的正确性。②员工可能出于利益的考虑，有意无意地夸大自己所从事工作的重要想、复杂性，导致信息失真。

3.问卷调查法

在工作分析方面，问卷调查法的应用非常普遍，它是一种通过问卷调查获取有关工作信息的职务分析方法。问卷调查表主要有两种：一种的内容具有普遍性，适合于各种职务；另一种是专门为特定的工作职务设计的。

通常来说，应用问卷调查法进行工作分析比较节省时间和经费，适用于涉及人员较多的工作分析。问卷调查法的执行质量取决于三个因素：

其一，问卷的设计是否包括了所有关键的问题。

其二，问题设计地是否适当、贴切，是否有助于被调查者在要求的范围内正确地给予标准化的答案。

其三，如果没有强制要求答卷的回收，问卷是否会因面面俱到而影响了回收率。

问卷调查法举例见表4-6。

表4-6　　　　　　　　　工作分析调查表范本

工作分析调查表

姓名：　　　　　　　　　　　　　　　职务：
部门：　　　　　　　　　　　　　　　直接上司：

①请准确、简洁列举你的常规性工作内容（超过10项可以另附纸填写，下同）：
1）_____
2）_____
3）_____
4）_____
5）_____
6）_____
7）_____
8）_____
9）_____
10）_____

②请准确、简洁列举你的临时性工作内容：
1）_____
2）_____
3）_____
4）_____
5）_____
6）_____
7）_____
8）_____
9）_____
10）_____

③请列举你经常性的决策项目：
1）_____
2）_____
3）_____
4）_____
5）_____
6）_____
7）_____
8）_____
9）_____
10）_____

（续表）

④请列举你工作范围内涉及，但你没有决策权的项目：
1）_____
2）_____
3）_____
4）_____
5）_____
6）_____
7）_____
8）_____
9）_____
10）_____

⑤对于你的工作，你的上司是如何对你实施监督的：

⑥你的哪些工作是不被你的直接上司监督的：

⑦你在工作中会接触到哪些职务的员工，因为何种原因：

⑧作为公司档案留存的文字和资料中，哪些是出自你之手：
1）_____
2）_____
3）_____
4）_____
5）_____
6）_____
7）_____
8）_____
9）_____
10）_____

⑨为了有效完成你的工作，你需要使用哪些办公设备和办公用品：

⑩你在财务方面有哪些权限：

⑪你认为胜任你目前的职务，需要什么文化程度：

（续表）

⑫你认为胜任你目前的工作，至少需要多长时间相关工作经验：

⑬你认为接受哪些培训，更有助于你高效地完成日常的工作：

⑭你认为什么类型的性格的人，适合胜任你现在的这份工作：

⑮你认为对于胜任你目前的这份工作，最重要的能力是哪些：

⑯你认为对于胜任你现在的这项工作，最重要的知识是哪些：

⑰你认为对于胜任你现在这项工作的人，应该具备什么样的心理素质：

⑱请描述你现在的工作环境，你期望的工作环境是什么样的，为什么：

⑲请描述你的工作关系（包括上司、下属、平级合作者等）：

⑳你对于现任职务的总体评价是什么：

被调查者签名：_____
年　　月　　日

4.关键事件法

关键事件法的主要原则是定向与职务相关的行为，然后选择其中最重要、最关键的事件来评估员工的职务。在应用关键事件法之前，首先需要从领导、员工或者其他熟悉职务的人那里收集与职务行为相关的事件，然后用"特别好"或"特别坏"的评价语区分出其中的关键工作行为。对关键工作行为的描述主要包括：

（1）工作行为发生的原因和背景。

（2）员工的特别有效或多余的行为。

（3）关键工作行为所带来的后果。

（4）关键行为产生的后果是否在员工的可支配或可控制范围内。

关键事件法的优点如下：分析的重心主要集中在员工的职务行为上，由于行为具有可观察、可测量的属性，所以这种职务分析方法可以清晰地界定出行为的正面影响和负面影响，从而四两拨千斤地对工作作出较正确的评价。

其缺点是：①花费时间较长，因为需要大量时间去收集那些关键事件，并对其进行概括和分类。②强调影响工作绩效的关键事件，这便导致在分析中遗漏了平均绩效，以致将处于中等绩效水平的员工冷落在旁，导致全面的工作分析难以完成。

5.工作日志法

工作日志法是为了了解员工实际工作的内容、责权利、人际关系和工作负荷，而要求员工坚持记工作日志，然后将工作日志提供给人力资源部门，人力资源部门通过归纳提炼获得工作信息的一种工作分析方法。

工作日志法的优点有：①所获得信息的可靠性较高，适用于获取有关工作职责、工作内容、工作关系、劳动强度等方面的信息。②所需费用较低。

其缺点有：①适用范围较小，不适用于工作循环周期较长、工作状态不稳定的职位。②耗时较长，需要将大量时间用于信息的整理，归纳工作较繁琐。

工作日法举例见表4-7。

表4-7　　　　　　　　　工作日志范例

工作日志
姓名： 年龄： 职务： 部门： 直接上级： 任职年限： 工作周期：自_____月_____日至_____月_____日

工作日志填写说明：

1.请您在每天工作开始前将工作日志放在手边，按工作活动发生的顺序及时填写，切勿在一天工作结束后一并填写。

2.要严格按照表格要求进行填写，不要遗漏那些细小的工作活动，以保证信息的完整性。

3.请您提供真实的信息，以免损害您的利益。

4.请您注意保留，防止遗失。

五、工作分析的定量技术

1.职位分析问卷法

职位分析问卷法（position analysis questionnaire，PAQ）是一种结构严谨的人员导向职务分析系统。它是1972年由普渡大学教授麦考密克(E.J. McCormick)、詹纳雷特(P. R. Jeanneret)和米查姆(R.C. Mecham)设计开发的。设计者的初衷在于开发一种通用的、以统计分析为基础的方法来建立某职位的能力模型，同时运用统计推理进行职位间的比较，以确定相对报酬。

职位分析问卷法系统包含194个项目，其中187项被用来分析完成工作过程中员工活动的特征（工作元素），另外7项涉及薪酬问题。所有的项目被划分为信息输入、思考过程、工作产出、人际关系、工作环境、其他特征共计6个类别，PAQ给出每一个项目的定义和相应的等级代码：

（1）信息输入：包括工人在完成任务过程中使用的信息来源方面的项目。

（2）思考过程：工作中所需的心理过程。

（3）工作产出：识别工作的"产出"。

（4）人际关系：工作与其他人的关系。

（5）工作环境：完成工作的自然和社会环境。

（6）其他特征：其他工作的特征。

PAQ对于工作元素的分类见表4-8。

表4-8　　　　　　　　PAQ对于工作元素的分类

类别	内容	例子	工作元素数目
信息输入	员工在工作中从何处得到信息，如何得到	如何获得文字和视觉信息	35
思考过程	在工作中如何推理、决策、规划，信息如何处理	解决问题的推理难度	14
工作产出	工作需要哪些体力活动，需要哪些工具与仪器设备	使用键盘式仪器、装配线	49
人际关系	工作中与哪些有关人员有联系	指导他人或与公众、顾客接触	36
工作环境	工作中自然环境与社会环境是什么	是否在高温环境或与内部其他人员冲突的环境下工作	19
其他特征	与工作相关的其他的活动、条件或特征等	工作时间安排、报酬方法、职务要求	41

关于每一个项目的评分标准，PAQ定义出6个：信息使用度、耗费时间、适用性、对工作的重要程度、发生的可能性以及特殊计分。

职位分析问卷将工作按照5个基本领域进行排序并提供了一种量化的分数顺序或顺

序轮廓。这5个基本领域是：

（1）是否负有决策/沟通/社会方面的责任。

（2）是否执行熟练的技能性活动。

（3）是否伴随有相应的身体活动。

（4）是否操纵汽车/设备。

（5）是否需要对信息进行加工。

这5个基本领域对工作进行等级划分，对于每一项工作可以分配到一个量化的分数。因此PAQ可将职位分为不同的等级；由于PAQ可得出每一个（或每一类）职位的技能数值与等级，因此它还可以用来进行职位评价及人员甄选；PAQ法不需修改就可用于不同组织中的不同职位，使得比较各组织间的工作更加容易，也使得职位分析更加准确与合理。

职位分析问卷同时考虑了员工与职位两个变量因素，并将各种职位所需要的基础技能与基础行为以标准化的方式罗列出来，从而为人事调查、薪酬标准制定等提供了依据。

2. 管理职位描述问卷法

管理职位描述问卷法（management position description questionnaire，MPDQ）是托诺（W.W.Tornow）和平托（P.R.Pinto）于1976年针对管理工作的特殊性而专门设计的，定型于1984年。管理职位描述问卷注重工作行为内容研究，通过这种分析方法获得的工作分析结果，对评价管理工作、决定该职位的培训需求、管理工作分类、薪酬评定、设计绩效评估方案等人事决策活动具有重要的指导作用。

管理职位描述问卷法是对管理者的工作进行定量化测试的方法，它涉及管理者所关心的问题、所承担的责任、所受的限制以及管理者的工作所具备的各种特征，在美国，它所分析的内容包括与管理者的主要职责密切相关的208项工作因素。这208项可以精简为13个基本工作因素：

（1）产品、市场和财务计划：即进行思考，结合实际情况制订计划以实现业务的长期增长和公司稳定发展的目标。

（2）其他组织单位和工人之间的相互协调：即管理人员对自己没有直接控制权的员工个人和团队活动的协调。

（3）内部事务控制：检查与控制公司的财务、人力以及其他资源。

（4）产品和服务责任：有效控制产品和服务的技术，以保证生产的及时性，并保证生产质量。

（5）公众和顾客关系：经常与公众和顾客直接接触，以此来维护和树立公司在公众和消费者中间的良好形象与声誉。

（6）高级咨询：所具备的技术水平可以有效解决企业中出现的特殊问题。

（7）行为主动性：能够在几乎没有直接监督的情况下开展工作活动。

（8）财务计划的批准：有权力批准企业大额的财务流动。

（9）职能服务：能够协助上级高效地完成任务。

（10）监督：与下属面对面的交流，以此来计划、组织和控制这些人。

（11）复杂性及压力：可以在很大压力下保持工作，并在规定时间内完成所要求的任务。

（12）高级财务职责：制定对公司绩效构成直接影响的大规模的财务投资决策和其他财务决策。

（13）广泛的人力资源职责：指人力资源管理和制定可对员工产生重要的政策。

管理职位描述问卷具有两个显著的优点：

其一，规避了这样一个弊端，即管理者倾向于让工作内容适合自己的管理风格，而不是让自己去适应工作。

其二，管理工作具有非程序化的特点，常随着时间变化而变化。弥补了PAQ问卷难以对管理职位进行分析的不足。

当然，不可避免地，管理职位描述问卷也有一些缺点，如在分析技术、专业等其他职位时显得不够具体；灵活性差；耗时太长，工作效率较低等。

3.功能性职务分析

功能性职务分析（functional job analysis，FJA）也称为工作者功能的职务分析，由美国劳工部所提出，美国劳工部将其作为职务分析程序的一个阶段，工作者功能是指那些确定工作者与信息、人和事之间关系的活动。功能性职务分析理论认为所有工作都涉及工作者与信息、人、事三者的关系。通过工作者与信息、人、事发生关系时的工作行为，可以反映工作的特征、工作的目的和人员的职能。它作为一种以工作为中心的职务分析方法，从职能等级、职业域、句法分析技术、人员指导尺度和人员特性五个方面对职务进行了系统的分析和描述。通过这五个方面定量和定性的说明，可以了解一项工作的职能层次、任职人员的特点、工作任务的内容和工作价值。

美国劳工部在使用工作者功能时，对三个范畴（信息、人、事）中每一个范畴的每一个职务都编出相关的号码。事实上，这三类号码都是《职业名称词典》的一部分，而该词典是职务分析的主要参考资料。

美国劳工部所使用的工作者功能见表4-9。

表4-9　　　　　　　　　　美国劳工部所使用的工作者功能

信息		人		事	
号码	描述	号码	描述	号码	描述
0	综合	0	教导	0	装配
1	协调	1	谈判	1	精确操作
2	分析	2	指导	2	操作控制
3	编辑	3	监督	3	驾驶操作
4	计算	4	使高兴	4	操纵
5	复制	5	劝说	5	照看
6	比较	6	发出口头指导	6	送进——移出
		7	服务	7	驾驶
		8	接受指导帮助		

每项功能描述一种广泛的行动，它概括出在与信息、人和事发生关系时工作者做什么。在信息、人、事三个范畴中，每一类的工作者功能的安排是有结构的，即从不很复杂的功能上升到比较复杂的功能，然而这种等级关系有时是有限的、不精确的、本末倒置或根本不存在的。因而，应把这些情况解释为是反映工作者与信息、人和事之间的关系特性，而不是表明职务复杂的严格水平。

功能性职务分析是用以分析非管理性工作最常使用的一种方法，它既适用于对简单工作的分析，也适用于对复杂性工作的分析。这种方法的关键之处在于其系统性，其结果主要运用于职务描述，此外还可为建立职务操作标准提供基础，以及应用于职务设计等很多方面。

在应用功能性职务分析方法时，有如下几个注意事项：

（1）工作设施要与员工的身体条件相适应。

（2）对员工的工作过程进行详细分析。

（3）充分考虑工作环境条件对员工生理和心理的影响。

（4）把员工的工作态度和积极性考虑进来。

职位说明书

一、职位说明书简介

职务说明书是工作分析人员根据某项职务工作的物质和环境特点,对工作人员必须具备的生理和心理需求进行的详细说明。它是工作分析的结果,是经工作分析形成的书面文件。完整的职务说明书应包括如下内容。

1.工作标识

工作标识说明工作的基本信息,如工作名称、代码、直接主管、所属部门、工资等级等。

2.工作描述

工作描述简单地概括工作的主要功能,即该职位存在的意义及它对组织的独特贡献。

在工作描述中,需要落实下面这些问题:

(1)该职位实现了组织的哪些目的?

(2)该职位对组织的贡献是什么?

(3)如果该职位不存在,将有哪些工作无人落实?

(4)组织为什么需要该职位?

关于工作描述,举例如下:

销售代表:在规定的折扣范围内完成特点产品在特定区域的销售。

财务经理:按照国家有关法规办理财会事务,拟定财务制度和实施细则,为公司经营决策和日常财务管理提供可靠的依据。

IT系统管理部经理:组织构建IT基础设施,管理、维护公司IT运作环境,并提供技术支持与服务,确保IT运行环境稳定、安全、高效,从而提高用户满意度。

3.工作关系

工作关系即工作者与组织内外其他人的联系。

4.工作的主要职责和任务

即工作者需要承担哪些职责,完成哪些任务。这是职务说明书最主要的内容。职责说明描述了工作的成果而非过程,总的来说代表了工作的主要产出。职责说明举例如下:

车间主任的职责:执行生产计划科下达的生产计划,确保生产任务按时完成。

司机的职责:确保汽车保持良好的状态,在舒适的条件下有效地运送客人。

生产经理的职责：确保生产及时，符合特定的标准，以满足客户的要求。

任务则是工作者应该在工作中做的事情以及事情达到的效果。比如，对于招聘助理而言，他们需要完成这些任务：确定空缺职位、每周更新空缺职位、起草招聘广告、与广告代理联络、确认广告事宜等。

5.工作特点

工作特点即职位所具有的特点，据此对该职位进行评价。

6.工作绩效标准

工作绩效标准即组织期望员工在执行每一项任务时所达到的标准是什么样的。

7.工作条件

工作条件即指工作环境和工作时间。

工作条件包括如下五个因素：

（1）工作场所：在室内、室外，还是其他的特殊场所。

（2）工作环境的危险性：说明危险性存在的可能性，对人员伤害的具体部位、发生的频率，及危险性原因等。

（3）工作时间特征：如正常工作时间、加班时间等。

（4）工作的均衡性：即工作是否存在忙闲不均的现象及经常性程度。

（5）工作环境中的不良因素：即是否在高温、高湿、寒冷、粉尘、有异味、噪声等工作环境中工作，工作环境使人是否愉快。

8.工作的任职资格

工作的任职资格即胜任该项工作应该具备什么样的资格，包括学历与专业、工作经验、知识与技能、素质等条件。

二、高级管理人员职位说明书

（一）总经理职位说明书

职位说明书

文件编号_____ 拟制人_____

核准人_____ 生效日期_____

1.基本资料

职位名称	总经理	直接上级	董事会	所属部门	
辖员人数		薪金标准		填写日期	

2.工作描述

　　制订和实施公司总体战略与年度经营计划，建立和健全公司的管理体系与组织结构，主持公司的日常经营管理工作，实现公司在经营管理和发展方面的目标

3.工作内容

编号	工作任务	权限
1	据董事会或集团公司提出的战略构想，制定公司详细的发展战略和业务规划，确定公司的经营方针和经营形式，经董事会或集团公司通过后组织实施	
2	主持建设公司的核心团队，做到知人善任	
3	拟订公司内部管理机构设置方案和基本管理制度	
4	审定公司具体规章、奖罚条例，审定公司工资奖金分配方案，审定经济责任挂钩办法	
5	主持召开总经理办公会议、行政例会、专题会等各项会议，总结工作、听取汇报，检查、督促和协调各部门的工作进展（续表）编号 工作任务权限	
6	主持公司的全面经营管理工作，组织实施董事会决议	
7	处理公司重大突发事件	
8	推进建设企业文化的工作	

4.任职资格

（1）学历要求。

所需最低学历	专　　业
硕士	企业管理、工商管理、行政管理等相关专业

（2）所需技能培训。

培　训　项　目	培　训　期　限
领导能力开发	
战略管理	
组织变革管理	
战略人力资源管理	
经济法	
财务管理	

（3）工作经验要求。

10年以上企业管理工作经验，至少5年以上企业全面管理工作经验

（4）工作技能要求。

- ★熟悉与企业运营相关的各项业务，可以对业务实施有效的管理和控制
- ★善于团队管理，具备一定的领导技巧
- ★熟悉优秀企业的管理模式，管理理念先进
- ★具备较强的战略制定和实施才能，可以有效把握企业发展全局
- ★商业触觉敏锐，善于发现商机及新的发展机会
- ★良好的中英文写作、阅读、口语交流能力

（5）态度及资质要求。

- ★具有优秀的领导能力、出色的人际交往和社会活动能力
- ★善于协调、沟通，责任心、事业心强
- ★具备较强的亲和力、判断能力、决策能力、计划能力、谈判能力
- ★为人干练、踏实
- ★良好的敬业精神和职业道德操守，有很强的感召力和凝聚力

（6）工作条件。

工作场所	办公室，需要经常出差
环境状况	舒适，无明显的节假日
危险性	基本无危险，无职业病危险

（7）职位关系。

可直接晋升的职位	
可相互轮换的职位	
可晋升至此的职位	

（二）副总经理职位说明书

职位说明书

文件编号_____ 拟制人_____

核准人_____ 生效日期_____

1. 基本资料

职位名称	副总经理	直接上级	总经理	所属部门	
辖员人数		薪金标准		填写日期	

2. 工作描述

协助总经理制定并实施企业战略和经营计划，全面配合总经理的工作，实现公司在经营管理和发展方面的目标

3.工作内容

编号	工作任务	权限
1	协助总经理制定公司发展战略规划、经营计划、业务发展计划	
2	在公司内部实现管理的制度化、规范化	
3	设计公司组织结构和管理体系,制定管理及业务规范和制度	
4	对公司各项规划和计划的实施进行监督管理	
5	开展企业形象宣传活动	
6	按时提交公司发展现状报告、发展计划报告	
7	协助建设公司人才队伍	
8	协助总经理对公司运作与各职能部门进行管理,协助监督各项管理制度的制定及执行	
9	协助总经理推进建设企业文化的工作	

4.任职资格

(1)学历要求。

所需最低学历	专业
硕士	企业管理、工商管理、行政管理等相关专业

(2)所需技能培训。

培训项目	培训期限
领导能力开发	
战略管理	
组织变革管理	
人力资源管理	
经济法	
财务管理	

(3)工作经验要求。

8年以上工作经验,5年以上企业全面管理工作经验

（4）工作技能要求。

- ★熟悉企业各项业务特点和全面运作，善于团队管理
- ★管理理念先进，具备较强的战略制定和实施能力
- ★善于交际，有广泛的客户资源和社会资源
- ★当总经理不在公司时，可完全胜任企业管理的各项工作
- ★具备良好的中英文写作、阅读、口语能力

（5）态度及资质要求。

- ★市场洞察力敏锐，具备优秀的项目组织能力和市场开拓能力
- ★严谨的策划组织能力，较强的人际沟通能力和商务谈判能力
- ★敬业精神佳，职业道德操守高
- ★具备较强的责任心和事业心
- ★具有较强的感召力和凝聚力

（6）工作条件。

工作场所	办公室
环境状况	舒适
危险性	基本无危险，无职业病危险

（7）职位关系。

可直接晋升的职位	
可相互轮换的职位	
可晋升至此的职位	

（三）运营总监(COO)职位说明书

职位说明书

文件编号_____ 拟制人_____

核准人_____ 生效日期_____

1.基本资料

职位名称	运营总监（COO）	直接上级	总经理	所属部门	
辖员人数		薪金标准		填写日期	

2.工作描述

全面负责公司的市场运作和管理，参与公司整体策划，健全公司各项制度，完善公司运营管理

3.工作内容

编号	工作任务	权限
1	制定与执行公司各项战略规划及与日常营运相关的制度体系、业务流程	
2	策划推进及组织协调公司重大运营计划,跟踪市场发展,对计划与策略进行必要的调整	
3	建立规范、高效的运营管理体系并优化完善	
4	制定公司运营标准并监督实施	
5	制定公司运营指标、年度发展计划,推动并确保营业指标的实现	
6	制定运营中心各部门的战略发展和业务计划,协调各部门的工作,建设和发展优秀的运营队伍	

4.任职资格

（1）学历要求。

所需最低学历	专业
本科	管理类专业

（2）所需技能培训。

培训项目	培训期限
战略管理	
组织变革管理	
人力资源管理	
项目管理	
市场营销	
财务管理	

（3）工作经验要求。

8年以上企业工作经验,5年以上高级管理工作经验

（4）工作技能要求。

★在企业战略规划领域有深厚的理论功底和丰富的运作经验 ★精通项目管理,并有独立实施项目管理操作的成功经验 ★熟悉行业动态及运营发展趋势 ★熟练操作办公软件 ★具备良好的中英文阅读、写作、口语能力

（5）态度及资质要求。

- ★ 具备一定的领导能力和优秀的协调沟通能力
- ★ 优秀的统筹、分析、综合、归纳能力
- ★ 高度的工作热情，良好的团队合作精神

（6）工作条件。

工作场所	办公室
环境状况	基本舒适
危险性	基本无危险，无职业病危险

（7）职位关系。

可直接晋升的职位	
可相互轮换的职位	
可晋升至此的职位	

（四）人力资源总监(CHO)职位说明书

职位说明书

文件编号_____ 拟制人_____

核准人_____ 生效日期_____

1.基本资料

职位名称	人力资源总监(CHO)	直接上级	总经理	所属部门	
辖员人数		薪金标准		填写日期	

2.工作描述

规划、指导、协调公司的人力资源管理与组织建设，最大限度地开发人力资源，促进公司经营目标的实现和人力资源配置的最优化

3.工作内容

编号	工作任务	权限
1	全面统筹规划公司的人力资源战略	
2	建立并完善人力资源管理体系，研究、设计人力资源管理模式（包含招聘、绩效、培训、薪酬及员工发展等体系的全面建设），制定和完善人力资源管理制度	
3	向公司高层决策者提供有关人力资源战略、组织建设等方面的建议，并致力于提高公司的综合管理水平	

(续表)

编号	工作任务	权限
4	塑造、维护、发展和传播企业文化	
5	组织制定公司人力资源发展的各种规划,并监督各项计划的实施	
6	为公司主管以上的管理者进行职业生涯规划设计	
7	及时处理公司发展过程中出现的重大人力资源问题	
8	完成总经理临时交办的各项工作任务	

4.任职资格

(1)学历要求。

所需最低学历	专业
本科	人力资源、管理或相关专业

(2)所需技能培训。

培 训 项 目	培 训 期 限
战略管理	
战略人力资源管理	
组织变革管理	
管理能力开发	

(3)工作经验要求。

8年以上相关工作经验,3年以上人力资源总监或人力资源部经理工作经验

(4)工作技能要求。

★对现代企业人力资源管理模式有系统的了解和实践经验积累,对人力资源管理各个职能模块均有较深入的认识,能够指导各个职能模块的工作
★具备现代人力资源管理理念和扎实的理论基础
★熟悉国家、地区及企业关于合同管理、薪金制度、用人机制、保险福利待遇、培训等方面的法律法规及政策
★熟悉办公软件及相关的人事管理软件
★较好的英文听、说、读、写能力

（5）态度及资质要求

★具有战略、策略化思维，有能力建立、整合不同的工作团队
★具有解决复杂问题的能力
★很强的计划性和实施执行的能力
★很强的激励、沟通、协调、团队领导能力，责任心、事业心强

（6）工作条件。

工作场所	办公室
环境状况	舒适
危险性	基本无危险，无职业病危险

（7）职位关系。

可直接晋升的职位	
可相互轮换的职位	
可晋升至此的职位	

（五）财务总监(CFO)职位说明书

职位说明书

文件编号_____ 拟制人_____

核准人_____ 生效日期_____

1.基本资料

职位名称	财务总监(CFO)	直接上级	总经理	所属部门	
辖员人数		薪金标准		填写日期	

2.工作描述

制定公司财务战略，主持财务管理及内部控制工作，筹措维持公司运营所需的资金，达到公司在财务方面的目标

3.工作内容

编号	工作任务	权限
1	运用财务核算与会计管理原理为公司经营决策提供依据，配合总经理制定公司战略，并主持公司财务战略规划的制定	
2	组建和完善财务部门，建立科学、系统、符合企业实际情况的财务核算体系和财务监控体系，实施有效的内部控制	
3	制定公司资金运营计划，监督资金管理报告和预、决算	

（续表）

编号	工作任务	权限
4	对公司投资活动所需要的资金筹措方式进行成本计算，提供最为经济的筹资方式	
5	筹集公司运营所需资金，保证公司战略发展的资金需求，审批公司重大资金流向	
6	主持对重大投资项目和经营活动的风险评估、指导、跟踪和财务风险控制	
7	参与公司重要事项的分析和决策，为企业的生产经营、业务发展及对外投资等事项提供财务方面的分析和决策依据	
8	审核财务报表，提交财务管理工作报告	
9	协调公司同银行、工商、税务等政府部门的关系，保障公司利益	

4.任职资格

（1）学历要求。

所需最低学历	专　　业
本科	会计、财务或相关专业

（2）所需技能培训。

培　训　项　目	培　训　期　限
管理学	
战略管理	
组织变革管理	
人力资源管理	
经济法	

（3）工作经验要求。

★8年以上跨国企业或大型企业集团财务管理工作经验
★参与过较大投资项目的分析、论证和决策
★具有丰富的财务管理、资金筹划、融资及资本运作经验

（4）工作技能要求。

★8年以上跨国企业或大型企业集团财务管理工作经验
★具有较全面的财会专业理论知识、现代企业管理知识，熟悉财经法律法规和制度
★熟悉财务相关法律法规、投资、进出口贸易、企业财务制度和财务管理流程
★熟悉税法政策、营运分析、成本控制及成本核算
★具有较强的判断和决策能力、人际沟通和协调能力、计划与执行能力
★良好的口头及书面表达能力

（5）态度及资质要求。

- ★工作细致、严谨，善于进行战略前瞻性思考
- ★具有较强的工作热情和责任感
- ★可在较强的工作压力下有效完成工作

（6）工作条件。

工作场所	办公室
环境状况	舒适
危险性	基本无危险，无职业病危险

（7）职位关系。

可直接晋升的职位	
可相互轮换的职位	
可晋升至此的职位	

（六）市场总监(CMO)职位说明书

职位说明书

文件编号_____ 拟制人_____

核准人_____ 生效日期_____

1.基本资料

职位名称	市场总监（CMO）	直接上级	总经理	所属部门	
辖员人数		薪金标准		填写日期	

2.工作描述

规划制定公司的市场战略与策略，并推进实施，实现市场发展目标

3.工作内容

编号	工作任务	权限
1	协助总经理制定总体市场发展战略以及市场发展目标	
2	制定公司的市场发展策略，把握公司在行业中的发展方向，寻求并实现公司在行业中的准确定位，及时提供市场反馈	
3	制订和实施年度市场推广计划和产品计划，协助营销中心制订业务计划	

（续表）

编号	工作任务	权限
4	制定与实施各产品线价格体系及营销战略、营销策略、地区覆盖策略，同时制订推广计划，并组织相关人员培训	
5	制定公司品牌管理策略，不断公司品牌价值	
6	参与市场的开拓、渠道管理等工作，并给予专业的指导	
7	对公司市场费用的使用进行监督管理，并实施有效控制	

4.任职资格

（1）学历要求。

所需最低学历	专　业
本科	市场营销或相关专业

（2）所需技能培训。

培　训　项　目	培　训　期　限
战略管理	
组织变革管理	
管理能力开发	
市场营销	
合同法	
财务管理	
谈判技巧	

（3）工作经验要求。

8年以上企业市场管理工作经验，3年以上市场部经理工作经验

（4）工作技能要求。

★对市场营销工作有深刻认知 ★有较强的市场感知能力，可敏锐地把握市场动态和市场方向 ★具备广泛的媒体合作关系，有整合运用媒体资源的能力 ★具备大型活动的现场管理能力 ★熟练操作办公软件 ★优秀的英语听、说、读、写能力

（5）态度及资质要求。

★工作努力，积极进取，责任心强 ★高度的工作热情，良好的团队合作精神 ★较强的观察力和应变能力 ★出色的人际沟通能力、团队建设能力、组织开拓能力

（6）工作条件。

工作场所	办公室
环境状况	基本舒适
危险性	基本无危险，无职业病危险

（7）职位关系。

可直接晋升的职位	
可相互轮换的职位	
可晋升至此的职位	

（七）销售总监职位说明书

职位说明书

文件编号_____拟制人_____

核准人_____生效日期_____

1. 基本资料

职位名称	销售总监	直接上级	总经理	所属部门	
辖员人数		薪金标准		填写日期	

2. 工作描述

协助总经理制定并实施企业战略和经营计划，全面配合总经理的工作，实现公司在经营管理和发展方面的目标

3. 工作内容

编号	工作任务	权限
1	协助总经理制定公司的销售战略	
2	制定并实施销售方案	
3	与客户、行业内的相关机构和公司建立良好的合作关系	

（续表）

编号	工作任务	权限
4	引导和控制市场销售工作的方向和进度	
5	不断开发更多的销售途径	
6	激励销售人员，建立、补充、发展、培养销售队伍	
7	把握市场动态，熟悉市场状况并能及时迅捷地调整既定的销售战略	
8	有效地管理全国的经销商	
9	主持公司重大营销合同的谈判与签订工作	
10	协助处理大客户投诉，跟踪处理投诉结果，并进行客户满意度调查	

4.任职资格

（1）学历要求。

所需最低学历	专业
本科	管理、市场营销等专业

（2）所需技能培训。

培 训 项 目	培 训 期 限
战略管理	
战略市场营销	
组织变革管理	
合同法	
财务管理	

（3）工作经验要求。

8年以上销售、市场营销管理工作经验

（4）工作技能要求。

★熟悉现代管理模式，熟练运用各种激励措施
★有丰富的市场营销策划经验，能够识别、确定潜在的商业合作伙伴，熟悉行业市场发展现状
★具有优秀的营销技巧，较强的市场策划能力和运作能力
★良好的口头及书面表达能力

（5）态度及资质要求。

★工作细致、严谨，并具有战略前瞻性思维 ★具有较强的管理能力、判断和决策能力、人际沟通协调能力、计划与执行能力 ★优秀的市场拓展、项目协调、谈判能力 ★具有高度的工作热情和责任感

（6）工作条件。

工作场所	办公室
环境状况	舒适
危险性	基本无危险，无职业病危险

（7）职位关系。

可直接晋升的职位	
可相互轮换的职位	
可晋升至此的职位	

（八）生产总监职位说明书

职位说明书

文件编号_____ 拟制人_____

核准人_____ 生效日期_____

1. 基本资料

职位名称	生产总监	直接上级	总经理	所属部门	
辖员人数		薪金标准		填写日期	

2. 工作描述

制订公司生产计划，监督计划的执行，对生产系统实施监督管理，最终实现公司在生产方面的目标

3. 工作内容

编号	工作任务	权限
1	参与制订公司发展战略与年度经营计划	
2	组织制定并实施生产战略规划	
3	主持制定年度生产计划及总预算	

(续表)

编号	工作任务	权限
4	与技术、营销、财务部门等相关部门保持良好的沟通	
5	制定和不断完善质量管理制度，监督生产质量体系的运行	
6	随时掌握生产过程中的质量状态，协调各部门之间的沟通与合作，及时解决生产中出现的问题	
7	负责新技术、新工艺、新设备的应用推广工作事宜	
8	监督调控生产过程各项工艺、质量、设备、成本、产量等指标	
9	保证维护部门定期、不定期对基础设备进行维护，使设备处于良好运作状态，确保生产现场能够正常生产	
10	监督并指导下属的工作	

4.任职资格

（1）学历要求。

所需最低学历	专业
本科	理工类或相关专业

（2）所需技能培训。

培 训 项 目	培 训 期 限
战略管理	
管理能力开发	
生产管理	
财务管理	

（3）工作经验要求。

5年以上相关行业生产管理协调经验，在部门经理岗位上工作2年以上

（4）工作技能要求。

★熟悉所在行业的生产过程，熟悉原材料的供应渠道
★熟悉生产规程以及质量标准
★具备良好的生产经营管理理念，有一定财务与法律知识
★熟练使用办公软件
★良好的英文基础

（5）态度及资质要求。

- ★优秀的领导能力、判断与决策能力、计划与执行能力、沟通能力、谈判能力
- ★能承受较大的工作压力
- ★能够带领团队，较好的团队合作精神

（6）工作条件。

工作场所	办公室
环境状况	舒适
危险性	基本无危险，无职业病危险

（7）职位关系。

可直接晋升的职位	
可相互轮换的职位	
可晋升至此的职位	

（九）技术总监(CTO)职位说明书

职位说明书

文件编号_____拟制人_____

核准人_____生效日期_____

1.基本资料

职位名称	技术总监（CTO）	直接上级	总经理	所属部门	
辖员人数		薪金标准		填写日期	

2.工作描述

全面主持公司研发与技术管理工作，规划公司的技术发展路线与新产品开发进程，实现公司的技术创新目标

3.工作内容

编号	工作任务	权限
1	参与制定公司发展战略、年度经营计划和预算方案	
2	研究行业产品的技术发展方向，主持制定技术发展战略规划	
3	管理公司的整体核心技术，组织制定和实施重大技术决策和技术方案	
4	及时了解和监督技术发展战略规划的执行情况	

（续表）

编号	工作任务	权限
5	组织实施年度工作计划，完成年度任务目标	
6	负责实践新项目所必需的设备选型、试制、改进以及生产线布局等工作	
7	制定公司技术发展路线，对公司产品实施全面规划	
8	指导、审核项目总体技术方案，对各项目实施质量评估（续表）编号工作任务权限	
9	对潜在或具体的项目、用户进行跟踪，管理用户拜访、技术交流、方案制作及合同谈判等工作	
10	制定技术人员的培训计划，并组织安排公司其他相关人员的技术培训	

4.任职资格

（1）学历要求。

所需最低学历	专业
硕士	与所在行业相关的专业

（2）所需技能培训。

培　训　项　目	培　训　期　限
战略管理	
管理能力开发	
项目管理	
创新管理	
合同法	

（3）工作经验要求。

在行业领域有5年以上研究开发及项目管理的工作经验

（4）工作技能要求。

★精通行业内的现代技术方法 ★能够把握行业技术发展趋势和业务发展动向，对关键技术有自己独到见解 ★有很强的创造能力、拓展能力、抽象思维能力与项目管理能力 ★熟悉企业产品结构、性能、机理、使用方法，有扎实的理论基础和技术工作经验

（5）态度及资质要求。

★有很强的判断、决策、计划与执行能力 ★有良好的沟通、协调、组织和团队建设能力 ★高度的工作热情，良好的职业道德

（6）工作条件。

工作场所	办公室
环境状况	舒适
危险性	基本无危险，无职业病危险

（7）职位关系。

可直接晋升的职位	
可相互轮换的职位	
可晋升至此的职位	

（十）总经理助理职位说明书

职位说明书

文件编号_____ 拟制人_____

核准人_____ 生效日期_____

1. 基本资料

职位名称	总经理助理	直接上级	总经理	所属部门	
辖员人数		薪金标准		填写日期	

2. 工作描述

协助总经理制定、贯彻、落实各项经营发展战略、计划，配合总经理高效完成各项工作

3. 工作内容

编号	工作任务	权限
1	协助总经理制定公司战略计划、年度经营计划及各阶段工作目标	
2	起草公司各阶段工作总结及其他正式文件	
3	协助总经理对公司及各部门运作进行管理，协调各部门关系	
4	配合总经理处理外部公共关系	
5	跟踪公司经营目标实现情况，提供分析意见与改进意见	
6	就公司经营计划、销售策略、资本运作等方面向总经理提供有价值的建议	
7	整理总经理会议、专题研讨会等会议的会议纪要，跟进会议讨论结果的履行情况	

4.任职资格

（1）学历要求。

所需最低学历	专　　业
本科	公关、行政管理、企业管理等相关专业

（2）所需技能培训。

培　训　项　目	培　训　期　限
战略管理	
组织变革管理	
项目管理	
管理能力开发	

（3）工作经验要求。

5年以上相关行业企业行政管理工作经验，2年以上相关职位工作经验

（4）工作技能要求。

★具有广泛的知识积累，知识结构较完善 ★对行业了解颇深，具备一定的管理技能 ★综合素质高，具备迅速学习的能力 ★具备良好的中英文写作、阅读、口语能力 ★熟练操作各种办公软件

（5）态度及资质要求。

★优秀的组织、协调、沟通、领导能力 ★具备敏锐的洞察力和随机应变能力 ★出色的人际交往技巧和卓越的社会活动能力 ★具备较强的亲和力和公关能力 ★为人诚实可靠、品行端正，有敬业精神

（6）工作条件。

工作场所	办公室
环境状况	舒适
危险性	基本无危险，无职业病危险

(7) 职位关系。

可直接晋升的职位	
可相互轮换的职位	
可晋升至此的职位	

三、人力资源部门职位说明书

（一）人力资源经理职位说明书

职位说明书

文件编号_____ 拟制人_____

核准人_____ 生效日期_____

1.基本资料

职位名称	人力资源经理	直接上级	人力资源总监	所属部门	人力资源部
辖员人数		薪金标准		填写日期	

2.工作描述

　　协助制定、组织实施公司人力资源战略，建设发展人力资源各项构成体系，最大限度地开发人力资源，为实现公司经营发展战略目标提供人力保障

3.工作内容

编号	工作任务	权限
1	参与制定人力资源战略规划，为重大人事决策提供建议和信息支持	
2	组织制定、执行、监督公司人事管理制度	
3	协助人力资源总监做好相应的职位说明书，并根据公司职位调整需要进行相应的变更，保证职位说明书与实际相符	
4	根据部门人员需求情况，提出内部人员调配方案（包括人员内部调入和调出），经上级领导审批后实施，促进人员的优化配置	
5	制订招聘计划、招聘程序，进行初步的面试与筛选，做好各部门间的协调工作	
6	根据公司对绩效管理的要求，制定评价政策，组织实施绩效管理，并对各部门绩效评价过程进行监督控制，及时解决其中出现的问题，使绩效评价体系能够落到实处，并不断完善绩效管理体系	
7	制定薪酬政策和晋升政策，组织提薪评审和晋升评审，制定公司福利政策，办理社会保障福利	
8	组织员工岗前培训、协助办理培训进修手续	

（续表）

编号	工作任务	权限
9	配合人力资源总监做好各种职系人员发展体系的建立，做好人员发展的日常管理工作	
10	完成人力资源总监交办的其他工作	

4.任职资格

（1）学历要求。

所需最低学历	专业
本科	人力资源、管理或相关专业

（2）所需技能培训。

培　训　项　目	培　训　期　限
现代人力资源管理技术	
劳动法规	
财务会计知识	
管理能力开发	

（3）工作经验要求。

5年以上人力资源管理相关工作经验

（4）工作技能要求。

★对现代企业人力资源管理模式有系统的了解和实践经验积累，对人力资源战略规划、人才的发现与引进、薪酬设计、绩效考核、岗位培训、福利待遇、公司制度建设、组织与人员调整、员工职业生涯设计等具有丰富的实践经验

★对人力资源管理事务性的工作有娴熟的处理技巧，熟悉人事工作流程

★熟悉国家、地区及企业关于合同管理、薪金制度、用人机制、保险福利待遇和培训方针

★熟练使用办公软件及相关的人事管理软件

★较好的英文听、说、读、写能力

（5）态度及资质要求。

★对人及组织变化敏感，具有很强的沟通、协调和推进能力

★高度的敬业精神及高涨的工作激情，能接受高强度的工作，工作态度积极乐观

★善于与各类性格的人交往，待人公平

（6）工作条件。

工作场所	办公室
环境状况	舒适
危险性	基本无危险，无职业病危险

（7）职位关系。

可直接晋升的职位	
可相互轮换的职位	
可晋升至此的职位	

（二）人力资源助理职位说明书

职位说明书

文件编号_____ 拟制人_____

核准人_____ 生效日期_____

1. 基本资料

职位名称	人力资源经理助理	直接上级	人力资源经理	所属部门	人力资源部
辖员人数		薪金标准		填写日期	

2. 工作描述

执行人力资源日常性事务工作，辅助人力资源经理完成人力资源目标规划

3. 工作内容

编号	工作任务	权限
1	协助上级执行公司的培训和绩效评价的组织、后勤保障工作，如收集审核各类表格、表单	
2	协助做好招聘与任用的具体事务性工作，包括发放招聘启事、收集和汇总应聘资料、安排面试人员、跟踪落实面试人员的情况等	
3	协助计算员工薪资、福利，参与薪酬与福利调查	
4	管理员工信息资料及各类人事资料	
5	办理人事招聘、人才引进、内部调动、解聘、退休、接纳和转移保险、公积金缴纳的相关手续	
6	办理各类职称评定	

（续表）

编号	工作任务	权限
7	办理劳动年检	
8	执行各项公司规章制度，处理员工奖惩事宜	

4.任职资格

（1）学历要求。

所需最低学历	专　业
本科	人力资源、劳动经济、心理学、管理学等相关专业

（2）所需技能培训。

培　训　项　目	培　训　期　限
现代人力资源管理技术	
劳动法	
律法规	

（3）工作经验要求。

2年上人力资源管理工作经验

（4）工作技能要求。

★熟悉国家相关法律法规 ★熟悉人力资源管理各项实务的操作流程 ★人力资源管理理论基础扎实 ★熟练使用相关办公软件

（5）态度及资质要求。

★办事沉稳、细致，思维活跃，有创新精神，良好的团队合作意识 ★较强的学习能力和责任心，能自我激励，具备较强的独立处理事务的能力

（6）工作条件。

工作场所	办公室
环境状况	舒适
危险性	基本无危险，无职业病危险

（7）职位关系。

可直接晋升的职位	
可相互轮换的职位	
可晋升至此的职位	

（三）人力资源专员职位说明书

职位说明书

文件编号_____拟制人_____

核准人_____生效日期_____

1. 基本资料

职位名称	人力资源专员	直接上级	人力资源经理	所属部门	人力资源部
辖员人数		薪金标准		填写日期	

2. 工作描述

协助上级制定实施人力资源目标及计划，以实现人力资源最优配置

3. 工作内容

编号	工作任务	权限
1	协助上级掌握人力资源状况	
2	管理劳动合同，办理用工、退工手续以及员工的工资和考勤结算	
3	填制和分析各类人事统计报表	
4	拟订公司规章制度、招聘制度草案	
5	帮助建立积极的员工关系，协调员工与管理层的关系，组织策划员工的各类活动	
6	协助上级推行公司各类规章制度的实施	
7	协助上级完成对员工的年度考核	

4. 任职资格

（1）学历要求。

所需最低学历	专业
本科	人力资源、劳动经济、心理学、管理学等相关专业

（2）所需技能培训。

培 训 项 目	培 训 期 限
现代人力资源管理技术	
劳动法律法规	
合同法	
管理技能开发	

（3）工作经验要求。

5年以上人力资源管理工作经验

（4）工作技能要求。

（5）态度及资质要求。

（6）工作条件。

工作场所	办公室
环境状况	舒适
危险性	基本无危险，无职业病危险

（7）职位关系。

可直接晋升的职位	
可相互轮换的职位	
可晋升至此的职位	

(四)招聘主管职位说明书

职位说明书

文件编号_____ 拟制人_____

核准人_____ 生效日期_____

1. 基本资料

职位名称	招聘主管	直接上级	人力资源经理	所属部门	人力资源部
辖员人数		薪金标准		填写日期	

2. 工作描述

制订并实施公司各项招聘计划,使人员配置符合公司战略发展要求

3. 工作内容

编号	工作任务	权限
1	根据现有编制及业务发展需求,协调、统计各部门的招聘需求,编制年度人员招聘计划	
2	建立和完善公司的招聘流程和招聘体系	
3	利用各种招聘渠道发布招聘广告	
4	执行招聘、甄选、面试、选择、人员配置工作	
5	充分利用各种招聘渠道满足公司的人才需求	
6	建立后备人才选拔方案和人才储备机制	

4. 任职资格

(1)学历要求。

所需最低学历	专业
本科	人力资源、管理或相关专业

(2)所需技能培训。

培训项目	培训期限
现代人力资源管理技术	
劳动法律法规	
财务会计基本知识	

（3）工作经验要求。

3年以上企业招聘工作经验

（4）工作技能要求。

★对人才招聘、组织人员合理配置、员工职业生涯设计等具有丰富的实践经验 ★可以娴熟地处理人力资源管理事务性工作 ★熟悉企业的招聘流程及各种招聘渠道 ★熟悉计算机操作办公软件及相关的人事管理软件 ★具有较好的英文能力

（5）态度及资质要求。

★善于沟通，具备维护良好人际关系的技巧 ★具备很强的责任感和事业心 ★具有较好的判断能力，善于甄别人才 ★具有良好的职业道德和职业操守

（6）工作条件。

工作场所	办公室
环境状况	舒适
危险性	基本无危险，无职业病危险

（7）职位关系。

可直接晋升的职位	
可相互轮换的职位	
可晋升至此的职位	

（五）员工培训与发展主管职位说明书

职位说明书

文件编号_____ 拟制人_____

核准人_____ 生效日期_____

1.基本资料

职位名称	员工培训与发展主管	直接上级	人力资源总监	所属部门	人力资源部
辖员人数		薪金标准		填写日期	

2.工作描述

制订实施员工培训与发展计划，实现公司人力资源培训目标

3.工作内容

编号	工作任务	权限
1	制订公司及各个部门的培训计划和培训大纲，经批准后实施	
2	编制、修订、完善员工培训手册，建立岗位职业发展方向，完善培训体系	
3	建立和实施群组培训体系，并指导各部门的落实	
4	按照ISO质量管理体系的要求，做好培训记录、培训考核的工作	
5	拓展培训渠道和培训资源，收集培训资料	
6	与外部培训机构保持良好关系，并从中选择高质量的培训机构为公司提供培训	
7	为内部培训师提供咨询和指导，提高培训质量及效果	

4.任职资格

（1）学历要求。

所需最低学历	专　业
本科	人力资源、管理或相关专业

（2）所需技能培训。

培　训　项　目	培　训　期　限
现代人力资源管理技术	
员工培训与开发	
教育学	
劳动法律法规	

（3）工作经验要求。

3年以上人力资源管理相关工作经验

（4）工作技能要求。

★熟悉培训市场，能与培训机构建立合作关系 ★熟悉内部培训及外部培训组织作业流程，对年度培训规划有一定经验 ★对人力资源管理事务性的工作有娴熟的处理技巧，熟悉人事工作流程，尤其岗位培训流程 ★熟练使用办公软件及人事管理软件

（5）态度及资质要求。

★具有敬业精神和拼搏精神，能够带领团队开展日常培训工作
★对员工培训怀有激情

（6）工作条件。

工作场所	办公室
环境状况	舒适
危险性	基本无危险，无职业病危险

（7）职位关系。

可直接晋升的职位	
可相互轮换的职位	
可晋升至此的职位	

（六）绩效考核主管职位说明书

职位说明书

文件编号_____拟制人_____

核准人_____生效日期_____

1. 基本资料

职位名称	绩效考核主管	直接上级	人力资源经理	所属部门	人力资源部
辖员人数		薪金标准		填写日期	

2. 工作描述

制定和实施公司的全员绩效考核制度，使考核工作高质量地服务于公司的战略发展

3. 工作内容

编号	工作任务	权限
1	协调各个部门制定公司绩效考核制度	
2	建立公司职位流动和晋升体系	
3	根据公司的发展阶段特征对绩效评价标准进行调整	
4	调查评价考核制度在实施过程中遇到的问题，提供解决方案	
5	监督公司考核制度的实施	

（续表）

6	指导各部门主管开展评价工作，向员工解释各种相关制度性问题	
7	将绩效考核结果应用于员工的奖惩、晋升与否等管理工作	
8	组织实施绩效考核面谈	

4.任职资格

（1）学历要求。

所需最低学历	专　　业
本科	人力资源、劳动经济、心理学、管理学等相关专业

（2）所需技能培训。

培　训　项　目	培　训　期　限
现代人力资源管理技术	
劳动法律法规	
基本财会知识	

（3）工作经验要求。

3年以上绩效管理工作经验

（4）工作技能要求。

★了解国家各项人事政策、法律法规 ★熟悉各种绩效评价方法，并能有效运用这些方法 ★熟悉绩效管理流程 ★具备扎实的人力资源理论基础 ★善于人际沟通和协调 ★可熟练使用相关办公软件

（5）态度及资质要求。

★细致、耐心、谨慎、踏实、稳重 ★具有敬业精神和责任感，工作原则性强 ★具备良好的职业操守，以公司利益为根本

（6）工作条件。

工作场所	办公室
环境状况	舒适
危险性	基本无危险，无职业病危险

（7）职位关系。

可直接晋升的职位	
可相互轮换的职位	
可晋升至此的职位	

（七）薪资福利主管职位说明书

职位说明书

文件编号_____拟制人_____

核准人_____生效日期_____

1. 基本资料

职位名称	薪资福利主管	直接上级	人力资源经理	所属部门	人力资源部
辖员人数		薪金标准		填写日期	

2. 工作描述

协助人力资源经理完成有关员工薪酬、福利的各项日常工作

3. 工作内容

编号	工作任务	权限
1	起草制订公司年度薪酬规划及福利计划	
2	制订公司薪酬福利政策，并在实施中调整其不符合管理现实的部分	
3	定期收集人力资源市场的薪酬信息	
4	定期完成关于人工成本和人工费用的分析报告，及时更新员工资料库	
5	制作公司每月的工资报表，按时发放工资	
6	为员工办理养老保险、医疗保险、失业保险、工伤保险、住房公积金等社会保险和基金事宜	
7	负责员工的考勤和休假事宜	

4. 任职资格

（1）学历要求。

所需最低学历	专业
本科	人力资源、劳动经济、心理学、管理学等相关专业

(2) 所需技能培训。

培 训 项 目	培 训 期 限
现代人力资源管理技术	
劳动法律法规	
财务会计知识	

(3) 工作经验要求。

2年以上薪资管理工作经验

(4) 工作技能要求。

★熟悉国家人事政策、法律和法规 ★熟悉与薪酬相关的法律、法规 ★熟悉薪酬福利管理流程 ★具备扎实的人力资源管理理论基础 ★可熟练使用相关办公软件

(5) 态度及资质要求。

★细致、耐心、谨慎、踏实、稳重 ★具有敬业精神和责任感,工作原则性强 ★具备良好的职业操守,以公司利益为根本

(6) 工作条件。

工作场所	办公室
环境状况	舒适
危险性	基本无危险,无职业病危险

(7) 职位关系。

可直接晋升的职位	
可相互轮换的职位	
可晋升至此的职位	

(八)培训师职位说明书

职位说明书

文件编号_____ 拟制人_____

核准人_____ 生效日期_____

1. 基本资料

职位名称	培训师	直接上级	培训主管	所属部门	人力资源部
辖员人数		薪金标准		填写日期	

2. 工作描述

配合培训主管制订培训计划,开发培训课程,实施培训计划,使培训符合公司人力资源发展要求

3. 工作内容

编号	工作任务	权限
1	配合培训主管制订培训计划	
2	制订与实施专项培训计划	
3	开发培训课题,编制培训教材,撰写培训教案	
4	跟踪外部培训市场变化,发掘并利用外部培训资源	
5	设计培训课程,开发新课程,讲授培训课程	
6	设计培训评估体系,组织或协助评估培训效果	

4. 任职资格

(1)学历要求。

所需最低学历	专业
本科	人力资源、管理或相关专业

(2)所需技能培训。

培训项目	培训期限
现代人力资源管理技术	
员工培训与开发	
职业教育与课程开发	

（3）工作经验要求。

有5年以上企业培训工作经验

（4）工作技能要求。

★熟练制定企业培训课程规划及培训教案 ★能够熟练使用现代培训工具 ★较强的企业分析能力和课程研发能力 ★优秀的口头和书面表达能力，良好的沟通能力 ★熟练使用办公软件和人事管理软件

（5）态度及资质要求。

具有敬业精神、拼搏精神和团队合作精神

（6）工作条件。

工作场所	办公室
环境状况	舒适
危险性	基本无危险，无职业病危险

（7）职位关系。

可直接晋升的职位	
可相互轮换的职位	
可晋升至此的职位	

（九）薪酬分析师职位说明书

职位说明书

文件编号_____拟制人_____

核准人_____生效日期_____

1. 基本资料

职位名称	薪酬分析师	直接上级	薪资福利主管	所属部门	人力资源部
辖员人数		薪金标准		填写日期	

2. 工作描述

研究薪资市场行情，配合薪资福利主管制订最佳薪酬标准计划

3.工作内容

编号	工作任务	权限
1	配合薪资福利主管制订最佳薪酬标准计划	
2	参考薪酬市场的薪资状况制定公司员工薪酬标准	
3	研究薪酬市场上薪资的变动情况,参与薪资市场调研工作	
4	对薪酬市场趋势作出评价,并对公司薪酬计划提出修改建议	
5	对职位描述作出评价,以此来评定公司的薪酬标准,调整不适宜的部分	

4.任职资格

（1）学历要求。

所需最低学历	专业
本科	管理学、人力资源管理专业

（2）所需技能培训。

培训项目	培训期限
现代人力资源管理技术	
劳动法律法规	
市场调查	
财务会计基本知识	

（3）工作经验要求。

2年以上人力资源管理工作经验

（4）工作技能要求。

★熟悉国家人事政策、法律和法规
★熟悉与薪酬相关的法律法规
★熟悉薪酬福利管理和人力资源管理基础知识
★具有一定的计划、组织、协调能力和人际交往能力
★熟练使用办公软件

（5）态度及资质要求。

★细致、耐心、谨慎、踏实、稳重
★高度的团队协作精神
★具有敬业精神和责任感,工作原则性强
★具备良好的职业操守,以公司利益为根本

(6)工作条件。

工作场所	
环境状况	
危险性	

(7)职位关系。

可直接晋升的职位	
可相互轮换的职位	
可晋升至此的职位	

四、财务部及投资部门职位说明书

(一)财务经理职位说明书

职位说明书

文件编号_____ 拟制人_____

核准人_____ 生效日期_____

1.基本资料

职位名称	财务经理	直接上级	财务总监	所属部门	财务部
辖员人数		薪金标准		填写日期	

2.工作描述

主持公司财务预决算、财务核算、会计监督和财务管理工作,组织协调、指导监督财务部日常管理工作,同时监督财务计划执行进程,完成公司财务目标

3.工作内容

编号	工作任务	权限
1	根据集团公司中、长期经营计划,组织编制集团年度综合财务计划和控制标准	
2	建立、健全财务管理体系,对财务部门的日常管理、年度预算、资金运作等进行总体控制	
3	主持财务报表及财务预决算的编制工作,为公司决策提供及时有效的财务分析,保证财务信息对外披露的正常进行,有效地监督检查财务制度、财务预算的执行情况	
4	对公司税收进行整体筹划与管理,按时完成税务申报以及年度审计工作	
5	比较精确地预测和监控现金流量,确定和监控公司负债和资本的合理结构,统筹管理和运作公司资金并对其实施有效的风险控制	

（续表）

6	对公司重大的投资、融资、并购等经营活动提供建议和决策支持，对其实施风险评估、指导、跟踪和控制	
7	参与确定公司的股利政策，保持与投资者的畅快沟通，实现股东利益的最大化	
8	与财政、税务、银行、证券等相关政府部门及会计师事务所等相关中介机构建立并保持良好的关系	
9	向上级主管汇报公司经营状况、经营成果、财务收支及计划的实施情况，为集团高级管理人员提供财务分析，为他们制定政策提供财务方面的建议	

4.任职资格

（1）学历要求。

所需最低学历	专　　业
会计、财务或相关专业 本科	本科

（2）所需技能培训。

培　训　项　目	培　训　期　限
管理学	
战略管理	
管理能力开发	
企业运营流程	
财务管理	

（3）工作经验要求。

★5年以上跨国企业或大型企业集团财务管理工作经验，有跨行业财务工作经历者优先考虑 ★具有丰富的财务处理及财务管理经验 ★具有丰富的财会项目分析处理经验 ★有证券融资以及兼并收购的实际经验，并有多次投融资成功经验

（4）工作技能要求。

★具有全面的财务专业知识 ★精通国家财税法律规范，具备优秀的职业判断能力 ★擅长资本运作，具有设计综合投融资方案的能力 ★谙熟国际和国内会计准则以及相关的财务、税务、审计法规、政策 ★熟悉境内外上市公司财务规则，从事过兼并、重组、上市等相关项目的具体实施 ★良好的中英文口头及书面表达能力

（5）态度及资质要求。

> ★为人正直、责任心强、作风严谨、工作仔细认真
> ★喜欢与人沟通与协调
> ★纪律性较强，对创新开拓的兴趣较大

（6）工作条件。

工作场所	办公室
环境状况	舒适
危险性	基本无危险，无职业病危险

（7）职位关系。

可直接晋升的职位	
可相互轮换的职位	
可晋升至此的职位	

（二）预算主管职位说明书

职位说明书

文件编号_____ 拟制人_____

核准人_____ 生效日期_____

1. 基本资料

职位名称	预算主管	直接上级	财务经理	所属部门	财务部
辖员人数		薪金标准		填写日期	

2. 工作描述

制订预算计划，并监督控制计划的执行，实现预算指标

3. 工作内容

编号	工作任务	权限
1	建立、改进、完善预算管理体系，建立相应的执行、控制机制，起草配套的规章制度	
2	对预算管理体系的可行性进行分析，与相关业务部门进行沟通，确保发展战略得以有效实施	
3	对公司整体发展战略提供财务方面的可行性分析	

(续表)

4	针对公司中长期发展战略，制定相配套的财务规划	
5	根据公司短期发展目标，制定公司年度全面预算，建立和维护公司的预算管理系统	
6	加工汇编各部门制定的预算草案，以销售预算、采购预算、费用预算等形式表现出来	
7	负责编制公司财务预算及本费用预算	
8	借助预算系统监督和控制公司及各部门预算执行情况，撰写预算执行报告	
9	定期汇总、综合分析各部门编制的简要预算执行差异分析报告	
10	根据实际经营情况，定期更新已编制的预算，使企业的预算更加有可行性	

4.任职资格

（1）学历要求。

所需最低学历	专　　业
本科	会计或经济类专业

（2）所需技能培训。

培　训　项　目	培　训　期　限
管理学	
预算管理	
经济法	
企业运营流程	

（3）工作经验要求。

5年以上财务管理工作经验，2年以上的预算管理工作经验，有中级会计师以上职称

（4）工作技能要求。

★熟悉公司财务管理、预算管理流程，具备时间管理技能
★了解行业、企业的运作及财务系统
★具备较好的英文听说读写能力
★熟练操作财务软件和办公软件

（5）态度及资质要求。

★为人正直，责任心强
★积极主动，对工作怀有较高的热情度
★能够以一丝不苟的态度对待工作
★思维清晰，喜欢并善于进行逻辑思考

（6）工作条件。

工作场所	办公室
环境状况	舒适
危险性	基本无危险，无职业病危险

（7）职位关系。

可直接晋升的职位	
可相互轮换的职位	
可晋升至此的职位	

（三）会计主管职位说明书

职位说明书

文件编号_____拟制人_____

核准人_____生效日期_____

1. 基本资料

职位名称	会计主管	直接上级	财务经理	所属部门	财务部
辖员人数		薪金标准		填写日期	

2. 工作描述

分析研究会计数据，撰写财务报告，向管理层提供公司财务信息

3. 工作内容

编号	工作任务	权限
1	配合财务总监制定财务预算、业务发展计划及相应的监督计划	
2	核签、编制会计凭证，整理保管财务会计档案	
3	登记保管各种明细账、总分类账	
4	定期对账，如发现差异，及时查明差异原因，处理结账时有关的账务调整事宜	
5	设计并修订公司会计制度、会计表单，分析财务结构，编制会计报告、报表	
6	具体执行资金预算及控制预算内的经费支出，管理往来账、应收款、应付款、固定资产、无形资产，每月计提核算税金、费用、折旧等费用项目	

4.任职资格

（1）学历要求。

所需最低学历	专　　业
本科	会计、财务、审计或相关专业

（2）所需技能培训。

培 训 项 目	培 训 期 限
管理学	
经济法	

（3）工作经验要求。

3年以上企业财务工作经验，有丰富财务处理工作经验，有中级会计师以上职称

（4）工作技能要求。

★熟悉财务核算、财务管理、财务分析、财务预测等财务制度，精通国家财税法律规范 ★熟悉国家会计法规，了解税务法规和相关税收政策 ★熟悉银行业务和报税流程 ★良好的口头及书面表达能力 ★熟练应用财务软件和办公软件

（5）态度及资质要求。

★敬业、责任心强、严谨踏实、工作仔细认真 ★有良好的纪律性、团队合作以及开拓创新精神

（6）工作条件。

工作场所	办公室
环境状况	舒适
危险性	基本无危险，无职业病危险

（7）职位关系。

可直接晋升的职位	
可相互轮换的职位	
可晋升至此的职位	

（四）投资主管职位说明书

职位说明书

文件编号 _____ 拟制人 _____

核准人 _____ 生效日期 _____

1. 基本资料

职位名称	投资主管	直接上级	财务经理	所属部门	财务部
辖员人数		薪金标准		填写日期	

2. 工作描述

组织设计、评估投资项目、投资方案，拟订实施计划和行动方案，向管理层提供投资方面的建议

3. 工作内容

编号	工作任务	权限
1	分析宏观经济形势，收集数据，进行市场调研，对公司的投资项目进行可行性分析	
2	设计投资项目，并对其进行财务预测、风险分析	
3	为投资项目准备推介性文件，编制投资调研报告、可行性研究报告及框架协议相关内容，并拟订项目实施计划和行动方案，供公司领导和潜在客户参考	
4	参与投资项目谈判，与合作伙伴、主管部门和潜在客户建立并保持良好的业务合作关系	
5	参与投资项目的直接或间接管理，监控并分析投资项目的执行进程，及时提出关于业务拓展和管理改进的建议	

4. 任职资格

（1）学历要求。

所需最低学历	专业
本科	投资、企业管理、经济、金融或相关专业

（2）所需技能培训。

培训项目	培训期限
管理学	
项目管理	
财务管理	

（3）工作经验要求。

3年以上投资管理工作经验，有投资项目全程管理经验者优先

（4）工作技能要求。

★能够较准确地把握经济政治形势 ★熟悉投资分析和风险评估，精通各种投资流程 ★了解相关法律和政策 ★良好的中英文口头及书面表达能力 ★具有较强的分析和谈判能力 ★熟练使用办公软件

（5）态度及资质要求。

★乐于接受挑战性工作 ★热爱学习，思维敏锐，对新事物有较大的兴趣

（6）工作条件。

工作场所	办公室
环境状况	舒适
危险性	基本无危险，无职业病危险

（7）职位关系。

可直接晋升的职位	
可相互轮换的职位	
可晋升至此的职位	

（五）融资主管职位说明书

职位说明书

文件编号_____拟制人_____

核准人_____生效日期_____

1. 基本资料

职位名称	融资主管	直接上级	财务经理	所属部门	财务部
辖员人数		薪金标准		填写日期	

2.工作描述

拓展融资渠道，设计并实施融资方案，实现融资目标

3.工作内容

编号	工作任务	权限
1	建立、开发和管理公司与国内外资本市场的业务渠道	
2	开拓公司对外融资业务市场，并维护与客户的关系	
3	设计并实施公司项目融资方案	
4	联络与部门业务相关的专家顾问，与他们建立良好的合作关系	
5	关注公司其他部门业务的开发和项目进展，做好相关的配合和服务工作	

4.任职资格

（1）学历要求。

所需最低学历	专　　业
本科	金融、经济或相关专业

（2）所需技能培训。

培　训　项　目	培　训　期　限
金融学	
券投资学	
证项目融资	
经济法	

（3）工作经验要求。

3年以上融资或在金融机构工作经验，有大型融资项目成功操作的经验者优先

（4）工作技能要求。

★能够较准确地把握客观经济政治形势 ★熟悉资本运作项目的程序 ★对企业融资策划和实施有较全面的了解 ★具有一定的财务、金融及企业管理知识，了解企业并购、资产重组、资本运作等相关业务 ★良好的中英文口头及书面表达能力 ★熟练使用办公软件

（5）态度及资质要求。

★有较强的敬业精神、乐于团队协作 ★喜欢与人沟通与协调 ★有较强的学习意识

（6）工作条件。

工作场所	办公室
环境状况	舒适
危险性	基本无危险，无职业病危险

（7）职位关系。

可直接晋升的职位	
可相互轮换的职位	
可晋升至此的职位	

（六）财务成本控制主管职位说明书

职位说明书

文件编号_____　拟制人_____

核准人_____　生效日期_____

1.基本资料

职位名称	财务成本控制主管	直接上级	财务经理	所属部门	财务部
辖员人数		薪金标准		填写日期	

2.工作描述

制订全面的成本控制计划，向管理层提供有价值的成本方面的信息

3.工作内容

编号	工作任务	权限
1	在预算基础上提出成本控制计划	
2	定期进行项目清算	
3	根据月度、季度、年度财务状况主持各项财务分析，并对分析结果给予解释	
4	向上级提出有关改进财务系统和财务运转的建议	
5	向上级提交财务报告	

4.任职资格

(1)学历要求。

所需最低学历	专　　业
本科	会计、金融、财务或相关专业

(2)所需技能培训。

培　训　项　目	培　训　期　限
管理学	
经济法	
企业运营流程	

(3)工作经验要求。

3年以上财务管理工作经验,有中级会计师以上职称

(4)工作技能要求。

★熟悉公司财务分析、财务管理、预算管理,具备时间管理技能 ★了解行业、企业的运作、财务系统 ★具有一定的资本运营能力 ★流利的中英文表达能力 ★熟练操作财务软件和办公软件

(5)态度及资质要求。

★责任感强,可自主工作 ★有较强的学习能力、思路清晰 ★有影响力和说服力,善于影响他人 ★具备较强的沟通协调能力

(6)工作条件。

工作场所	办公室
环境状况	舒适
危险性	基本无危险,无职业病危险

(7)职位关系。

可直接晋升的职位	
可相互轮换的职位	
可晋升至此的职位	

(七)审计主管职位说明书

职位说明书

文件编号_____ 拟制人_____

核准人_____ 生效日期_____

1. 基本资料

职位名称	审计主管	直接上级	财务总监	所属部门	财务部
辖员人数		薪金标准		填写日期	

2. 工作描述

制订并实施审计计划,完成与公司各项经营活动相关的财务审计和专项审计

3. 工作内容

编号	工作任务	权限
1	拟订公司的审计计划,开展各项经营审计工作及专项审计工作	
2	收集审计证据,编制审计工作底稿,准备审计报告	
3	审阅财务报告及工作底稿,确认会计记录的真实可靠性以及是否符合会计准则的要求	
4	监督、管理公司审计制度的落实情况	
5	为下属提供关于应用审计程序和审计方法的指导	
6	跟踪审计计划的执行,实施后续审计工作	

4. 任职资格

(1)学历要求。

所需最低学历	专业
本科	财务、会计或相关专业

(2)所需技能培训。

培 训 项 目	培 训 期 限
管理学	
财经法	
律法规	

（3）工作经验要求。

5年以上跨国企业或大型企业集团财务管理工作经验，有跨行业财务工作经历者更佳

（4）工作技能要求。

★具有审计师或注册会计师资格 ★了解审计行业发展趋势，掌握国际最新审计理论和方法 ★了解国家财税法律规范，精通财税核算业务，具备优秀的职业判断能力和丰富的财会项目分析处理经验 ★了解公司财务会计、审计、税务等业务的全套流程 ★对财务管理、资本运作以及企业融资领域有深刻认识 ★具备良好的中英文口头及书面表达能力

（5）态度及资质要求。

★工作严谨细致，可自主开展工作 ★具备较强的敬业精神和责任心

（6）工作条件。

工作场所	办公室
环境状况	舒适
危险性	基本无危险，无职业病危险

（7）职位关系。

可直接晋升的职位	
可相互轮换的职位	
可晋升至此的职位	

（八）审计员职位说明书

职位说明书

文件编号＿＿＿＿＿＿拟制人＿＿＿＿＿＿

核准人＿＿＿＿＿＿生效日期＿＿＿＿＿＿

1.基本资料

职位名称	审计员	直接上级	审计主管	所属部门	财务部
辖员人数		薪金标准		填写日期	

2.工作描述

协助审计主管进行与各项经营活动相关的财务审计和专项审计，撰写审计报告

3.工作内容

编号	工作任务	权限
1	配合审计主管拟订审计计划方案	
2	按照审计程序和审计方法，获得充分的审计证据，支持审计发现和审计建议，为公司运营提供增值服务	
3	编写审计工作底稿，进而编制审计报告，确保审计证据支持审计目的	
4	执行专项审计任务	
5	建立并管理审计档案	

4.任职资格

（1）学历要求。

所需最低学历	专业
本科	投资、企业管理、经济、市场营销、金融或相关专业

（2）所需技能培训。

培　训　项　目	培　训　期　限
管理学	
财经法律法规	

（3）工作经验要求。

2年以上公司内部审计部门或会计师事务所审计工作经验，具备CIA、CPA资格者更佳

（4）工作技能要求。

★了解国家财务政策、会计准则 ★了解审计、税务法律法规 ★对所在行业有一定了解，对公司经营范围、业务流程和会计核算方法十分了解 ★具备良好的沟通协调能力 ★熟练使用办公软件

（5）态度及资质要求。

★工作严谨细致，责任心强 ★逻辑分析能力强，善于进行逻辑思考 ★有敬业精神和团队合作精神

（6）工作条件。

工作场所	办公室
环境状况	舒适
危险性	基本无危险，无职业病危险

（7）职位关系。

可直接晋升的职位	
可相互轮换的职位	
可晋升至此的职位	

（九）资本市场分析专员职位说明书

职位说明书

文件编号_____拟制人_____

核准人_____生效日期_____

1. 基本资料

职位名称	资本市场分析专员	直接上级	融资主管	所属部门	财务部
辖员人数		薪金标准		填写日期	

2. 工作描述

研究分析资本市场及企业财务信息，向管理层提供有价值的分析报告

3. 工作内容

编号	工作任务	权限
1	研究行业内企业信息，对企业所处的资本市场进行全面评估和分析，并定期关注资本市场政策变动情况	
2	分析企业财务状况，评估企业的资本负债结构	
3	分析企业的资金流动及投资状况和外汇状况等	
4	培训指导财务工作人员	
5	协助企业其他人员对复杂的资本市场进行分析预测	
6	对行业内企业最新情况和发展趋势进行观察分析	

4.任职资格

(1) 学历要求。

所需最低学历	专业
硕士	金融、财经、会计、工商管理等相关专业

(2) 所需技能培训。

培训项目	培训期限
金融市场	
证券投资	
财务分析	

(3) 工作经验要求。

3年以上大型企业财务管理工作经验，2年以上资本市场分析工作经验

(4) 工作技能要求。

★擅长财务分析，有丰富的资本运营经验
★精通财务管理的各环节，熟悉各种组织形式下企业财务管理工作
★熟悉先进、规范的企业财务管理体制及相关系统的建立
★熟悉企业并购、重组、财务顾问等业务
★熟练使用办公软件和经济分析软件
★具备较强的语言和文字表达能力

(5) 态度及资质要求。

★善于进行逻辑分析
★责任心强，具有较强的开拓精神和团队合作精神
★乐于进行人际沟通，学习能力强

(6) 工作条件。

工作场所	
环境状况	
危险性	

(7) 职位关系。

可直接晋升的职位	
可相互轮换的职位	
可晋升至此的职位	

（十）出纳员职位说明书

职位说明书

文件编号_____ 拟制人_____

核准人_____ 生效日期_____

1. 基本资料

职位名称	出纳员	直接上级	财务主管	所属部门	财务部
辖员人数		薪金标准		填写日期	

2. 工作描述

　　根据国家有关财务制度和公司现金管理制度，严格把关公司的每一笔收支，并保存好有关凭证

3. 工作内容

编号	工作任务	权限
1	负责现金支票的收入保管、签发支付工作	
2	严格按照公司的财务制度报销结算各项费用，同时编制相关凭证	
3	及时准确编制记账凭证，逐笔登记总账及明细账，定期上缴各种原始凭证	
4	及时与银行定期对账	
5	根据公司领导的需要，编制各种资金流动报表	
6	配合会计人员做好每月的报税和工资的发放工作	
7	负责管理银行账户、转账支票与发票	

4. 任职资格

（1）学历要求。

所需最低学历	专　　业
大专	会计、财务及经济管理类相关专业

（2）所需技能培训。

培　训　项　目	培　训　期　限
《会计法》、《企业会计准则》培训	财务会计制度培训

（3）工作经验要求。

★2年以上财务工作经验 ★具有现金管理和银行结算业务方面的知识，熟悉各项费用标准

（4）工作技能要求。

★熟悉国家财务政策、会计法规，了解税务法规和相关税收政策 ★熟悉银行结算业务和报税流程 ★良好的口头及书面表达能力 ★熟练使用财务软件和办公软件

（5）态度及资质要求。

★工作认真细心、责任心强、为人正直、敢于坚持原则 ★具有良好的团队协作精神 ★良好的沟通能力和服务意识

（6）工作条件。

工作场所	办公室
环境状况	舒适
危险性	基本无危险，无职业病危险

（7）职位关系。

可直接晋升的职位	
可相互轮换的职位	
可晋升至此的职位	

（十一）投资分析专员职位说明书

职位说明书

文件编号_____拟制人_____

核准人_____生效日期_____

1.基本资料

职位名称	投资分析专员	直接上级	投资主管	所属部门	财务部
辖员人数		薪金标准		填写日期	

2.工作描述

对投资项目进行财务调查、财务测算、成本分析、敏感性分析，确定投资项目的成本、收益和风险，同时及时向上级汇报对项目进行产生重大影响的事件或变动信息，为管理层的投资决策提供依据

3.工作内容

编号	工作任务	权限
1	承揽开发部门项目，设计投资分析方案，执行既定方案，定期向上级汇报工作进度	
2	作为项目小组成员，按照业务分工开展项目工作	
3	对投资项目进行财务调查、财务测算、成本分析、敏感性分析	
4	及时向上级汇报对项目进行产生重大影响的事件或变动信息	
5	参加部门的有关管理会议，参与重大业务及管理决策	
6	收集、整理项目档案	

4.任职资格

（1）学历要求。

所需最低学历	专 业
本科	投资、企业管理、经济、金融或相关专业

（2）所需技能培训。

培 训 项 目	培 训 期 限
项目管理	
投资学	

（3）工作经验要求。

2年以上投资管理工作经验

（4）工作技能要求。

★精通各种投资流程，熟悉投资分析和风险评估的方式及工具 ★具备与业务相关的法律知识 ★良好的中英文书面表达能力 ★熟练操作办公软件

（5）态度及资质要求。

★有一定的钻研精神和学习意识，具备较强的分析综合能力 ★优秀的人际交往能力和商务谈判技巧 ★团队合作精神佳，善于沟通协调

（6）工作条件。

工作场所	办公室
环境状况	舒适
危险性	基本无危险，无职业病危险

（7）职位关系。

可直接晋升的职位	
可相互轮换的职位	
可晋升至此的职位	

（十二）税务专员职位说明书

职位说明书

文件编号_____拟制人_____

核准人_____生效日期_____

1. 基本资料

职位名称	税务专员	直接上级	财务部成本控制主管	所属部门	财务部
辖员人数		薪金标准		填写日期	

2. 工作描述

办理公司与税务相关的各种业务，确保企业税务目标的实现

3. 工作内容

编号	工作任务	权限
1	配合上级拟订企业整体税务计划	
2	推进实施企业的税务计划，确保企业税务目标的实现	
3	根据国家税收、财务政策对企业税务实际问题提出建议，并撰写可行性方案	
4	承办有关税务方面的其他事务	
5	及时了解掌握国家、地方的财税政策	

4. 任职资格

（1）学历要求。

所需最低学历	专业
大专	税务、财务或相关专业

(2) 所需技能培训。

培 训 项 目	培 训 期 限
管理学	
经济法	
税收专题	

(3) 工作经验要求。

2年以上税务管理工作经验

(4) 工作技能要求。

★熟悉国家、地方各项税务政策，有具体办税经验 ★精通国家财税法律规范 ★熟悉国际和国内相关的财务政策 ★熟练操作办公软件 ★良好的口头及书面表达能力

(5) 态度及资质要求。

★为人正直、责任心强、作风严谨 ★工作仔细认真，具备较强的独立性 ★有良好的纪律性 ★团队合作以及开拓创新精神佳

(6) 工作条件。

工作场所	办公室
环境状况	舒适
危险性	基本无危险，无职业病危险

(7) 职位关系。

可直接晋升的职位	
可相互轮换的职位	
可晋升至此的职位	

（十三）收银员职位说明书

职位说明书

文件编号_____ 拟制人_____

核准人_____ 生效日期_____

1. 基本资料

职位名称	收银员	直接上级	财务主管	所属部门	财务部
辖员人数		薪金标准		填写日期	

2. 工作描述

及时准确收取现金，并登记金额，日清日结

3. 工作内容

编号	工作任务	权限
1	及时准确向客户收取现金	
2	及时登记收银金额	
3	每天盘点收款，做到日清日结	

4. 任职资格

（1）学历要求。

所需最低学历	专　　业
高中	没有限制

（2）所需技能培训。

培　训　项　目	培　训　期　限
会计基本知识	经济法基本知识

（3）工作经验要求。

6个月以上相关工作经验

（4）工作技能要求。

★有一定财务会计知识
★有一定计算机操作基础
★熟练使用办公软件

（5）态度及资质要求。

★工作作风严谨，认真细致 ★具有较强的责任心 ★心理素质好，应变能力强 ★具有良好的沟通、协调能力

（6）工作条件。

工作场所	办公室
环境状况	舒适
危险性	基本无危险，无职业病危险

（7）职位关系。

可直接晋升的职位	
可相互轮换的职位	
可晋升至此的职位	

五、市场部门职位说明书

（一）市场部经理职位说明书

职位说明书

文件编号_____ 拟制人_____

核准人_____ 生效日期_____

1. 基本资料

职位名称	市场部经理	直接上级	市场总监	所属部门	市场部
辖员人数		薪金标准		填写日期	

2. 工作描述

组织部门人员完成市场推广计划，管理市场推广工作，完成公司各项市场目标

3. 工作内容

编号	工作任务	权限
1	编制公司年度、季度、月度销售计划及销售费用预算，并对实施情况进行监督	
2	制订以销售为目的的广告宣传计划	
3	分析研究公司产品和竞争对手产品在市场上销售情况，撰写市场调查报告，提交公司管理层	

（续表）

编号	工作任务	权限
4	综合客户的反馈意见，进行市场调查分析，积极开拓新的市场机会	
5	组织下属人员做好销售合同的签订、履行与管理工作，监督销售人员做好应收账款的催收工作	
6	制定本部门相关的管理制度并监督检查下属人员的执行情况	
7	管理并监督售后服务工作	
8	对下属人员进行业务指导和工作考核	
9	组织建立销售情况统计台账，定期报送财务统计部	

4.任职资格

（1）学历要求。

所需最低学历	专业
本科	市场营销、企业管理或相关专业

（2）所需技能培训。

培 训 项 目	培 训 期 限
管理技能开发	
市场营销	
合同法	
财务基本知识	

（3）工作经验要求。

8年以上市场管理工作经验，3年以上市场经理工作经验

（4）工作技能要求。

★对市场营销工作有较深的认知
★有较强的市场感知能力，可敏锐地把握市场动态和市场方向
★媒体资源广，有整合运用媒体资源的能力
★具备大型活动的现场管理能力
★熟练操作办公软件
★优秀的英语听、说、读、写能力

（5）态度及资质要求。

★工作努力，积极进取，良好的沟通、协调、组织能力
★高度的工作热情，良好的团队合作精神
★较强的观察力和应变能力

（6）工作条件。

工作场所	办公室
环境状况	基本舒适
危险性	基本无危险，无职业病危险

（7）职位关系。

可直接晋升的职位	
可相互轮换的职位	
可晋升至此的职位	

（二）市场拓展经理职位说明书

职位说明书

文件编号_____拟制人_____

核准人_____生效日期_____

1. 基本资料

职位名称	市场拓展经理	直接上级	市场总监	所属部门	市场部
辖员人数		薪金标准		填写日期	

2. 工作描述

制订并组织实施市场拓展计划及策略，不断提高公司产品的市场占有率和企业品牌的美誉度

3. 工作内容

编号	工作任务	权限
1	规划、组织、实施、协调公司市场策划及广告业务	
2	制定关于产品拓展的整体策略，并监督策略的执行情况	
3	建立并优化市场拓展业务体系	
4	制定并组织落实关于市场运作的年度、月度计划	

（续表）

5	定期提交市场拓展情况报告和市场分析报告	
6	组织实施试销售活动，建立价格体系	
7	建立、维护与市场活动相关的关系网络	

  4.任职资格

  （1）学历要求。

所需最低学历	专　业
本科	公共关系、市场营销、企业管理及其相关专业

  （2）所需技能培训。

培　训　项　目	培　训　期　限
市场营销	
公共关系	

  （3）工作经验要求。

3年以上市场拓展或销售工作经验

  （4）工作技能要求。

★对市场营销工作有较深刻的认知 ★具备敏锐把握市场动态和市场方向的能力 ★具备业务规划能力 ★熟练操作办公软件 ★优秀的中英文口头及书面表达能力

  （5）态度及资质要求。

★具备高度的工作热情和事业心 ★思维活跃，善于创新 ★具备高超的观察力和应变能力 ★为人具有亲和力，善于处理各种人际关系

  （6）工作条件。

工作场所	办公室
环境状况	基本舒适
危险性	基本无危险，无职业病危险

(7) 职位关系。

可直接晋升的职位	
可相互轮换的职位	
可晋升至此的职位	

(三) 项目经理职位说明书

职位说明书

文件编号_____ 拟制人_____

核准人_____ 生效日期_____

1. 基本资料

职位名称	项目经理	直接上级	市场总监	所属部门	市场部
辖员人数		薪金标准		填写日期	

2. 工作描述

对项目投资进行可行性分析，监督管理项目实施过程，使项目的实施过程和实施结果符合既定的要求

3. 工作内容

编号	工作任务	权限
1	研究分析行业或相关行业的最新技术发展趋势，结合公司的优势，为公司业务发展提供关于市场开发和技术研制方面的建议	
2	对项目的组成部分或模块实施完整系统设计	
3	对项目进行背景调查，收集整理相关资料	
4	撰写项目调查报告和信息综述	
5	参考相关单位和技术专家的情况及意见，制定初步的项目可行性研究报告	
6	准备项目立项报告材料，配合申报工作	
7	配合投资部对项目实施有效的控制	

4. 任职资格

(1) 学历要求。

所需最低学历	专业
本科	项目管理、企业管理或相关专业

（2）所需技能培训。

培 训 项 目	培 训 期 限
技术管理	
项目管理	
投资学	
谈判	

（3）工作经验要求。

3年以上项目管理及商务谈判工作经验

（4）工作技能要求。

★具备丰富的项目管理经验，积累了深厚的项目管理理论 ★熟悉项目管理方法和管理工具 ★熟知立项流程、项目申报程序，可撰写项目可行性分修报告 ★具备优秀的组织协调能力、项目控制能力、客户沟通能力 ★具备良好的英语听、说、读、写能力

（5）态度及资质要求。

★积极主动，诚实谨慎 ★沟通协调能力强，具备良好的团队合作精神 ★有敬业精神，能在较大的压力下高效地完成工作任务

（6）工作条件。

工作场所	办公室
环境状况	舒适
危险性	基本无危险，无职业病危险

（7）职位关系。

可直接晋升的职位	
可相互轮换的职位	
可晋升至此的职位	

（四）市场调研主管职位说明书

职位说明书

文件编号_____ 拟制人_____

核准人_____ 生效日期_____

1.基本资料

职位名称	市场调研主管	直接上级	市场部经理	所属部门	市场部
辖员人数		薪金标准		填写日期	

2.工作描述

制订、实施各项市场调研计划以及市场调研项目，为相关部门人员提供所需的市场信息支持

3.工作内容

编号	工作任务	权限
1	收集各类市场情报及相关行业政策与信息	
2	制订市场调研计划，组织策划市场调研项目	
3	建立健全的市场信息系统，为本部门和其他部门提供信息支持	
4	协助市场部经理制定各项市场营销计划	
5	以企业内部营销环境、用户和消费者为调查对象，对行业情况和宏观市场环境进行调研	
6	撰写调研报告，并向管理层提供市场方面的建议	

4.任职资格

（1）学历要求。

所需最低学历	专业
本科	市场营销、企业管理或相关专业

（2）所需技能培训。

培 训 项 目	培 训 期 限
市场调查	
市场营销	
管理技能开发	
产品知识	

（3）工作经验要求。

3年以上相关职位从业经验

（4）工作技能要求。

★可熟悉各种统计分析软件 ★可灵活运用调研方法与分析工具

（5）态度及资质要求。

★市场眼光敏锐，有较强的市场洞察力 ★既善于独立开展工作，又具备良好的团队合作精神 ★性格开朗，可在高压力下高效完成工作

（6）工作条件。

工作场所	办公室
环境状况	舒适
危险性	基本无危险，无职业病危险

（7）职位关系。

可直接晋升的职位	
可相互轮换的职位	
可晋升至此的职位	

（五）公关主管职位说明书

职位说明书

文件编号_____拟制人_____

核准人_____生效日期_____

1.基本资料

职位名称	公关主管	直接上级	市场部经理	所属部门	市场部
辖员人数		薪金标准		填写日期	

2.工作描述

主持制订与执行市场公关计划，监督组织公关活动

3.工作内容

编号	工作任务	权限
1	主持制定与执行市场公关计划，配合公司项目策划公司对外的各项公关活动	
2	举办市场公关活动，与有关部门进行良好的互动沟通	
3	定期提交公关活动报告，并对市场发展战略提供建议	
4	开展公众关系调查，及时调整公关宣传策略	
5	策划主持重要的公关专题活动，协调处理各方面的关系	
6	在关键时刻，实施危机管理，维护公司的良好形象	
7	参与制定及实施公司新闻传播计划，评估新闻宣传效果	
8	建立和维护公共关系数据库、公关文档	
9	为促销、联盟、展会、现场会等公司活动提供公关方面的支持，接待公司来宾	

4.任职资格

（1）学历要求。

所需最低学历	专　　业
本科	公共关系、新闻或教育专业

（2）所需技能培训。

培　训　项　目	培　训　期　限
市场营销	
公共关系	

（3）工作经验要求。

3年以上市场管理、新闻媒体工作经验，有大型外企或知名品牌推广经验者优先

（4）工作技能要求。

★对公关工作有深刻的感知 ★有较强的客户维护能力 ★熟悉媒体推广策略，有强大的媒体资源，与重要媒体关系良好 ★可熟练操作办公软件

（5）态度及资质要求。

★高度的工作热情，良好的团队合作精神 ★较强的观察力和应变能力 ★具有较强的感染力，可以营造活跃的现场氛围 ★优秀的人际交往和协调能力，极强的社会活动能力

（6）工作条件。

工作场所	办公室
环境状况	舒适
危险性	基本无危险，无职业病危险

（7）职位关系。

可直接晋升的职位	
可相互轮换的职位	
可晋升至此的职位	

（六）广告企划主管职位说明书

职位说明书

文件编号_____拟制人_____

核准人_____生效日期_____

1.基本资料

职位名称	广告企划主管	直接上级	市场总监	所属部门	市场部
辖员人数		薪金标准		填写日期	

2.工作描述

开展广告策划、活动推广一系列媒介和公关活动，树立并维护企业良好的形象

3.工作内容

编号	工作任务	权限
1	建立和维护与政府相关机构、合作伙伴之间的良好关系	
2	负责企业各种资格认证、技术鉴定、政府科研基金申请申报、荣誉申报等工作	
3	协助组织公司市场活动	
4	维护并提升企业品牌形象，向公众传播企业文化	
5	组织公司媒体公关活动	
6	收集、整理竞争品牌的广告信息，对行业推广费用进行分析，进而制定公司产品在不同时期的广告策略，制订年度、季度、月度广告费用支出计划	
7	选择性价比最佳的合作广告公司，督导广告及制作代理公司的工作	
8	进行广告检测与统计，及时对广告和公关活动的效果进行评估	

4.任职资格

（1）学历要求。

所需最低学历	专　　业
本科	市场营销、企业管理或相关专业

（2）所需技能培训。

培　训　项　目	培　训　期　限
市场营销	
企业文化	
广告策划	

（3）工作经验要求。

2年以上公关和企划实际工作经验

（4）工作技能要求。

★对市场营销工作有较深刻认知 ★熟悉业务策划活动程序 ★熟悉企业项目投标、竞标流程及运作者优先考虑 ★熟练操作办公软件

（5）态度及资质要求。

★良好的团队合作精神 ★具有较强的理解力、沟通能力、内部协调能力和公关能力

（6）工作条件。

工作场所	办公室
环境状况	舒适
危险性	基本无危险，无职业病危险

（7）职位关系。

可直接晋升的职位	
可相互轮换的职位	
可晋升至此的职位	

(七)产品主管职位说明书

职位说明书

文件编号_____ 拟制人_____

核准人_____ 生效日期_____

1. 基本资料

职位名称	产品主管	直接上级	市场部经理	所属部门	市场部
辖员人数		薪金标准		填写日期	

2. 工作描述

组织、协调与产品相关的各种工作,实现产品在市场方面的目标

3. 工作内容

编号	工作任务	权限
1	对行业信息、竞争对手产品信息、公司产品信息进行调查研究,全面展开市场调研工作	
2	分析调研信息,撰写调研报告,为公司制定战略提供产品方面的依据	
3	策划组织相关活动宣传公司产品,收集反馈信息,选择有价值的信息应用于产品的研发和推广	
4	为新品上市拟订一系列营销推广计划	
5	负责旧产品的更新换代工作	
6	对销售部门的工作给予必要的支持和配合,维护供方关系	

4. 任职资格

(1)学历要求。

所需最低学历	专 业
本科	市场营销或管理类相关专业

(2)所需技能培训。

培 训 项 目	培 训 期 限
市场营销	
市场调研	
广告策划	

（3）工作经验要求。

5年以上市场调研策划工作经验

（4）工作技能要求。

★熟悉所在产业、行业的产品生产过程 ★具备宏观规划能力，优秀的信息分析能力 ★具备较强的口头及书面沟通能力和商务洽谈能力 ★具有较强的英语听、说、读、写能力

（5）态度及资质要求。

★积极主动、灵活应变、认真负责 ★沟通协调能力强 ★工作态度认真，能在较大的压力下保持良好工作状态，作风踏实严谨

（6）工作条件。

工作场所	办公室
环境状况	舒适
危险性	基本无危险，无职业病危险

（7）职位关系。

可直接晋升的职位	
可相互轮换的职位	
可晋升至此的职位	

（八）市场助理职位说明书

职位说明书

文件编号_____拟制人_____

核准人_____生效日期_____

1.基本资料

职位名称	市场助理	直接上级	市场部经理	所属部门	市场部
辖员人数		薪金标准		填写日期	

2.工作描述

协助市场部经理完成市场部日常事务性工作

3.工作内容

编号	工作任务	权限
1	协助市场部经理处理与各部门沟通与合作事宜	
2	协调重点项目的执行,协助经理及销售部进行外联工作	
3	收集媒体信息,为公司的广告宣传策略提供参考	
4	加强与销售人员的沟通,收集市场信息,积累市场宣传材料	
5	与网站工程师配合,为网站更新提供资料	
6	参与策划有关公司产品的发布展会等活动	

4.任职资格

（1）学历要求。

所需最低学历	专　　业
大专	市场营销、企业管理或相关专业

（2）所需技能培训。

培　训　项　目	培　训　期　限
市场营销	
公共关系	

（3）工作经验要求

3年以上类似职位从业经验

（4）工作技能要求。

　　★熟悉公司产品及相关产品的市场行情
　　★能够撰写市场调查报告
　　★熟练操作办公软件

（5）态度及资质要求。

　　★心思缜密,工作细致,责任感强
　　★善于独立思考,同时富有团队合作精神
　　★具有敬业精神

（6）工作条件。

工作场所	办公室
环境状况	舒适
危险性	基本无危险,无职业病危险

（7）职位关系。

可直接晋升的职位	
可相互轮换的职位	
可晋升至此的职位	

（九）市场研究专员职位说明书

职位说明书

文件编号_____ 拟制人_____

核准人_____ 生效日期_____

1. 基本资料

职位名称	市场研究专员	直接上级	市场部经理	所属部门	市场部
辖员人数		薪金标准		填写日期	

2. 工作描述。

研究宏观经济走势，进行深入全面的市场调研，在此基础上撰写专项报告，为公司的业务拓展提供有价值的建议

3. 工作内容

编号	工作任务	权限
1	定期跟踪和研究国内外宏观经济走势，关注国家重大政策和法律法规的变动方向，据此对公司经营提供相应的调整建议	
2	在深入进行市场调研的基础上，把握行业发展方向，就产品开发、市场销售、客户服务、经营管理等方面提出专题调查报告	
3	通过调查研究，结合公司发展的实际情况，对公司发展战略规划提出修订建议	
4	对企业文化建设、品牌推广等工作提出相应策划方案	

4. 任职资格

（1）学历要求。

所需最低学历	专业
本科	公共关系、市场营销或相关专业

(2）所需技能培训。

培 训 项 目	培 训 期 限
市场营销	
市场调查	
宏观经济分析	
企业文化	
战略管理	

(3）工作经验要求。

3年以上宏观经济分析与市场研究工作经验

(4）工作技能要求。

★具有销售、市场调查、企划、活动、传播、媒体等方面的专业知识 ★对市场营销工作有较深刻认知 ★熟练操作办公软件

(5）态度及资质要求。

★工作积极热情，责任心强 ★良好的团队合作精神 ★较强的观察力、判断力和应变能力

(6）工作条件。

工作场所	办公室
环境状况	舒适
危险性	基本无危险，无职业病危险

(7）职位关系。

可直接晋升的职位	
可相互轮换的职位	
可晋升至此的职位	

(十)媒介推广专员职位说明书

职位说明书

文件编号_____ 拟制人_____

核准人_____ 生效日期_____

1. 基本资料

职位名称	媒介推广专员	直接上级	市场主管	所属部门	市场部
辖员人数		薪金标准		填写日期	

2. 工作描述

把握媒体动向,协调维护媒体关系,实现媒体合作与拓展方面的目标

3. 工作内容

编号	工作任务	权限
1	收集相关媒介资料并进行分析,及时把握媒体动向	
2	协调维护媒体关系,与媒体建立长期稳定的合作关系	
3	各种新闻稿件的媒体发放及传播监控	
4	积极了解客户的各项需求,给予媒介推广方面的支持	
5	策划并举办相关重要会议及公关活动	

4. 任职资格

(1)学历要求。

所需最低学历	专业
本科	新闻传播、市场营销、企业管理或相关专业

(2)所需技能培训。

培训项目	培训期限
市场营销	
公共关系	
新闻传播	

(3)工作经验要求。

3年以上媒介推广或相关行业的从业经验

(4) 工作技能要求。

| ★熟悉媒介市场行情 |
| ★了解广告业务操作流程 |
| ★熟练操作办公软件 |

(5) 态度及资质要求。

| ★工作细致、认真负责 |
| ★态度积极，为人热情 |
| ★具有较强的表达能力、理解能力和公关能力 |
| ★性格开朗、注重效率、乐于接受挑战 |

(6) 工作条件。

工作场所	办公室
环境状况	舒适
危险性	基本无危险，无职业病危险

(7) 职位关系。

可直接晋升的职位	
可相互轮换的职位	
可晋升至此的职位	

（十一）美工职位说明书

职位说明书

文件编号_____ 拟制人_____

核准人_____ 生效日期_____

1. 基本资料

职位名称	美工	直接上级	广告企划主管	所属部门	市场部
辖员人数		薪金标准		填写日期	

2. 工作描述

| 负责商务广告、产品广告的创意设计工作 |

3.工作内容

编号	工作任务	权限
1	运用制图软件进行规划创意,设计相关图片和图形	
2	参与设计方案的定位、定向、定风格的探讨	
3	设计图文广告、宣传单、电视广告、网络广告及其他的展示品	
4	与外部广告公司和制作公司进行沟通协调,以期实现最佳的产品创意和推广策略	
5	监督外包广告业务的完成	

4.任职资格

（1）学历要求。

所需最低学历	专业
大专	广告设计或相关专业

（2）所需技能培训。

培 训 项 目	培 训 期 限
消费者心理学	
广告策划与装潢	

（3）工作经验要求。

2年以上类似职位工作经验

（4）工作技能要求

　　★具备平面设计、消费者心理学、广告装潢方面的知识技能
　　★熟悉公司产品
　　★熟练操作办公软件以及制图软件

（5）态度及资质要求。

　　★工作细致、认真负责
　　★有韧性,有艺术气质和潜能
　　★积极主动、性格开朗、讲求效率、乐于接受挑战

（6）工作条件。

工作场所	办公室
环境状况	舒适
危险性	基本无危险,无职业病危险

（7）职位关系。

可直接晋升的职位	
可相互轮换的职位	
可晋升至此的职位	

六、生产管理部门职位说明书

（一）车间主任职位说明书

职位说明书

文件编号_____ 拟制人_____

核准人_____ 生效日期_____

1. 基本资料

职位名称	车间主任	直接上级	生产总监	所属部门	生产管理部
辖员人数		薪金标准		填写日期	

2. 工作描述

组织、协调、指挥车间各项工作，完成车间工作计划，达到车间工作各项指标

3. 工作内容

编号	工作任务	权限
1	监督车间工人的工作质量、工作进度	
2	规划分配工作，执行工作规程规章	
3	监督车间各项工作进度，按生产要求安排车间流水线工作进度	
4	对于工人在操作过程中遇到的问题予以解决	
5	提出关于改进工艺流程、生产设备、生产环境等方面的建议	

4. 任职资格

（1）学历要求。

所需最低学历	专业
大专	工业工程或相关专业

(2)所需技能培训。

培 训 项 目	培 训 期 限
生产作业管理	
管理技能	

(3)工作经验要求。

3年以上车间工作管理经验

(4)工作技能要求。

★熟悉车间各项工作流程及操作 ★具备生产作业管理知识技能 ★熟练操作办公软件

(5)态度及资质要求。

★责任感强、工作自主,有较强的人际沟通能力 ★有较强的管理能力,富有团队合作精神

(6)工作条件。

工作场所	办公室及生产场所
环境状况	比较舒适
危险性	基本无危险,无职业病危险

(7)职位关系。

可直接晋升的职位	
可相互轮换的职位	
可晋升至此的职位	

(二)生产主管职位说明书

职位说明书

文件编号_____ 拟制人_____

核准人_____ 生效日期_____

1.基本资料

职位名称	生产主管	直接上级	生产总监	所属部门	生产管理部
辖员人数		薪金标准		填写日期	

2.工作描述

组织下属完成企业生产计划,并给予必要的指导,实现企业生产目标

3.工作内容

编号	工作任务	权限
1	制订并完成生产目标计划	
2	协调生产管理部门的工作	
3	指导完成生产线组装工艺,并进行产品调试	
4	与下属一起编写工艺文件	
5	与下属一起制定产品使用说明文档	
6	与其他部门友好协作,共同满足现有及潜在客户的需求	

4.任职资格

(1)学历要求。

所需最低学历	专业
本科	理工类或相关专业

(2)所需技能培训。

培 训 项 目	培 训 期 限
生产管理	
管理学	
管理技能开发	
项目管理	

(3)工作经验要求。

5年以上生产管理经验

(4)工作技能要求。

★熟悉所在产业、行业的生产过程,熟悉原材料的供应渠道 ★熟悉生产规程以及质量标准 ★熟练使用办公软件 ★良好的英文基础

（5）态度及资质要求。

- ★具有敬业精神和拼搏精神
- ★能够高效地领导团队完成工作任务
- ★具备优秀的表达能力、沟通能力、领导能力
- ★能够承受高强度的工作压力，心理素质佳

（6）工作条件。

工作场所	办公室及工作场所
环境状况	舒适
危险性	基本无危险，无职业病危险

（7）职位关系。

可直接晋升的职位	
可相互轮换的职位	
可晋升至此的职位	

（三）质量控制主管职位说明书

职位说明书

文件编号_____拟制人_____

核准人_____生效日期_____

1. 基本资料

职位名称	质量控制主管	直接上级		所属部门	生产管理部
辖员人数		薪金标准		填写日期	

2. 工作描述

制订并实施产品质量控制方案，实现所管辖产品的在质量方面的目标

3. 工作内容

编号	工作任务	权限
1	监控工艺状态，分析工艺参数改变对产品质量影响	
2	撰写质量控制方案，用以监控产品全程质量（索赔、归还、监控等）	
3	定期评估解决的工艺或控制方案	
4	制定产品质量检验标准、产品信息反馈流程	

（续表）

编号	工作任务	权限
5	收集客户反馈信息，依据反馈进行质量控制	
6	总结产品质量问题并推动相关部门及时解决	
7	主持来料检验及出货评审工作	
8	跟踪产品的使用情况并提供改善意见	

4. 任职资格

（1）学历要求。

所需最低学历	专业
本科	理工科专业

（2）所需技能培训。

培训项目	培训期限
生产管理	
品质管理	

（3）工作经验要求。

3年以上的质量管理工作经验

（4）工作技能要求。

★熟悉公司的工艺工序、工作原理与机理，具备亲自动手操作能力
★熟练掌握公司产品及生产工艺技术应用方面的知识
★熟悉国际质量体系专业知识
★具有迅速解决生产工艺问题的能力
★良好的英文阅读与理解能力

（5）态度及资质要求。

★具有较强的学习、分析、理解、沟通和协调能力
★工作态度认真，积极负责，具有较强的创新意识

（6）工作条件。

工作场所	办公室及生产场所
环境状况	舒适
危险性	基本无危险，无职业病危险

（7）职位关系。

可直接晋升的职位	
可相互轮换的职位	
可晋升至此的职位	

（四）生产工程师职位说明书

职位说明书

文件编号_____拟制人_____

核准人_____生效日期_____

1. 基本资料

职位名称	生产工程师	直接上级	生产总监	所属部门	生产管理部
辖员人数		薪金标准		填写日期	

2. 工作描述

有效解决与生产工艺和生产设备相关问题，致力于降低各种生产成本和费用

3. 工作内容

编号	工作任务	权限
1	审核设备的使用，定期检查设备的运行情况，以确保设备和工艺符合生产要求	
2	解决与生产工艺有关的各种问题	
3	进行有关工厂布局、设备和工艺改进、降低费用的研究，并为管理层提供有价值的建议	
4	培训生产工人正确使用设备	
5	培训维修人员正确地维护设备	

4. 任职资格

（1）学历要求。

所需最低学历	专业
本科	电气、机械或工业工程专业

（2）所需技能培训。

培 训 项 目	培 训 期 限
生产作业管理	
项目管理	
生产工艺	
财务会计基本知识	

（3）工作经验要求。

5年以上制造业或维修工程方面的经验

（4）工作技能要求。

★具有丰富的机械和工艺方面的知识 ★熟练使用AutoCAD软件 ★良好的英语读写水平

（5）态度及资质要求。

★认真负责、敬业，学习能力强 ★有较强的责任心，能吃苦耐劳，富有团队精神

（6）工作条件。

工作场所	办公室
环境状况	舒适
危险性	基本无危险，无职业病危险

（7）职位关系。

可直接晋升的职位	
可相互轮换的职位	
可晋升至此的职位	

（五）生产调度员职位说明书

职位说明书

文件编号_____ 拟制人_____

核准人_____ 生效日期_____

1.基本资料

职位名称	生产调度员	直接上级	生产主管	所属部门	生产管理部
辖员人数		薪金标准		填写日期	

2.工作描述

协调生产过程、生产流程，保证生产活动正常运行

3.工作内容

编号	工作任务	权限
1	按进度计划安排流水线的工作进度	
2	根据一些因素的变化调整生产计划	
3	解决产品线冲突问题	
4	制定操作规程	

4.任职资格

（1）学历要求。

所需最低学历	专业
本科	工业工程或相关专业

（2）所需技能培训。

培 训 项 目	培 训 期 限
生产作业管理	

（3）工作经验要求。

2年以上工艺流程、生产协调相关工作经验

（4）工作技能要求。

★熟悉所在产业、行业的生产过程 ★熟悉生产规程以及质量标准 ★熟悉主进度设计及图表 ★熟练使用办公软件

（5）态度及资质要求。

★具有敬业精神和拼搏精神，较好的团队合作精神 ★良好的沟通能力、协调能力，能够承受高强度的工作压力

（6）工作条件。

工作场所	办公室及生产场所
环境状况	比较舒适
危险性	基本无危险，无职业病危险

（7）职位关系。

可直接晋升的职位	
可相互轮换的职位	
可晋升至此的职位	

（六）工业工程师职位说明书

职位说明书

文件编号_____拟制人_____

核准人_____生效日期_____

1.基本资料

职位名称	工业工程师	直接上级	总经理	所属部门	
辖员人数		薪金标准		填写日期	

2.工作描述

设计生产方法和生产流程，并不断予以改进以提高生产效率

3.工作内容

编号	工作任务	权限
1	设计、改进生产方法和操作方法	
2	设计、改进运营流程和现场布置	
3	设计、改进工位器具	
4	对工作定额、劳动定额进行分析测定，并持续改进	
5	对物料、能源等物品的消耗进行测定、分析，提供关于缩减成本的建议	

4.任职资格

（1）学历要求。

所需最低学历	专业
本科	工程或理工科相关专业

（2）所需技能培训。

培 训 项 目	培 训 期 限
生产作业管理	
财务会计基本知识	
项目管理	
工艺流程	

（3）工作经验要求。

5年以上相关行业、相关工作经验，3年以上的管理经验

（4）工作技能要求。

★熟悉公司的工序、工艺流程设计及工作原理 ★熟练掌握生产流程以及计划编制过程 ★具备生产作业管理知识 ★熟练使用办公软件

（5）态度及资质要求。

★认真负责、敬业，学习能力强 ★有较强的责任心，能吃苦耐劳

（6）工作条件。

工作场所	办公室以及生产场所
环境状况	基本舒适
危险性	基本无危险，无职业病危险

（7）职位关系。

可直接晋升的职位	
可相互轮换的职位	
可晋升至此的职位	

（七）产品质量工程师职位说明书

职位说明书

文件编号_____ 拟制人_____

核准人_____ 生效日期_____

1. 基本资料

职位名称	产品质量工程师	直接上级	总经理	所属部门	
辖员人数		薪金标准		填写日期	

2. 工作描述

对产品质量实施监管，制订质量改进计划，实现产品在质量方面的目标

3. 工作内容

编号	工作任务	权限
1	保证部门内所使用的监测、测量装置的正常使用	
2	主持、管理部门内的数据分析工作（即确保数据采集的真实性、数据分析的可靠性和数据分析的实用性）	
3	协助上级分析、处理和解决客户关于质量的反馈，满足内、外部客户的质量需求，不断提高产品质量满意度	
4	制定、实施新产品质量管理计划，使新产品质量水平符合既定指标	
5	及时向制造、服务等部门提供产品质量信息	
6	把握客户关于产品质量的要求，把这些信息传达给公司相关部门	

4. 任职资格

（1）学历要求。

所需最低学历	专　　业
本科	理工科专业

（2）所需技能培训。

培　训　项　目	培　训　期　限
项目管理	
质量管理	

（3）工作经验要求。

3年以上相关产品研发经验，1年以上的质量管理经验

（4）工作技能要求。

★具备质量管理理论知识，熟悉ISO9001质量认证体系或CMM质量管理规范 ★丰富的现场品质管理经验 ★熟悉品质管理手法 ★懂一定的统计知识 ★有较强的中英文读写能力

（5）态度及资质要求。

★有一定的洞察力，具备较强的解决问题的能力 ★具备良好的沟通能力和协调能力 ★心思缜密，善于透过现象发现本质 ★具备较强的独立工作能力

（6）工作条件。

工作场所	办公室以及生产场所
环境状况	基本舒适
危险性	基本无危险，无职业病危险

（7）职位关系。

可直接晋升的职位	
可相互轮换的职位	
可晋升至此的职位	

（八）安全工程师职位说明书

职位说明书

文件编号_____ 拟制人_____

核准人_____ 生效日期_____

1.基本资料

职位名称	安全工程师	直接上级	生产总监	所属部门	生产管理部
辖员人数		薪金标准		填写日期	

2.工作描述

开发推广安全生产技术，实施安全检测检验，为相关人员提供专业性安全教育，以达到安全生产的目标

3.工作内容

编号	工作任务	权限
1	研发关于承压设备、起重设备等特种设备的安全工程科学技术，对特种设备实施安全生产运行控制、检测检验和评估认证	
2	对特种设备事故进行调查分析，预防类似事故再次发生	
3	制定特种设备安全技术标准等技术文件	
4	研究劳动安全、劳动卫生、特种设备安全性能的检测检验方法和技术	
5	研发、定标、安装调试、运行控制、维护、修理安全检测检验仪器设备，研制、开发劳动安全防护用品，制定安全检测检验技术标准等技术文件	
6	规划设计安全工程，研究制定安全工程监督监察、综合性技术标准等技术文件，进行事故危害预测预防并提出建议，进行事故调查分析与安全综合评估	
7	组织与安全相关的安全检查、安全教育等技术培训	

4.任职资格

（1）学历要求。

所需最低学历	专　　业
大专	工业安全相关专业

（2）所需技能培训。

培　训　项　目	培　训　期　限

（3）工作经验要求。

5年以上相关工作经验

（4）工作技能要求。

★熟悉安全生产相关法规
★熟练操作办公软件

（5）态度及资质要求。

★工作积极主动，吃苦耐劳
★具备良好的协调和组织管理能力，学习能力强

（6）工作条件。

工作场所	办公室及生产现场
环境状况	基本舒适
危险性	基本无危险，无职业病危险

（7）职位关系。

可直接晋升的职位	
可相互轮换的职位	
可晋升至此的职位	

（九）质检员职位说明书

职位说明书

文件编号_____拟制人_____

核准人_____生效日期_____

1. 基本资料

职位名称	质检员	直接上级	质量主管	所属部门	生产管理部
辖员人数		薪金标准		填写日期	

2. 工作描述

完成日常质量检验、质量监控及结果上报工作

3. 工作内容

编号	工作任务	权限
1	维护、监督质量体系的运行，完成企业内部质量审核工作	
2	根据质量主管的检验计划完成当日工作任务	
3	按作业指导书及相应流程对待检备件进行检验、清理，检验前以及检验过程中认真核对物料编码、名称，填写检验记录，将其提交给质量主管	
4	汇总、存档各项质检记录及相关资料	
5	监控项目现场质检工作的具体实施情况，包括人员组织、技术实施、质量、进度、安全、成品保护等	
6	及时将发现的质量问题上报给质量主管	
7	协助质量主管完成其他质量管理体系方面的工作	

4.任职资格

（1）学历要求。

所需最低学历	专　　业
专科	理工科专业

（2）所需技能培训。

培　训　项　目	培　训　期　限
生产管理	
品质管理	

（3）工作经验要求。

2年以上生产现场与品质管理经验

（4）工作技能要求。

★熟悉公司的工艺工序、工作原理 ★熟练掌握公司产品及生产工艺技术应用方面的知识 ★熟悉国际质量体系专业知识

（5）态度及资质要求。

★诚实、敬业、工作积极主动，有较强的责任心 ★能吃苦耐劳，具有团队精神

（6）工作条件。

工作场所	办公室以及生产场所
环境状况	基本舒适
危险性	基本无危险，无职业病危险

（7）职位关系。

可直接晋升的职位	
可相互轮换的职位	
可晋升至此的职位	

第五章
绩效计划

为了更好地完成绩效,领导者不要给员工工作,而要给工作计划。①要认识绩效管理和绩效计划的重要性,用计划管理员工。②给员工工作、职位的同时,一定要给他们一份目标清晰的《绩效合约》,这不但有利于自己的管理,更是对员工负责。一个负责高效的经理人一定也是个对员工负责,善于科学管理的人。

案例：

韩冰在某公司担任总经理秘书一职，她的日常工作主要是帮助总经理起草、打印一些文件，收发传真、信件等，同时还负责来宾的接待。在年终评估时，总经理给韩冰的工作打了一个较低的分数，这对韩冰的年终奖获取产生了非常不利的影响。韩冰愤愤不平，于是便询问总经理自己的工作在哪些方面没有达到他的要求。总经理给出了如下理由：他认为韩冰起草的文件没有达到他的要求，因为韩冰上交的文件常常不按照规范的格式起草，字数方面也非常不合格，有的文件字数太少，有的文件则字数太多，此外，韩冰在文件中所使用的措辞也有时很不恰当，把规范化的文件当成了文学作品来撰写。韩冰并不接受总经理的理由，她提出了抗议："可是我事先并不知道起草文件的具体要求？没有告诉我工作的标准是什么，我一直认为合格的总经理秘书就是像我这样工作的。"

通过上述案例可以发现，这家公司虽然实施了绩效考核，却缺乏必要的实施绩效考核前提：绩效计划。否则，韩冰便不会对考核评估产生异议。在整个绩效管理系统中，除了"考"以外，企业要考什么也是成功实施绩效考核的关键。

绩效计划的概念

绩效计划是进行绩效管理的第一步，即管理者和员工就员工应该实现的工作绩效进行沟通的过程，最终将沟通的结果落实为正式的书面协议——绩效计划和评估表——它是企业的管理者和员工在明显明晰责、权、利的基础上签订的一个内部协议。绩效计划的上游是公司的最高管理层，然后目标逐渐向下游分解，直至企业的总目标层层分解到各个子公司、部门和个人。

绩效计划是绩效管理的关键步骤，它体现了企业上下级对绩效目标承诺的严肃性，使决策层能够把精力集中在对公司价值最关键的经营决策上，确保公司总体战略的逐步实施和年度工作目标的实现，有利于在公司内部创造一种突出绩效的企业文化。

1.绩效计划是关于工作目标和标准的契约

很多人都认为，绩效考核是绩效管理过程中最重要的环节，然而通过前面的案例，我们可以发现，绩效计划的重要性并不比绩效考核低。如果在绩效考核前，管理者与员工没有就绩效考核的指标和标准达成协议，很可能双方在实施绩效考核时产生争议和矛盾。因此，在绩效考核周期开始的时候，管理者与员工必须对员工工作的目标和标准达成一致的契约，这份契约至少应该包括如下内容：

（1）员工在绩效考核周期需要实现的工作目标是什么？

（2）如何测评目标是否达成？也就是说，员工需要提供什么样的工作成果？

（3）从哪些方面去衡量员工的工作成果？评判的标准是什么？

（4）员工的绩效信息来自哪里？

（5）员工的各项工作目标的权重如何？

2.绩效计划是一个双向沟通的过程

绩效契约的达成是建立在管理者与员工双向沟通的基础上的，这个过程不仅仅是管理者向员工下达工作指示，也不单纯是员工自发地设定自己的工作目标，而是两者不断沟通、磋商的过程。

在双向沟通时，管理者需要向员工解释和说明的内容包括：

（1）组织的战略目标是什么？

（2）为了实现组织的战略目标，部门的目标是什么？

（3）为了实现组织的目标，应该为员工的工作制定什么样的标准？工作的期限是多长？

员工向管理者沟通的信息则为：

（1）对工作目标和如何完成工作的认知。

（2）对工作所存在的疑惑和不解。

（3）对工作的规划。

（4）在完成工作中可能遇到的问题。

（5）向管理者申请必要的支持性资源。

例如，林总是某公司市场部经理，王先生是该公司大客户部经理，如下这段话是他们就绩效计划的制订进行沟通的过程，他们的对话可谓是成功双向沟通的典型：

林总："前几天，在总经理办公会上制定了今年下半年的业绩目标，因此接下来这几天我会分别与你们这几位部门经理进行一次交流，落实我们市场部下半年的工作目标。今年上半年成立你这个大客户部主要是为了能有一批人专门为大客户服务，因为大客户是我们公司重要的资源，这从销售额上也可以体现出来。目前的大客户有十几个……"

王先生:"13个。"

林总:"但这13个大客户的销售额却占了整个公司销售额的20%,而且今后的比例还会更高。这半年来,你们部门很辛苦,工作的成就不小。"

王先生:"我觉得目前的工作还是有很多问题。比如,现在对大客户进行管理的工作规范还不是很明确,有些工作到底是由我们部门做还是由企划部门做还不够明确。于是就出现了有的大客户有事情不知道到底该找谁。"

林总:"这些情况我也有所了解。所以,下一步就想以你为主完善《大客户管理规范》,有了该规范,大家就有了共同的游戏规则,你看,对这方面你有什么想法?"

王先生:"我认为现在的《大客户管理规范》对责任的划分不够明确,流程上也有混乱的地方。比如,现在的付款问题,手续复杂,客户觉得很麻烦,我们完全有必要从客户的角度出发简化程序。"

林总:"那好,我想你对这方面有很多想法。你看多长时间能把新的《大客户管理规范》做出来?"

王先生:"如果从现在就着手做,我想8月下旬差不多。"

林总:"好,8月20日的时候把初稿交给我,到8月底最后定稿,你看有问题吗?"

王先生:目前没有问题。另外,我觉得如果按照下半年的销售目标,我这里的人手比较紧缺,最好能尽快招聘一些人员。"

林总:"这个问题我想是这样的,该招人的时候我们肯定去招,但你有没有考虑过现有人员的能力是否得到了充分发挥?每个人都不可能完美无缺,但组成团队就不一样了,在一个团队中大家可以更好的取长补短,使每个人的优势充分发挥出来,叠加在一起就是1+1>2,你说呢?"

王先生:"这也正是我所考虑的,对大客户的销售我们是否可以采用销售小组的形式,因为毕竟一个人势单力薄,以团队的形式能够更好地保持住大客户。"

林总:"那你不妨把大客户部的内部结构重组一下,形成若干个项目小组,把人员按照各自的优势和特点组合起来。接下去再考虑补充人员的问题。而且随着工作重点向大客户这边的转移,其他部门也会有一些员工转到你这个部门中。"

王先生:"那好吧,我现在就着手进行部门重组,争取在9月初的时候能够按照项目小组的方式运作。"

林总:"另外,企划部正在牵头建立公司的客户数据库,我想大客户这部分主要还得靠你们。"

王先生:"我们也觉得客户愈来愈多,必须有相应的管理手段跟上,我们一定配合做好这项工作。"

林总:"关于建立数据库,我有几点想法:一是一定要注意数据库与公司管理信息系统的接口,以前曾经开发过数据库,但接口不好,很多时候要进行数据的重复录入,非常浪费人力物力;二是要注意数据的安全性,要进行权限设置,因为这些数据都是公司的核心机密;三是要设计一些进行深入统计分析的功能模块,以适应对业务进行深入分析的要求。你还有什么想法吗?"

王先生:"我认为,这套数据库应该是一套使用便捷的系统,可以成为业务人员工作中一个得力的工具。因为业务人员普遍不喜欢比较复杂的操作系统,而且他们的业务也比较忙,在数据管理方面应该考虑他们的需要。"

林总:"你说得对,就按照我们的想法去做吧,企划部会拿出整体方案,具体的协调工作由你们双方来做。"

王先生:"好,我们会全力配合。"

林总:"那么,按照今天我们讨论的结果,你自己先做个计划,本周交到我这里来。好吗?"

王先生:"好,我这就开始准备。"

3.成功制订绩效计划的前提:参与和承诺

人们对某件事情的态度是如何形成的,以及既定的态度为什么会发生改变?针对这个议题,社会心理学家进行了大量的研究,他们发现,当人们亲身参与了某项决策的制定过程时,他们一般会倾向于坚持立场,并且在外部力量作用下也不会轻易改变立场。人们坚持某种态度的程度和改变态度的可能性主要取决于两种因素:一是他在形成这种态度时卷入的程度,即是否参与态度形成的过程;二是他是否为此进行了公开表态,即作出正式承诺。

根据上面的研究可以得出如下结论:如果员工参与了绩效计划的制订过程,并且对绩效计划作出正式承诺,他们在随后的工作中更倾向于坚定地履行自己的工作职责,哪怕遇到困难,也会努力达到绩效目标。

绩效计划阶段的工作成果

绩效计划的主要目的就是让组织中不同层次的人员对组织的目标达成一致的见

解，一般而言，在绩效计划阶段，组织需要落实如下工作内容：

（1）每一个岗位在绩效周期内的工作要项。

（2）衡量工作要项的关键业绩指标。

（3）关键业绩指标的权重。

（4）工作结果的预期目标。

（5）工作结果的测量方法。

（6）关键业绩指标的计算公式。

（7）关键业绩指标的计分方法。

（8）关键业绩指标统计的计分来源。

（9）关键业绩指标的考评周期。

（10）在达成目标的过程中可能遇到的困难和障碍。

（11）各岗位在完成工作的时候拥有的权力和可调配的资源。

（12）组织能够为员工提供的支持和帮助以及适用的沟通方式有哪些。

（13）在员工完成工作的过程中，如何去获得有关他们的工作情况的信息。

制订绩效计划的原则

绩效计划是绩效管理体系的第一个关键步骤，也是实施绩效管理系统的主要平台和关键手段，通过它可以在公司内建立起一种科学合理的管理机制，能有机地将股东的利益和员工的个人利益整合在一起。在制订绩效计划时，应遵守如下原则：

（1）价值驱动原则。所制订的计划要符合提升公司价值和追求鼓动回报最大化的宗旨，建立以价值创造为核心的企业文化。

（2）流程系统化原则。绩效计划要与企业的战略规划、资本计划、经营预算计划、人力资源管理等管理流程紧密相连，不能与企业的管理流程相冲突。

（3）强化重点原则。在设定关键绩效指标和工作目标时，切忌面面俱到，将员工所有的工作和职责都囊括进去，而是要突出关键，强化重点，将绩效指标和工作目标定位于与公司价值关联度较大、对组织绩效贡献较大的工作内容和工作职责。

（4）可行性原则。所制定的关键绩效指标和工作目标一定是员工可以控制的，要界定在员工的职权之内，否则所谓的绩效计划的执行只是一句空话。此外，这些指标和目标的难易程度要适宜，既不可以把目标制定得太难，让员工无所适从，也不能太低，使其失去了挑战性，不利于公司绩效的提高。

（5）全员参与原则。在制订绩效计划的过程中，一定要让相关的工作人员共同参与，鼓励大家针对绩效计划的制订畅所欲言，这种全员参与的方式有助于大家将潜在的利益冲突暴露出来，尽可能降低了绩效执行阶段爆发冲突的概率。

（6）融入激励的理念。在绩效计划阶段，便约定好考核结构与人员薪酬和所获得奖惩的关联度，做到奖优罚劣、奖勤罚懒、激励先进、鞭策后进，营造一种突出绩效的企业文化。

（7）客观公正原则。绩效管理属于制度性管理，一定要遵守客观公正的意义，否则绩效管理的实施会遭到很多人员的抵制，不利于绩效管理发挥既定的功能。在绩效计划阶段，客观公正的原则主要体现在绩效标准的设定上，这便要求人力资源部门要综合考虑员工的职位特征和工作内容，从而制定出相对比较公正的考核体系。

如何制订绩效计划

简单地说，绩效计划的制订流程可分为以下三个步骤。

1）第一步：为绩效计划进行准备工作

凡事预则立，绩效计划的制订同样如此。由于绩效计划的确定是全员参与的结果，大家要通过绩效计划会议各抒己见，所以为了使绩效计划会议发挥最大的效用，人力资源部以及会议参加人员必须做好收集信息的工作。与绩效计划有关的信息可以主要有三种：

（1）企业层级的信息。为了使员工的绩效计划能够与企业的目标结合在一起，管理人员与员工将在绩效计划会议中就企业的战略目标、公司的年度经营计划进行沟通，并确保双方对此没有任何歧义。因此，在进行绩效计划会议之前，管理人员和员工都需要重新回顾企业的目标，保证在绩效计划会议之前双方都已经明确了企业的目标。

（2）部门层级的信息。虽然部门的目标是对企业的整体目标分解而得来的，但这并不意味着当员工了解企业目标后，将必然知道部门的目标。所以部门的职能、任务、所承担的战略角色、需要实现的目标等内容都需要被全面地整理出来。

（3）员工个人的信息。关于员工个人的信息主要包括两个方面：一是关于工作描述的内容；二是员工在上一个绩效考核周期的评估结果。

2）第二步：管理者和员工就绩效计划进行沟通

绩效计划是双向沟通的过程，绩效计划的沟通阶段也是整个绩效计划的核心阶段。在这个阶段，管理人员必须与员工进行充分的交流，双方就本次绩效期间内的工作目标和计划达成共识。一般而言，绩效计划会议是这个阶段比较常用的沟通工具，关于如何最大化地利用绩效计划会议的优点，有如下建议：

（1）管理者和员工对绩效计划会议涉及的信息有充分的准备。在进行绩效计划会议时，往往首先需要回顾一下已经准备好的各种信息，在讨论具体的工作职责之前，管理人员和员工都应该知道公司的目标、发展方向、公司的经营计划，员工的工作描述和上一个绩效期间的评估结果等重要信息。

（2）应该为绩效计划会议确定一个专门的时间，以显示公司管理者对会议的重视。

（3）在绩效计划会议进行的时候，要避免其他干扰因素，保证大家都将全部精力放在会议上。

（4）管理者有责任营造宽松的沟通气氛，千万不要让员工感受到很大的压力，让员工把焦点放在关于绩效计划的讨论上。

3）第三步：绩效计划的审定和确认

关于绩效计划阶段要具体落实哪些工作，就是保证如下几个问题有了明确的答案：

（1）员工在本绩效期内的工作职责是什么？

（2）员工在本绩效期内所要完成的工作目标是什么？

（3）如何判断员工的工作目标完成得怎么样？

（4）员工应该在什么时候完成这些工作目标？

（5）各项工作职责以及工作目标的权重如何？

（6）哪些是最重要的，哪些是其次重要的，哪些是次要的？

（7）员工的工作绩效好坏对整个企业或特定的部门有什么影响？

（8）员工在完成工作时可以拥有哪些权力？可以得到哪些资源？

（9）员工在达到目标的过程中会遇到哪些困难和障碍？管理人员会为员工提供哪些支持和帮助？

（10）员工在绩效期内会得到哪些培训？

（11）员工在完成工作的过程中，如何去获得关于他们工作情况的信息？

（12）在绩效执行阶段，管理人员将采取哪些方式与下属进行沟通？

也就是说，当绩效计划阶段收尾时，应该体现出如下工作结果：

（1）员工的工作目标与企业的总目标紧密相连，并且员工清楚知道自己的工作目标与企业的整体目标的关系。

（2）员工的工作职责和描述已经按照现有的企业环境进行了修改，可以反映本绩效期内主要的工作内容。

（3）管理人员和员工对员工的主要工作任务，各项工作任务的重要程度，完成任务的标准，员工在完成任务过程中享有的权限都已经达成了共识。

（4）管理人员和员工都十分清楚在完成工作目标的过程中可能遇到的困难和障碍，并且明确管理人员所能提供的支持和帮助。

（5）形成了一个经过双方协商讨论的文档，该文档中包括员工的工作目标、实现工作目标的主要工作结果、衡量工作结果的指标和标准、各项工作所占的权重。

（6）管理人员和与员工在绩效计划文档上签字确认。

下面列举某公司绩效计划表。

某公司绩效计划表

第一章 概述

为保证公司绩效考核工作的规范性、科学性，提高绩效评价工作的客观性和准确性，保障绩效考核的顺畅、高效运行，特制定《某公司绩效考核指标体系》。

绩效考核管理的基础是目标管理，首先根据公司发展战略及公司年度经营计划确立公司年度总目标，然后对总目标进行分解，逐级展开，通过上下协商，制定出各部门的业绩目标，以保证每个部门的工作围绕公司目标开展。对于各部门的工作成果，由于有明确的目标作为考核标准，从而使对各部门的评价和奖励做到更客观、更合理。

在绩效考核指标的设定中建议采用平衡计分卡（BSC）这一管理体系。平衡计分卡是一种全面的绩效考核体系，它提出了四个考核方面：财务、客户、内部业务流程、学习与成长，同时它强调了不同绩效领域之间的协调和平衡，促进公司各项目标的全面实现。

财务方面：财务性绩效指标可显示出公司战略目标的制定和执行是否改善了公司利润。典型的财务目标和盈利、成长及股东价值有关，公司的财务目标的实现有赖于各业务部门、职能部门共同协作。分析各部门内能够创造收入或节约支出的活动，分析这些活动对公司整体绩效的支持作用，通过对这些活动的管理和控制，最终实现公司的财务目标。

客户方面：公司要赢得长远的发展，必须关注客户的需求，能够适应客户需求的变化。因此应以目标顾客和目标市场为方向，将企业使命和策略诠释为具体的与客户相关的目标和要点。作为智思公司来讲，客户最关心的不外乎四个方面：质量、时间、服务和成本。因此，客户方面可从这几个方面出发，分解为具体的指标，鼓励公司内部以客户为中心，多做客户满意度提高的工作，在满足成本效益的条件下，获得更大的客户满意度和忠诚度，从而提高公司的财务目标。

内部业务流程方面：通过对客户满意度产生最大影响的业务流程为中心，确认公司的核心能力以及为了保持市场领先地位所需的关键要素，进而细化成各项指标，促进部门内部工作、部门之间的协作的改善，使整个公司的运营更加有效率、能以更低的成本为客户提供满意的产品和服务。

学习与成长方面：公司效益提升、客户满意度提高、内部运营更加有效率的根本在于提高员工的劳动生产率。员工劳动生产率提高才能从根本改变公司的竞争效率，提高公司的核心竞争力。因此必须提高员工能力和满意度从而获得员工劳动生产率的提高。

同时，在指标的设定中遵循了过程指标与结果指标结合、定性指标与定量指标相结合的原则。通过结果指标的设定，可以比较直观地衡量出一个部门工作业绩优劣，但是却难以反映出该项工作为什么没能够很好完成的原因，因此通过过程指标的设定，可以达到控制并修订工作的目的；通过以定量指标为主，以保证考核评分的准确性、客观性。同时，为了弥补完全量化的指标所不能反映的方面，通过定性指标对工作职责范围内的一些相对长期性、过程性、辅助性、难以量化的关键工作任务目标进行限定，从而更加全面反映员工的工作表现。

《某公司绩效考核指标体系》由董事长批准后实施。修改权、解释权属公司授权后由人力资源部组织执行。

说明：

（1）以下所列举的指标供实际考核中参考，实际考核时可以直接采用，也可以根据实际情况，将下列指标组合使用或定义新的指标，或者是在使用时调整指标的定义、评分方式等属性。

（2）实际考核中一般选用3~6个，以突出部门关键职责和阶段性工作重点，并不需要全面列举该部门所有的相关指标。

（3）公司整个考核指标体系是一个动态系统，随着公司的发展和管理体系的演变，指标体系也将随之调整，使之和公司的战略目标、部门职责分工相适应。

（4）评分规则。考核的评分规则根据不同指标性质不同，采用以下评分规则组合使用：

a.等于目标值，得90分。

b.比目标值每提高_____%，加_____分，最高120分。

c.比目标值每降低_____%，减_____分，减完为止。

第二章 各部门绩效考核指标体系

销售部门绩效考核指标表

绩效指标名称	指标内容	指标定义/公式	权重	评分规则及标准	数据来源	考核周期
市场占有率		本公司产品销售量÷同种产品市场销售总量×100%			业务报告、行业统计数据	
产品市场覆盖率（主机产品）		期间产品市场覆盖率÷去年期间产品市场覆盖率×100%			业务报告、行业统计数据	
当月（半年、年）客户开发计划偏差率		实际开发客户数÷计划开发客户数×100%			业务报告、行业统计数据	
现有客户留住率		期末老客户总数÷计划开发客户数×100%			业务报告、行业统计数据	
产品销售收入计划完成率（可按产品分）		产品实际销售收入÷产品计划销售收入×100%				
销售额的增长率						
销售费用控制率		销售费用总额÷产品收入总额×100%				
人均销售额						
客户投诉处理及时率						
售后服务一次成功率						
应收账款回款率		赊销收入净额÷应收账款平均余额×100%				
合同任务交货率		产品合同累计交货数÷产品合同累计订货数×100%				

设计部门绩效考核指标

绩效指标名称	指标内容	指标定义/公式	权重	评分规则及标准	数据来源	考核周期
产品图纸交付及时率		及时交付的图纸÷总交付的图纸×100%			生产管理部、工艺质量部	
产品图纸的正确率		正确图纸数量÷总交付的图纸×100%				
原材料节约率		设计原材料节约量÷预计需原材料量×100%				
技术交流方案的成功率		技术交流成功数÷技术交流项目总数×100%				
对制造中心、安装调试部门技术服务指导的及时性		技术服务及时数量÷要求技术服务总数×100%				
合理化建议		合理化建议被采纳数量				
技术档案管理	各项管理工作100％完成			1.建立公司技术档案 2.年度内，公司技术档案无损毁、丢失现象 3.年度内，公司技术档案无泄密事件发生		

电控部门绩效考核指标

绩效指标名称	指标内容	指标定义/公式	权重	评分规则及标准	数据来源	考核周期
产品图纸交付及时率		及时交付的图纸÷总交付的图纸×100%				
产品图纸的正确率		正确图纸数量÷总交付的图纸×100%				
现场安装调试及时率						
项目验收达成率						
客户满意度						

安装调试部绩效考核指标

绩效指标名称	指标内容	指标定义/公式	权重	评分规则及标准	数据来源	考核周期
现场安装调试及时率						
客户满意度						

研发部绩效考核指标

绩效指标名称	指标内容	指标定义/公式	权重	评分规则及标准	数据来源	考核周期
研发项目管理						
研发费用管理						
研发进度管理						
研发档案资料管理						

工艺质量部绩效考核指标

绩效指标名称	指标内容	指标定义/公式	权重	评分规则及标准	数据来源	考核周期
技术工艺管理	各项管理工作100%完成			1.每年3月份，编制完成公司《技术工艺标准》 2.每月组织1次公司工艺技术大检查 3.每季度编写1份公司《工艺技术总结报告》		
外协加工工件检验准确率	外协加工工件检验准确率达到98%以上			外协加工工件检验，个工作日内签发《外协加工件检验报告》		

(续表)

绩效指标名称	指标内容	指标定义/公式	权重	评分规则及标准	数据来源	考核周期
质量管理体系认证	确保通过ISO9000质量管理体系认证			1.组织编写ISO9000质量管理体系认证文件 2.对公司各职能部门和下属单位有关人员进行ISO9000质量管理体系培训和考核 3.组织ISO9000质量管理体系认证自检 4.配合认证机构的检查、认证工作		
生产效率提高率						
重大质量问题漏检率						
不合格材料漏检率		漏检不合格材料额÷当期进料总额×100%				
原材料检验合格率	原料物资检验准确率达到98%以上			1.原材料检验,个工作日内签发《原材料检验报告》 2.组织对进厂的每批原材料进行取样、分析,待分析结果报出后,根据标准判定		
产品合格率	各类产品,合格率达到98%以上			1.组织过程质量控制,提交相关的半成品的检验报告单 2.产成品检验,提交《产成品检验报告单》 3.每月组织一次产品质量分析会,提出本阶段产品质量问题,提出改进意见和建议 4.每月提交一份产品质量分析报告		
客户满意度						

物流采购部绩效考核指标

绩效指标名称	指标内容	指标定义/公式	权重	评分规则及标准	数据来源	考核周期
存货周转率		销售成本÷存货平均余额×100%				
材料品质达成率		(进货总数−退货总数)÷进货总数×100%				
资金节约率						
采购计划完成率		按期进料额÷当期计划进料总额×100%				
材料采购成本降低额		∑(计划价−实际购入价)×采购量				
材料采购成本降低率		(某材料本期采购价格−该材料上期采购价格)÷该材料上期采购价格×100%				
每年合格供应商开发数量						
材料利用率						
发料的准确性						
库存材料的损耗率		损耗材料额÷期间平均库存额				
日常责任完成情况						
满足生产需要情况						
存货合理储备量						
存货品种、质量、规格管理						

制造中心绩效考核指标

绩效指标名称	指标内容	指标定义/公式	权重	评分规则及标准	数据来源	考核周期
实际成本与标准成本的量差						
劳动生产率		报告期内完成产值÷职工平均人数				

（续表）

绩效指标名称	指标内容	指标定义/公式	权重	评分规则及标准	数据来源	考核周期
可比产品成本降低率		（可比产品按上年实际单位成本计算总成本－可比产品实际总成本）÷可比产品按上年实际单位成本计算总成本×100%				
原辅材料费用降低率		实际原辅材料费用÷计划原辅材料费用×100%				
返工、返修率		返工、返修的产品数量÷报告期内出厂的产品数量×100%				
客户满意度						
满足销售需要情况						
产品质量情况	各项指标全面达到要求	合格产品数量÷报告期内生产的产品数量×100%		各种产品合格率达到　　%以上		
生产管理情况						
安全管理情况	1.每月进行一次全面安全检查，并认真填好《安全检查记录表》，发现问题及时处理 2.每月不定期进行安全检查4次，并认真做好安全检查日志，发现问题及时处理 3.安全检查汇报，与每月的25日前交总经办 4.受伤事故和死亡事故的少发生或不发生			1.每月1次全面安全检查的完成率100% 2.每月4次不定期安全检查的完成率100% 3.每月安全检查报表的及时性和准确性达到100%		

（续表）

绩效指标名称	指标内容	指标定义/公式	权重	评分规则及标准	数据来源	考核周期
编制采购外协计划	公司年度生产按计划100%完成公司年度生产按计划100%完成			1.每月日前，汇总各生产单位的生产用料计划 2.每年月日前，编制完成公司下一年度采购、外协加工计划，报领导审批 3.每月日前，编写完成公司季度、月度采购与外协加工计划，报领导审批		

人力资源部绩效考核指标

绩效指标名称	指标内容	指标定义/公式	权重	评分规则及标准	数据来源	考核周期
人员配备及时率	依据公司各部门的需求和职位说明书的任职条件，招聘新员工。组织面试、复试，择优录用新员工		20	在商定的时间内按公司部门需求招聘到合适的人员	人力资源部、各部门	月度
培训计划完成率	根据领导审批的培训实施方案，按年初制订的培训计划，具体安排公司各项培训工作，保证培训工作的顺利完成		20	1.中高层培训计划完成率达到100% 2.技术人员培训计划完成率达到100% 3.普通员工和新进员工培训计划完成率达到100%	人力资源部、各部门	月度
薪酬计算及时率和准确率	每月末根据公司薪酬方案和员工日常考勤，编制公司员工工资表，报送财务部，以保证员工工资按时发放		20	1.每月日编制完成员工工资表 2.员工工资表编制准确率达到100%	人力资源部、财务部	月度

（续表）

绩效指标名称	指标内容	指标定义/公式	权重	评分规则及标准	数据来源	考核周期
绩效结果准确率	做好月度、季度、年度各职能部门的绩效考核		20	1.做好月度各职能部门的考核工作，并在此基础上进行季度和年度的绩效考核 2.每次考核后，在规定的时间内完成《绩效考核表》的编制工作，确保准确无误	人力资源部、各部门	月度、季度、年度
员工劳动保障与福利管理	建立公司统一的劳动保障体系，并制定相关的规章。按照有关规定为员工办理各种保险和社会统筹手续。处理和解决公司劳动纠纷和其他相关问题		10	1.员工劳动保障和福利手续办理及时率达到100% 2.年度内员工劳动保障和福利手续办理出错率为0	人力资源部、财务部	月度
劳动合同和人事档案管理	根据政府有关部门的规定，编制公司统一的劳动合同文本，组织员工办理劳动合同的签订、续签手续，并对员工已签订的劳动合同与人事档案统一归档管理		10	1.新、老员工劳动合同签订、续签手续在5个工作日内完成 2.劳动合同和人事档案保管无遗失现象	人力资源部	年度

财务部绩效考核指标

绩效指标名称	指标内容	指标定义/公式	权重	评分规则及标准	数据来源	考核周期
成本控制与核算	组织对公司各部门和下属单位进行会计核算和成本管理；安排专人进行公司资产、负债等总账、明细账的登记，凭证填制与核对，报表编制等各项会计核算工作		20	1.确保公司成本降低__%以上 2.确保公司管理费用比上年度降低__%以上	财务部	季度、半年度、年度

（续表）

绩效指标名称	指标内容	指标定义/公式	权重	评分规则及标准	数据来源	考核周期
固定资产管理	对公司的固定资产统一建账管理，对发生变化的资产及时登记，审查固定资产增减变化、折旧、报废、报损的账务处理，对处理固定资产进行监督，准确估价		20	1.固定资产账务处理及时率达到100% 2.固定资产账务处理出错率为0	财务部	季度、半年度、年度
预算和费用审查	参与对公司各项预算的审批，并审查各职能部门、各下属单位的费用计划、支票和各种报销单据，报领导审批		20	1.各项费用的审查及时率达到100% 2.各项费用的审查出错率为0	财务部	月度
资金管理	按计划调度和使用资金；定期对公司债权债务结构和资金使用效果进行检查，提出调整建议和编写预警报告		20	1.资金流动比率控制在__%以下 2.各种财务报告编写及时率达到100%	财务部	月度
纳税申报和报表	管理负责按月进行纳税申报，包括税收计算、统计，办理相关税务手续等。定期将会计报表整理归档，负责会计报表的档案管理		5	1.每月纳税申报及时率为100% 2.每月纳税申报出错率为0 3.每月__日前完成会计报表的归档工作，及时率为100% 4.年度内，会计档案管理出错率为0	财务部	月度

(续表)

绩效指标名称	指标内容	指标定义/公式	权重	评分规则及标准	数据来源	考核周期
账目登记和核算	对各项往来款项，根据审核后的记账凭证顺序登记，及时核对，及时清算，确保账目的准确性		5	1.账目登记与核算及时率达到100% 2.账目登记与核算准确率达到100%	财务部	月度
现金管理	根据银行的结算制度和公司的报销制度，通过审核原始凭证的合法性、准确性，及时、准确的完成现金收付工作和报销工作		10	1.年度内，现金收付工作及时率达到95%以上 2.年度内，现金收付工作出错率为0 3.现金日记账和银行日记账登记及时率达到100% 4.年度内，现金日记账和银行日记账登记出错率为0 5.年度内，提取、送存现金及时率达到95%以上 6.年度内，现金提存和保管出错率为0		月度

总经理办公室绩效考核指标

绩效指标名称	指标内容	指标定义/公式	权重	评分规则及标准	数据来源	考核周期
1.年度目标完成率 2.年度经营计划完成率	根据行业和公司的发展形，修订完成企业发展战略；每年12月份根据公司战略规划编写完成公司明年的经营计划，并报领导审批		30	1.每半年提交1份《关于公司战略的执行和意见》 2.每季度提交1份年度经营计划执行小结报告及《战略执行报告书》 3.每月提交1份《市场信息调研报告》	董事长、总经理	月度、季度、半年度

（续表）

绩效指标名称	指标内容	指标定义/公式	权重	评分规则及标准	数据来源	考核周期
1.责任书签订覆盖率 2.目标季度检查完成率	在公司年度经营计划指导下，每年年底编制明年各职能部门及下属单位的分解目标		20	1.每年年底完成各职能部门和下属单位的目标分解表 2.次年1月份完成目标分解表的修订和确认 3.2月份组织公司逐层签订《目标管理责任书》 4.每季度一次检查目标执行情况	董事长 总经理	月度、季度
编辑企业内刊	每月出版1期企业内刊		5	1.按时出版率达到100% 2.重大错误出现率为0 3.错别字出现率在1‰以下	总经办各部门	月度
信息系统管理	组织对公司的内部网络和外部网站以及计算机使用和维护进行统一管理		5	1.公司内部各项信息系统软硬件正常运行率达到90%以上 2.公司网站的正常运行率达到95%以上 3.计算机设备发生故障，软件问题在2小时内排除；硬件发生问题在1天内排除	总经办各部门	月度
行政性资产管理 1.行政性资产完好率 2.行政性资产采购完成率	协调公司行政、办公用品及设备，统一安排人员购买，组织对公司行政财产物资进行登记、造册及定期盘点		5	1.行政性资产完好率达到100%，使用率达到90%以上 2.行政性资产采购按计划全面完成，采购费用不突破预算	总经办各部门	月度

(续表)

绩效指标名称	指标内容	指标定义/公式	权重	评分规则及标准	数据来源	考核周期
治安消防管理 1.重大治安案件发生率 2.重大火灾发生率	组织对公司的保安人员、消防、环境和卫生进行统一管理，确保公司生产经营的安全顺利进行		10	1.年度内，公司辖区重大治安案件发生率为0起 2.年度内，公司辖区重大火灾发生率为0起	总经办	月度
行政性车辆管理 1.车辆维修保养按计划完成率 2.私事用车现象出现率	组织制定公司行政车辆使用制度，对车辆进行统一管理。建立行政车辆和驾驶员档案，对驾驶员进行日常管理，并负责公司车辆的维护、保养以及办公用车费用的控制		10	1.车辆维修保养按计划完成率达到90%以上 2.年度内因私事用车现象出现率为0	总经办	月度
文件撰写与管理 1.规定时间完成率 2.领导满意度评价率 3.错别字出现率	起草各种公文，管理待批文件，负责文件的接收、登记、传阅、下发、归档工作；负责公司董事长、总经理会议发言、会议记录、决定等文字材料的起草整理工作		10	1.领导满意度评价率在90%以上 2.按规定时间完成率达到95%以上 3.各项文字工作，错别字出现率在1‰以下	公司领导、总经办	月度
员工食堂满意度	负责安排公司员工就餐工作		5	公司员工满意度评价率在80%以上	各部门	月度

第六章
绩效实施

　　绩效的关键之处在于实施,坐着不动永远完不成绩效。当大家对定下的绩效指标都达到高度认同后,我们要做的就是确认承诺,即层层分解、签订绩效合同。而在确认承诺的过程当中,我们需要考虑"多米诺效应",这样才能确保绩效的整体带动性。

案例：

张先生是一家电信公司的项目经理，他在公司的表现一直都很不错，但是某一天，他却突然将一封辞职信放到了总经理的桌子上。信中是这样写的：

黄总：

您好！

我不得不非常遗憾地对您说，我要走了。您知道，去年一年我们的网络建设速度实在太快了，这也是在同行业中得到公认的速度。但您是否知道，为了完成公司的目标，我们有多少个周末没有休息，多少个晚上没有睡觉啊。

虽然您交给我的任务我并不是总能完成得那么完美，但您有没有问过我是否有什么困难啊：事实上，困难我可以自己克服，但很多事情我是多么想早一点知道解决的办法，而不是到最后才知道。说老实话，我很怀念自己在原来公司的日子，那时虽然挣的工资没有现在多，但老板总时不时地走到我们的座位上与我们聊天，出差在外的时候，还经常打电话给我们，那种感觉特别好。而如今，您除了坐在自己的办公室里，就是与大老板们开会，总共和我们讲过几句话我现在都记得。

我真的很希望能多与您沟通。那天我发了一封E-mail给您，向您讲了一些工作上的事情，可是很长时间都没有得到您的答复。因此，我决定不再等下去了。

很抱歉在公司这么忙的时候离开。

此致

敬礼！

张××
××××年××月××日

不难看出，张先生所就职的公司几乎没有绩效辅导和绩效沟通，管理者在绩效实施阶段基本上处于"隐身"的状态，这种管理方式导致员工对公司产生了失望的情绪——似乎没有人在乎他们到底如何完成工作，没有人在乎他们在工作中遇到的困难，管理者只需要员工提供完美的工作结果，其他的一概不管。由此所导致的结果是，张先生选择了离开，因为这家公司没有提供给他所期望的东西：通过绩效辅导而自我增值、来自管理者的重视和尊重。

完整的绩效管理包括四个流程：绩效计划、绩效实施、绩效考核、绩效改进，但是很多企业都删繁就简地只执行了绩效管理的两个步骤：一是年初把绩效考核指标告诉员工；二是年底便热火朝天地填写一堆绩效考核表格，最终导致绩效管理演变为管理人员的"表格综合症"。

很多主管人员认为，只要把相关的绩效管理表格填写完毕就履行了绩效管理的职责，至于绩效管理的核心——如何与员工保持高效的绩效沟通，如何实现员工目标与企业战略目标的对接——他们则完全置之不理。

然而，把绩效管理降级为填表格的文书工作，对于企业和管理者个人都弊大于利：其一，兴师动众的绩效管理并没有发挥出提高员工绩效的功能；其二，填表格是一种对企业的绩效产出没有任何益处的工作，管理人员却为此劳心费力，这自然影响管理人员从事有效工作的时间。

所以，为了避免绩效管理沦为一场华而不实的演出，在绩效执行阶段，管理人员便不能懈怠，应该进行卓有成效的绩效辅导和绩效沟通。

绩效辅导

一、绩效辅导的必要性

简单地说，绩效辅导就是管理者为员工达到绩效目标而提供帮助的过程，在这个过程中，管理者与员工一起讨论如下事项：员工的工作进展情况、在工作中遇到的潜在障碍和问题、关于如何解决问题的办法措施、员工取得的成绩以及存在的不足。应该说，绩效辅导贯穿于整个绩效管理过程始终，而不只是在某一个特殊阶段。

在实施绩效辅导时，管理者的角色相当于"教练"，他们为员工提供完成工作的资源和信息，不断挖掘员工的最大潜力，使这种潜力转化为有助于企业战略目标实现的助力。为什么要强调绩效辅导呢？这是因为绩效辅导对于员工的工作目标的实现乃至企业战略目标的达成有着非常重要的意义，综合来看，绩效辅导可对企业管理发挥如下作用：

（1）有助于管理者了解员工的工作进展情况，以便于及时进行协调调整。

（2）管理者可以了解员工在工作中遇到的障碍和问题，从而给予指导和帮助，以提高员工应对问题的能力。

（3）可以将绩效考核时出现意外情况的概率降低到最低。

（4）管理者对绩效执行的情况进行全程跟踪，有助于提高绩效考核结果的说服力。

（5）为员工提供完成工作的有帮助的资源和信息，可以增强员工的自信心，间接提高企业人力资源的素质。

（6）有助于信息从上向下的流动，管理者可以及时地把自己的想法传达给员工，增加大家对于绩效考核目标的共识。

二、选择有效的绩效辅导风格

每一个管理者有着不同的个性特点和行事方式，反映在绩效辅导风格上，大致可以区分为四种类型：

（1）推动者。管理者直接告诉员工如何去完成工作，他的注意力只集中在工作任务和事实上，不善于进行自我表达，很少流露自己内心的感受，不过他们对于自己的想法非常自信，因此他们在说话时一般语速较快、表现得十分坚定。

（2）说服者。与推动类型管理者一样，说服型的管理者也非常自信，他们采用劝说的方式说服员工按照自己的想法去做，他们会充分向员工传达自己如此主张的原因所在，并且往往倾向于采取丰富的肢体语言，在表达时流露出丰富的个人感受。

（3）温和者。与推动者和说服者相比，温和者的最大特征是不那么自信，所以温和者的主观性强于客观性，他们说话的时候语气比较柔和，很少打断员工的话。

（4）分析者。分析者属于理性主义者，他们尊重事实和数据，喜欢用一种系统的、逻辑性较强的方式与员工进行沟通，他们也更多地讨论工作任务和事实，自己的个人感受则秘而不宣。

上述四种绩效辅导风格各有利弊，很难从它们之中推选出最优者，也很难界定出哪一种绩效辅导风格更有效。随着管理情境的变化，每一种绩效辅导风格都会体现出它们的优点。比如，对于说服自主性较强的员工，采用推动型辅导风格便不如分析型，而对于说服较感性的员工，温和型的辅导风格则可以发挥出积极的效用。因此，最适合的辅导风格才是最有效的，善于管理的上级会根据员工个性特点和工作类型的不同，采取不同的辅导风格，而不是固守单一的辅导方式。

三、选择最佳的绩效辅导时机

有的员工喜欢富有挑战性的工作，当他们在工作中遇到问题以后，他们希望凭借自己的力量克服困难，如果在他们尚未发挥自己的才智时，他的上级便帮助他们解决问题，他们会消极地认为上级对于自己的能力没有信心，表现得非常失落。有的员工的依赖性较强，如果有一个强有力的人物在他们旁边的话，他们便会表现得非常积极，他们希望困难一出现时，上级便向自己伸出了援助之手。因此，管理者在对员工进行绩效辅导时，绝对不能忽略时机的选择，除了根据员工的性格特点进行时机选择外，还应该遵守如下的原则：

（1）当员工向上级征求意见时，上级应给予及时的辅导。比如，员工向管理者请教问题或者就某个新想法向管理者请示时，此时，管理者应该对员工进行辅导，因为员工已经明白地向管理者表达了自己的迷茫，此时的辅导可谓是恰逢其时。

（2）当员工希望解决问题时，管理者可以给予恰当的指点。比如，对于某一个紧迫的难题，员工付出必要的努力仍然无法解决时，管理者可以适时地指点迷津，向员工传授一些解决问题的技巧。

（3）当管理者发现绩效有改善的空间时，可以向员工提供更佳的解决方案。比如，员工正在完成或者已经完成了某项工作，管理者发现还有更好的解决方案时，可以在肯定员工的前提下把更好的方案提供给下属。

（4）当员工通过培训掌握了某项新技能时，管理者可以鼓励员工运用自己的新技能。

（5）当员工面临新的职业发展机会时，管理者认为新的发展机会有助于员工胜任素质的提升，并同时为企业实现更有效的人员配置，可以辅导员工争取机会。

（6）当员工在工作中出现问题时，或者目前的工作方向偏离了既定的工作目标时，管理者一定要把员工引向正确的轨道上来，尤其在员工浑然不知的情况下，管理者更要积极主动地修正员工的行为。

四、如何在绩效辅导中提问

在绩效辅导中，如何提问也是很重要的，高效的经理通过提问题，帮助员工思考，让员工自己找答案。下面是一些提问的技巧：

（1）如果管理者已经预想到自己可能无法接受员工的答案，最好不要提问。人们在提问的时候往往会表现出答案偏好，他们虽然冒险地询问对方的意见，但是当对方的回答不是自己所希望的答案时，便会表现得情绪比较恶劣。所以，如果管理者还没有做好接受糟糕答案的准备时，聪明的选择是不要发问。比如，如果一个管理者不愿意接受关于自己的负面评价，那么，这名管理者最好不要询问下属对自己的看法，以避免为下属留下不好的印象。

（2）避免用"为什么"单刀直入地进入话题。一般而言，当管理者用"为什么"作为沟通的序曲时，员工会产生较强的防御心理，从而不利于员工坦诚地向管理者陈述关于工作的情况。所以，对于在那些时间不是很紧迫、所处理时间不是很重要的时刻，管理者最好不要以"为什么"这种措辞开始谈话。比如，相较于"你为什么迟到"的提问方式，如下措辞："是不是在来上班的路上发生了什么特别事情，使你不能准时到达？"将更有助于创造融洽的沟通氛围。

（3）少用反问句。反问句带有较强的个人倾向性，尤其当反问句里包含着指责的意向时，很容易招致对方的反感。比如，如果管理者这样问自己的下属："你不觉得自己应该更加勤奋地完成工作吗？"下属会产生一种屈辱的感觉。

（4）避免复合问句。复合问句包含几个部分，实际上是几个问句合在一个句子里。复合问句很让人迷惑，并且容易得到低质量的回答。例如，"你为什么周五经常迟到，而周三经常早退呢？"这就是两个问题，而且你不可能两个问题都得到很好的答案。把几件事情分开，让问题变得简单详细。

（5）不要打断对方的谈话。打断他人的讲话，是非常不尊重人的表现，所以管理者最好不要无端打断员工的话。不过，也有例外，如果员工的回答完全偏离了正题，或者带有侮辱和污蔑性质的时候，管理者便可以忽略这一原则，适时把员工的陈述纠正到正确的方向。不过即使如此，管理者在打断员工谈话的时候也要态度友善，不要表现得非常强硬。

五、绩效问题解决策略

当员工的实际工作进程偏离了绩效目标时，导致问题出现的原因可能有多种多样，这便要求管理者要对症下药地进行绩效辅导，如下是可供参考的问题解决策略：

策略1：如果影响工作进程的因素不在员工的控制范围内，属于外部障碍，管理者应该调动自己的所有资源将其排除，以减少其对员工达到绩效目标的影响。

策略2：如果员工因态度不正确而妨碍了绩效，管理者应该致力于改变员工的态度，分析员工态度不正确的真正的原因，采取一定的说服技巧纠正员工的态度。

策略3：如果员工因知识储备不足，由于缺乏经验和技能而无法胜任工作，管理者最好为其提供一定的指导，给予其必要的支持和协助。

六、绩效强化

当员工成功运用了某种技能时，管理者采取积极主动的行为对员工进行鼓励和表扬，以强化员工在今后工作中使用技能的行为，这种管理举措便是绩效强化。表扬是管理者可以采用的激励员工完成绩效目标的最有效工具之一，因为员工总是愿意做那些能够获得上级表扬的事情，所以管理者对自己所期望的行为表示认可，有助于员工增强信心，提高工作的积极性。

绩效强化的指导原则如下：

（1）当员工出现了有助于提高绩效的行为时，便对其进行表扬，滞后的表扬所带来的激励效果将大打折扣。

（2）上级表扬什么，员工就会做什么，所以千万不要强化你不希望员工做的事情，当表扬员工时，要明确告诉下属他们受到表扬的原因。

（3）强化鼓励员工尝试使用新的技能和方法，即使员工所使用的新技能和新方法暂时没有使组织受益——千万不要泯灭员工的创新意识，创新型员工是企业最有价值的资产。

（4）强化具体的事情，一句笼统的"干得好"不足以让员工意识到自己的哪些表现对企业具有价值，以致员工不知道究竟要强化哪些工作行为。

（5）将绩效强化与绩效辅导分开，不要刚刚对员工进行表扬后，就马上进入绩效辅导的主题，这种方式会让员工感觉所谓的表扬只是为了实施辅导。

绩效沟通

一、绩效沟通的目的

所谓绩效沟通，就是管理者与员工就绩效管理中出现的问题以及绩效管理系统本身存在的问题展开实质性的面谈，并共同寻求应对之策以改进员工绩效的一种管理行为。简单地说，绩效沟通是指管理者与员工在共同工作的过程中，分享各种与绩效有关的信息的过程。

管理者与员工共同制订绩效计划、达成绩效契约后，这只是完成了绩效管理过程的第一步，这并不意味着管理者随之可以高枕无忧地收获满意的工作结果。因为，计划并不等于行动，也就是说，在绩效实施阶段很可能产生如下问题：员工会完全按照计划开展工作吗？制订的绩效计划是否周全，是否将所有的问题考虑了进去？既定的绩效计划需要修改吗？……

对于上述问题，绩效沟通便成了铲除绩效实施阶段障碍的最有效武器。在绩效实施的过程中，管理者与员工进行持续的绩效沟通的目的主要有以下三点。

1.通过持续的沟通对绩效计划进行调整

环境是时刻变化的,当既定的绩效计划随着环境因素的变化变得不切实际或无法实现时,便需要对绩效计划进行调整。例如,由于竞争对手的产品变化而不得不改变对自身产品性能的要求;由于意外的困难或障碍的出现而不得不将工作业绩的数量降低或时限变得更加宽松一些;各项工作目标的权重可能也会随着环境因素的改变而发生改变等。

2.为员工提供与绩效实施相关的信息

员工在执行绩效计划的过程中需要了解到的信息主要有以下两类:

(1)关于如何解决工作中的困难的信息。随着工作环境的变化加剧,员工的工作也变得越来越复杂,既定的绩效计划时很难成功地预测到所有在绩效实施阶段出现的困难和障碍,而当困难和障碍出现时,大多数员工总是希望能获得上级的协助,所以管理者便不能对下属的工作不闻不问,而应该密切关注员工的工作执行情况,以便在必要的时候提供力所能及的帮助和资源。

(2)关于自己工作做得怎么样的信息。员工都希望在工作过程中能不断地得到关于自己绩效的反馈信息,以便不断地改进自己的绩效和提高自己的能力。如果在整个绩效管理周期中,管理者从来没有指出过他们的不足之处,而到了绩效评估阶段,才煞有介事地列举出一大堆负面事实数落员工,此时,员工很可能滋生不满的情绪,因为他们认为是管理者的不作为才导致了自己的持续低效。

3.管理者获得关于员工绩效实施情况的信息,以便进行绩效辅导和绩效考核

管理者需要在员工完成工作的过程中及时掌握关于工作进展情况的信息,了解员工在工作中遇到的困难和具体表现。如果管理者不能通过有效的沟通获得必要的信息,那么也就无法在绩效评估的时候对员工作出评估了。另外,及时了解信息还可以避免发生意外事情时措手不及,可以在事情变得棘手之前进行处理。

绩效实施过程的沟通

步骤	第一步	第二步	第三步
部门主管	了解员工工作开展情况,为其提供培训、必要的资源支持、技术帮助	反馈员工的工作表现,并给予及时、中肯的评价	定期与员工谈心,定期召开工作汇报例会,收集记录员工行为或结果的关键事件、数据,临时性就某一个问题与员工沟通,对员工实施非正式的表扬和批评
员工	如实向上级反映工作中遇到的问题	及时调整错误的、无效的工作方式,与上级进行有效的沟通	积极配合上级,真实向上级反映工作情况,客观地接受上级对自己工作的评价

二、以建设性沟通为主

绩效沟通在整个绩效管理体系中占有着重要的地位，如果企业的绩效管理缺少了有效的绩效沟通，那绩效管理就等于一座空有形式的海市蜃楼。有效的绩效沟通具有如下特点：

（1）围绕绩效目标和绩效标准而展开。

（2）贯穿绩效管理的全过程，在绩效计划、绩效实施、绩效考核和绩效改进阶段都需要管理者和员工进行积极有效的沟通。

（3）体现双向互动，信息的流动不单是从组织机构的较高层流向较低层，信息还从基层员工传递给企业的高层管理者。

（4）绩效沟通的目的是为了实现绩效改进和提高。虽然绩效沟通是绩效管理的全程参与者，但是在绩效实施阶段，绩效沟通对于绩效管理的成败发挥着重要的影响，因为成功实施绩效管理的关键还是执行，如果保证了绩效实施的正确方向，绩效管理便等于是成功了一半。

绩效实施阶段的沟通应该以建设性沟通为主，所谓建设性沟通，就是以解决问题、改进绩效、达到绩效指标为交流的根本目的。建设性沟通遵从如下原则：

（1）对事不对人的原则：管理者在与下属沟通时，将沟通的重心定位在事实上，而不是员工的个性特点和能力素质上，这可以有效地避免人身攻击，增加下属对绩效辅导的接受度。

（2）责任导向原则：当工作出了问题后，管理者要引导员工认识到自身的责任，否则员工将不会有改进的意愿，因为人们总是不愿意为别人的错误买单。

（3）事实导向原则：管理者与下属的交流要注重客观性原则，避免感情用事，尽量摒除个人的既定偏好。

三、绩效沟通的必要性

为什么在实施绩效管理的过程中尤其要强调绩效沟通的必要性呢？这是因为绩效沟通可对组织产生如下正面影响。

1.只有通过沟通，才能设定共同认可的绩效目标

在制订绩效计划时，需要明确如下问题：

（1）员工在企业中的角色定位是什么？

（2）员工要为企业实现哪方面的功能？

（3）员工如果要想胜任目前的岗位，需要具备哪些能力素质？

（4）员工在工作中需要承担什么职责？

关于上述问题，只有通过上下级之间有效的绩效互动沟通，才能找到真实的答案，根据这些答案所制定的量化绩效考核目标才是最有意义的，也容易获得管理者和员工的双方认可。比如，销售部门的主管在给下属制定考核任务时，首先必须通过员工了解产品过去的销售情况，如市场占有率、销售地区分布、竞争对手情况等，并让员工自己阐述对未来销售市场走向的分析，这些来自基层员工的信息非常有价值，如果主管一味地闭门造车，脱离实际地制定绩效考核目标，很可能导致目标偏离了真实的销售情况，或者让员工无所适从，或者所制定的绩效目标难以发挥较强的激励作用。

2.只有通过沟通，才能在绩效实施过程中不断地勘误，提高目标实现率

在通常情况下，员工在绩效实施阶段都会遇到很多问题和障碍，如果这些问题和障碍没有得到及时的解决和排查，便可能影响绩效目标实现率。因此，在绩效实施阶段，管理者必须经常就工作进展情况与员工进行沟通，了解他们的所思所想，对他们排忧解难，担当好领路人和教练的角色。

3.只有通过沟通，才能使绩效管理思想深入人心，减少员工对于绩效考核结果的异议，降低考核者和被考核者之间的冲突

员工对于绩效考核的认知是逐渐深入的，只有通过不间断地沟通，员工才能以积极的态度对待绩效考核，逐渐抛弃对绩效考核的负面认知，如认为绩效考核是公司对员工实施惩罚的工具、绩效考核只是名不副实的管理游戏。

通过绩效沟通，管理者逐渐把绩效考核思想传达给员工，让他们明白其实员工就是绩效考核的受益方，公司的出发点并不是为了对员工实施惩罚，而是期望借助绩效考核挖掘他们的潜力，提高他们的职业素养，增强他们在人力资源市场的竞争力。

此外，绩效考核的实施需要得到员工的全面配合；否则，将会使绩效考核工作举步维艰。因此，从这个层面来讲，绩效沟通也是保证绩效考核成功实施的必要手段。

四、如何让绩效沟通发挥积极效用

任何一种管理工具的优与劣并不在于管理工具本身，而在于使用者如何驾驭它们。如果使用得当，则可以成为推动企业绩效实现的有效工具；如果使用不当，非但难以发挥工具本身潜在优点，还会使其成为失败管理的灾难源。基于这一管理实践，为了使绩效沟通发挥积极的效用，管理者应该做到如下几点。

1.以人为本，要有对员工的利益和成长负责任的理念和态度

企业在实施绩效管理时，切不可把员工视为对立的一方，将绩效考核视为压制

和控制员工的手段。因为绩效管理的主体始终是企业各个部门、各个岗位的员工，如果员工对绩效考核怀有仇恨的思想，将难以使绩效管理成为推动企业战略实现的驱动器，因此在实施绩效管理时，管理者一定要把"以人为本"视为沟通的基本准则：管理者不是代表企业权益的一方对员工进行核查、质询、评价，而是将员工视为企业的资源，把员工当成企业最有价值的资源进行深度发掘和培育，通过员工的增值来最终实现企业的战略目标。

2.掌握沟通的核心工作：反馈、激励、辅导

在绩效沟通过程中，员工成为沟通的主体。员工的能力、态度、情绪、业绩成为沟通的主导内容。管理者需要对员工的主要工作及其表现有着比较全面的了解、客观的评价，能够恰如其分的评价下属的工作表现，发现其情绪的变化、能力的优缺，真实地进行反馈，适当地进行激励和辅导。这是管理者在进行绩效沟通之前就要明确的。管理者最好不要把主要精力放在业绩判断上，似乎绩效沟通只是为了辨别清楚下属的业绩水平，这样的绩效沟通往往演变成一场争论，最后不欢而散。

3.沟通的内容要全面

全面的绩效沟通包括四个层面的内容：

（1）目标任务、标准、工作流程。

（2）结果、绩效、员工能力。

（3）职业生涯设计、潜力发挥。

（4）个人和组织利益、生活目标、感情因素。

管理者必须要与员工进行全面的沟通，对员工的了解应该是全景式的；否则，管理者将难以真正了解员工绩效不佳的真正原因，无法针对绩效问题而对症下药。

五、绩效沟通的方式

绩效沟通的方式主要有两种：正式沟通与非正式沟通。

1.正式沟通

正式沟通是指在正式的情境下进行的事先经过计划和安排，按照一定规则进行的沟通，在绩效研理中常用的正式的沟通方式有以下几种：

（1）书面报告。书面报告是绩效管理中比较常用的一种正式沟通的方式，指员工使用文字或图表的形式向主管人员报告工作的进展情况。书面报告可以是定期的，也可以是不定期的。定期的书面报告主要有：工作日志、周报、月报、季报和年报。除了定期的书面报告之外，主管人员往往还会要求下属员工就某些问题准备不定期的专

项的书面报告。例如，员工在执行某个项目的过程中对所发现的一些问题和解决方案提交一份报告。

书面报告这种沟通形式有很多优点，主要表现有以下几个方面：①书面报告的方式可以培养员工理性、系统地考虑问题，提高工作方法中的逻辑性。②书面报告的方式可以锻炼员工的书面表达能力。③通过书面报告可以在比较短的时间内收集到大量的关于员工工作状况的信息。④当主管人员和员工由于某些客观原因无法见面时，书面报告的方式非常实用。

书面报告沟通方式不尽如人意的地方主要表现为：①书面报告的信息是从员工到经理人员的中间传递，缺乏双向的信息交流。②书面报告中大量的文字工作容易使沟通流于形式，而且员工也会由于书面报告浪费时间而产生抵触情绪。③书面报告仅仅是单个员工和经理人员之间的信息交流，没有在团队中实现信息共享。

案例：

林森是一家公司的部门经理，在他手下有12名员工。公司对员工的绩效实施过程进行管理的方法是要求员工每月月末时向主管经理上交一份月报，然后主管经理再就这份月报的内容与员工进行10分钟左右的沟通。

在开始一段时间，员工们都能准时地将月报交上来。但逐渐地，公司的业务进入了高峰期，每个人的工作都异常繁忙。这时，林森感到收集每月的月报十分困难，上个月就有5名员工没有按时上交月报，经过了催促后才交上来，这个月到了上交月报的日子只有3个人交了上来。

于是林森想到，员工不愿按时上交月报一定有自己的原因，或许是月报这种沟通形式本身存在问题。因此，林森决定与员工交流一下这个问题。在与员工的面谈中，当林森问到员工们为什么不按时上交月报时，员工们的意见是："我们忙得根本没有时间做。""有些事情当面与您说就很清楚了，没有必要写成报告给您了吧？"，"我们每个月做月报至少要花费2个小时，而把这些情况与您讲一下只需要15分钟。"

关于林森遇到的沟通窘境，可以通过如下方式弥补书面报告沟通方式的缺点：

其一，将书面报告的方式与面谈、会议或电话等口头沟通的方式结合在一起，将单向的信息沟通转变成为双向的信息沟通。例如，可以与月度的工作报告相结合召开月度的工作例会，就报告中反映的问题进行沟通，而且在例会上不但员工与经理人员可以进行沟通，员工之间也可以进行经验交流；还可以结合员工季度的工作报告与员工进行一次面对面的交谈，共同探讨工作中需要解决的问题。

其二，简化书面报告中的文字工作，只保留必要的报告内容，避免繁琐、官僚的形式。

其三，充分利用现代的信息交流手段，如网络办公，可以使书面报告的交流速度和效率提高，增强实时性，书面报告就会体现出其他方式不能代替的优越性。

（2）会议。鉴于书面的沟通无法提供面对面的交流机会，因此会议沟通就具有了其不可替代的优势。会议沟通可以提供更加直接的沟通形式，而且可以满足团队交流的需要。此外，会议沟通的好处还表现在经理人员可以借助开会的机会向全体下属员工传递有关公司战略目标和组织文化的信息。

但是会议沟通也存在其不可避免的一些缺陷：①会议的组织比较耗费时间和精力，而且对经理人员的管理和沟通技巧要求较高。②有些问题不便于在团队中进行公开讨论。③与会者对会议的需求不同，因此他们可能会抱着各自的目的来参加会议，会对沟通中的信息进行选择性的过滤。④会议必然要使很多员工离开工作岗位，放下手头的工作，因此如果时间安排得不好会影响工作。⑤如果对会议的组织不够理想，也会使会议成为官僚的、繁琐的、形式主义的东西。

因此，在会议沟通中，也许要把握一些必要的原则：

原则一：注意会议的主题和频率，针对不同的员工召开不同的会议。

原则二：运用沟通的技巧形成开放的沟通氛围，不要开成批判会、训话会、一言堂、拌嘴会。

原则三：合理安排时间，以不影响正常的工作为宜。

原则四：在会上讨论一些共同的问题，不针对个人。

原则五：鼓励员工自己组织有关的会议，邀请经理人员列席会议。

（3）面谈沟通。管理人员与员工进行一对一的面谈沟通是持续的绩效沟通中比较常用的一种沟通方式。

面谈的方式有许多优点：①面谈的方式可以使主管人员与员工进行比较深入的沟通。②面谈的信息可以保持在两个人的范围内，可以谈论比较不易公开的观点。③通过面谈，会给员工一种受到尊重和重视的感觉，比较容易建立主管人员与员工之间的融洽关系。④主管人员在面谈中可以根据员工的处境和特点，因人制宜地给予帮助。

在绩效实施的过程中进行面谈沟通，应该注意以下几个问题：

第一，力图通过面谈使员工了解组织的目标和方向。在面谈的过程中，不仅仅停留在员工个人所做的工作上，而是要让员工知道他们个人的工作与组织的目标有什么样的联系。这样有助于使员工作出与组织目标相一致的行为。

第二，多让员工谈自己的想法和做法。主管人员应该借助面谈的机会更多地去倾听员工讲话，尽量去了解员工的真实想法，鼓励员工产生新的创意。

第三，及时纠正无效的行为和想法。主管人员倾听员工的想法，并不等于对员工听之任之。当主管人员在面谈过程中发现员工有一些无效的行为或想法时，应该及时加以纠正或制止。

第四，让员工认识到主管人员的角色。员工对主管人员在绩效管理中的角色有时会存在有偏差的看法。例如，认为主管人员应该替自己作出决策，或者认为既然主管人员把目标分解给了自己，那么他们就不应该干涉自己的工作了。主管人员应该通过沟通让员工认识到，在绩效管理的过程中，主管人员既不能对员工听之任之，也不能替代员工作出决策。主管人员应更多地起到支持者和问题解决者的作用。

2.非正式沟通

在绩效实施过程中的持续的绩效沟通，除了上面介绍的正式的沟通方式之外，还有大量使用的非正式的沟通方式。

对于员工来讲，无论何种形式的正式的沟通方式，都会让他们产生紧张的感觉，在表达的时候都会受到限制，很多真实的想法无法表达出来。而采用非正式的沟通方式则更容易让员工放开地表达自己的想法，沟通的气氛也更加宽松。

非正式的沟通方式几乎无处不在，可以说除了正式的沟通方式之外的沟通都可以称为非正式沟通。在工作的间歇、在午餐时、在咖啡厅里，甚至在路上，都是进行非正式沟通的场合。作为好的经理人员除了善于利用正式的沟通方式之外，还应该充分利用各种各样的非正式沟通的机会。

非正式沟通至少有以下几个优点：①非正式沟通的形式丰富多样，而且非常灵活，不需要刻意去准备，也不易受到时间、空间的限制。②利用非正式沟通解决问题可以非常及时，因为在问题发生时，马上就可以进行非正式的沟通，这样可以使问题高效率地得到解决，而不必等到某个计划好的时间再去解决。③非正式的沟通往往比较有效，因为员工特别喜欢接受这种形式。④非正式沟通更容易拉近主管人员与员工的心理距离。

常见的非正式沟通方式主要有如下几种：

（1）走动式管理。走动式管理是指主管人员在员工工作期间不时地到员工的座位附近走动，与员工进行交流，或者解决员工提出的问题。走动式管理是比较常用的，也是比较容易奏效的一种沟通方式。有的员工说："我就特别喜欢老板不时地走到我的座位上，拍一下我的肩膀，对我问上一句'怎么样？'"员工往往不喜欢老板整天坐在自己的办公室里，不与自己说一句话。主管人员对员工及时的问候和关心本身并不能解决工作中的难题，但足以使员工感到压力的减轻，感到鼓舞和激励。

主管人员在走动式管理的过程中应注意不要对员工具体的工作行为过多的干涉，不要对他们指手画脚、品头论足；否则，就会给员工一种突然袭击检查工作的感觉，员工容易产生心理压力和逆反情绪。

（2）开放式办公(open-door)。开放式办公主要指的是管理人员的办公室随时向员工开放，只要没有客人在办公室或正在开会的时候，员工随时可以进入办公室与主管人员讨论问题。例如，许多公司中主管人员的办公室是不设门的，只是用比较高的隔板隔开，这样做的目的是便于员工随时与其进行沟通。

开放式办公的方法比较大的一个优点就是将员工置于比较主动的位置上。员工可以选择自己愿意与主管沟通的时间与主管人员进行沟通，员工可以比较多地主导沟通的内容。绩效管理是主管人员和员工双方的责任，员工主动与主管人员进行沟通是他们认识到自己在绩效管理中的责任的表现，而且沟通主动性的增强也会使整个团队的氛围得到改善。

（3）工作间歇时的沟通。主管人员还可以利用各种各样的工作间歇与员工进行沟通，如与员工共进午餐、在喝咖啡的时候聊聊天等。在工作间歇时与员工进行沟通要注意不要过多谈论比较严肃的工作问题，可以谈论一些比较轻松的话题，如昨天晚上的足球赛、烹饪的技术、聊家常等，在轻松的话题中自然而然地引入一些工作中的问题，而且尽量让员工主动提出这些问题。

（4）非正式的会议。非正式的会议主要包括联欢会、生日晚会等各种形式的非正式的团队活动。非正式会议也是比较好的一种沟通方式，主管人员可以在比较轻松的气氛中了解员工的工作情况和遇到的需要帮助的问题。而且，这种聚会往往以团队的形式举行，主管人员也可以借此发现团队中的一些问题。

六、绩效沟通面谈记录表

绩效沟通面谈记录表

部　门			时　间	
考核人	姓名：		职位：	
被考核人	姓名：		职位：	
业绩讨论要点：				
考核人：			被考核人：	
绩效改进措施/计划：				
改进措施/计划实施记录：				
考核人：				

第七章
绩效管理常见问题

别把绩效管理搞得太复杂。如果你定了目标，而且还对目标有要求、有激励，这已经是绩效管理的一部分。如果你认同结果导向，而且对结果进行了量化、标准化，并实施了管控与激励，这是绩效管理的雏形。如果你还想更深入、细化，形成完整的流程、机制、系统，则已经走在绩效管理的大道上。

人力资源部门对绩效考核认识不够

案例：

W公司是一家外资公司，主要从事海外贸易，为了更好地与国际企业进行竞争，公司董事长决意在公司内部引入绩效管理制度，以取代在公司盛行多年的单纯职级制度。刚刚公布这个消息后，公司内的员工都很欢欣喜悦，尤其是那些基层员工的工作积极性变得十分高涨，因为按照公司以前的薪酬制度，员工的薪水主要取决于所属的层级，基层员工由于属于比较低的层级，自然限制了他们薪水的提高，而推行绩效管理无疑会让他们摆脱薪水难以得到提高的困境。结果绩效管理制度推行的当月，公司的生产效率就有了比较明显的提高。

与此同时，人力资源部门也在董事长的授权下，紧锣密鼓地制定绩效管理制度。6个月后，万众瞩目的绩效管理制度终于出炉了。新制度规定为了有效地激励员工、提高工作效率，公司将每半年实施一次绩效考评，普通员工与主管及以上人员分开进行评估。考核结果直接与奖金相关联，绩效考核结果最好的普通员工可以获取其考评前6个月平均工资3倍的奖金，绩效考评结果最好的主管及以上人员可获得其平均工资2倍的奖金。

董事长迫切想知道新制度的实施效果，于是立即要求人力资源部门依据新制度对全公司员工过去6个月的工作绩效进行考核，并根据考核结果发放奖金。人力资源部门本以为这一举措肯定会受到员工的欢迎，毕竟发奖金是一件让人兴奋的事情。然而，事与愿违，在新制度实行的过程中，人力资源部面临的压力越来越大，首先是有很多的普通员工对绩效考核持抵触情绪，接着一些新来的销售人员作出了离职的决定。此外，管理层对绩效考核制度的情绪也很大。最后，董事长不得不出面充当"救火队员"，责令人力资源部门停止实施新制度，并对既定的绩效管理制度进行大手笔的修改和完善。人力资源部门的负责人对于自己的尴尬角色非常无奈，他抱怨道："我们得罪谁了，没有功劳也有苦劳啊！"

W公司的绩效管理实践可谓是不了了之，仔细分析，可以发现W公司的绩效管理实践存在如下几个问题。

1.引入绩效管理制度过于仓促，缺乏必要的准备

一个企业要想成功地引入将一项新制度引入组织内，必做的一项功课就是对组织

环境和新制度进行全面的衡量和比较，看其是否适应组织当前和未来的发展，看其是否有利于组织目标的实现，看其是否适应组织目前的文化，如果没有做这项功课便匆忙引入绩效管理制度，很可能导致绩效管理制度因水土不服而胎死腹中。W公司便存在这方面的问题，尚没有对人力资源部门的能力、公司的企业文化、员工的情绪反映等进行明确地勘察便引入了绩效管理制度，导致绩效管理制度在执行过程中遭受阻力。

2.使基层员工对绩效管理产生误解，员工的内心存在这样一个等式：绩效管理=获取奖金

绩效与奖金联系起来本来是无可厚非的事情，但是如果只是把绩效考核结果用于奖金发放，则会使绩效考核对提高员工的工作积极性产生负面影响，因为员工本来是希望通过绩效考核多拿奖金，一旦有的员工因为绩效考核结果不佳而没有获得理想的奖金，便会对绩效考核产生怨恨情绪，从而不利于绩效考核制度在公司的推广和执行。再者，W公司的绩效考核制度忽略了公司的战略目标，与公司的战略使命是脱节的，这是对绩效考核制度最大的误用。

3.人力资源部门对绩效的认识出现了偏差，他们将绩效考核与绩效管理等同起来

绩效管理是指将企业的战略目标分解到各部门和员工个人，分为绩效计划、绩效实施、绩效考核、绩效改进四个环节，有着严谨的逻辑关系，核心主旨是改善和提高员工未来的绩效，从而有助于组织战略目标的实现；而绩效考核只是绩效管理的一个环节，主要是对员工过去一段时间内的工作表现和工作成果给予考核和评判，侧重于总结员工过去一段时间的绩效。由此可见，不论从概念还是外延来看，绩效管理与绩效考核是不同的两项管理工作，若是将绩效管理与绩效考核等同起来，这样就打乱和违背了他们之间的逻辑关系，既不利于发挥绩效管理的功能，也不利于顺利实施绩效管理。

4.部门的权力设计与工作任务不相匹配，企业没有赋予人力资源部门足够的权力行使工作任务，只是将其用于人事管理

在W公司中，董事长全权负责公司制度的推行，而本应为决策部门的人力资源管理部门却只是唯唯诺诺地接受和执行命令，这便等于剥夺了人力资源部门的一部分权力，使其因失去话语权而难以开展工作。固然，任何一项制度的引进和实施确实离不开企业高层管理者的指导和支持，但是人力资源部门作为制度的制定者和执行者，拥有一定的话语权也是必不可少的。从这个层面来看，W公司赋予所谓的"人力资源部"传统人事部门的权力却要求他们完成现代人力资源管理的任务，这导致绩效管理制度的推行遭遇了困境。

5.推行绩效考核制度，没有进行全员调动，各级主管只是认为绩效管理就是人力资源部门的事

在W公司各级主管看来，绩效管理只是人力资源部门的事，他们只是被动考核的对象。因此，人力资源部门在制定绩效管理制度时，公司的部门只是若无其事地从旁观望。事实上，绩效管理作为一个庞大复杂的工作项目，仅仅依靠人力资源部门的力量是很难做好的，成功地推行绩效管理需要公司全员的参与、需要各个管理层级的支持和帮助——这正是W公司的推行绩效管理制度时所欠缺的关键要素。

绩效考核成为人力资源部门的独角戏

案例：

盛先生是某制造企业的人力资源部经理，公司董事长在与同行交流的过程中听说360度绩效考评后，便授权他在公司推行360度绩效考评法。然而，盛先生在执行上级命令的时候，却遇到了执行上的困难。

盛先生也知道原来的考核方法确实存在一些弊端——由于只是上级对下级进行单项评分，无法有效规避人为因素对考核结果公正性的影响。为了提高绩效考核工作的有效性，盛先生加班加点地工作，很快就编制出了一份360度考评制度实施方案。按照新的考核制度，被考核者的上级、同级、下级和客户都要对他进行评价，使其从多角度了解到自己的工作情况，从而达到提高工作绩效的目的。被考核者的范围初步锁定于公司中层领导和关键职位上的员工，普通员工如果有要求，也可以主动申请进行360度绩效考评。

按照程序，盛先生首先组织6个部门经理和2个总监开会，准备对新的考核制度进行介绍和说明。结果距开会时间过了一段时间后，部门经理和总监才三三两两地来到会议室，等所有的人到齐后，距开会时间已过了15分钟。盛先生非常无奈，因为每次自己组织各部门负责人召开会议，除了有董事长坐镇外，大家都漫不经心，而且经常迟到。

盛先生在会议上把360度绩效考评的相关流程和注意细节讲解、演示了一番，大家听得似懂非懂，甚至有的部门主管在会议上还忙着自己的事情——生产部经理一边听一边拿出要出货的订单盘算着，财务总监则不停地摆弄着手机，不时地与旁边的财务部经理核对数据。

盛先生讲解完毕，让大家自由提问，大家都说没什么问题了，结果会议就这样结束了。

第二天，盛先生向各部门收取要求填写的最新的《职位说明书》，不料，生产部和采购部提交的《职位说明书》与旧版本一模一样，财务总监则说自己忙于工作而没有时间编制那些表格，不确定什么时间能完成。盛先生不得不要求生产部和采购部重新填写，嘱咐财务总监尽早完成。

2天后，生产部、采购部、财务部应该提交的《职位说明书》依然没有交上来，盛先生无奈之下，向董事长汇报了工作情况，董事长只是淡淡地说："财务总监也没交？哦，他可能比较忙，你直接追他要好了。"

从董事长办公室出来后，盛先生不知该如何解决这件棘手的事情。

绩效考核是帮助企业提高员工绩效、实现企业战略目标的一个重要手段。推广360度考核制度涉及公司各个层面和每个人的利益，牵一发而动全身。而考核制度又属于企业的监督制度，对于各职能部门来说被动性质远高于主动性质，所以在推行期间遇到阻力并不奇怪。具体到案例中的盛先生，他之所以会遭遇执行障碍，是因为有如下几个原因。

1.公司暂时还不具备推行新制度的若干前提，开展绩效考核工作成了人力资源部门的独角戏

建立执行团队单纯由人力资源部经理牵头推行360度绩效考核，在基础比较好、有相应的文化底蕴的企业里不是不可以。但是在一般的企业里，人力资源部经理很可能会成为两头受气的老鼠，上面有压力，下面不配合，遭遇绩效考核困境。用新的考核制度来取代原有的体制，有几个前提是不可或缺的：

（1）公司高层管理者必须清楚地意识到原有考核体系的诸多弊病，对新考核体系有充分的认识，并且具备推行新考核体系的坚定决心。在本案例中，该企业的领导层作出推行360度考核法的决定，仅仅依赖一次偶然的朋友"推荐"，可以说，该企业领导作出这种决策有点过于草率，选择的时机也不恰当。

（2）高层管理者对新制度的推行工作给予大力支持。管理层既是原有考核体制行之无效的责任者，又是深受这种体制约束的受害者，更是新体制引进或改进最合适的发言者。毫无疑问，管理层的支持将成为新考核制度实施成功与否的关键。从这个案例中，却看不出一套严谨的考核制度在他们的管理范畴中到底占据何种地位，他们未来的工作对一套新的考核制度的需求与支持都不明确。

（3）新制度推行工作获得全体员工的理解和支持。绩效考核制度不管如何变革，

重点对象都是广大员工,所以没有广大员工的理解与支持,绩效考核制度将难以得到有效的执行。如果部门负责人首先对新制度有抵触情绪,员工自然也会受到影响,使人力资源部门在推行新制度的过程中四处碰壁,新制度推行工作裹足不前。在上面的案例中,显然公司的中层管理者并不支持新制度的实施工作,使绩效考核工作失去了群众基础。

2.各部门负责人没有意识到新的考核方式的价值,没有真正理解新的考核制度对自己以及自己的工作到底有何帮助

原有的考评制度虽然存在不足,但是暂时没有出现大的缺陷,而且长期以来一直为大家所熟悉,所以大多数人并没有意识到改革的重要性。而如果推行新的考核制度的话,必然要危害一些人的利益,破坏了本来"你好我好大家都好"的局面,使人际关系紧张起来。基于这种考虑,各部门负责人自然难以对新的考核制度持欢迎态度,索性采取不作为的做法。盛先生现在要解决的是观念的问题,让大家了解360度绩效考核对公司的重要性,以及与员工个人职业生涯发展的联系。

关于盛先生如何解决工作中面对的问题,有如下几个建议:

(1)在项目开始之初,公司高层应先建立一个团队或者工作小组负责项目的推行,并且公司高层也是其中的一员,最高层设立定期问责制,各部门经理或相关的总监也是小组的成员。

(2)在项目跟进过程中,针对大家责任心不够的问题,可采用报表的方式进行通报。比如,针对每个阶段的推行计划,均形成一份对策表。在表中,确定每个项目的每个责任部门、每个责任人、具体的完成时间,并设立验证人、验证结果与验证时间栏。在跟进过程中,盛先生针对各部门存在的问题,还要及时与各部门负责人进行沟通面谈,共同探讨解决方案,以帮助他们很好地履行其职责。

(3)在项目执行过程中,盛先生应该经常到各部门验证,并在全公司范围内不断发布验证报告,以此督促各部门的工作行动;同时,将不同阶段的情况不断地汇报给自己的上级。

(4)为了降低新制度执行风险,可先选择一个条件成熟的部门为试点开展新制度实施工作,当取得效果后,让董事长对这个部门给予充分肯定,用正面舆论激励其他部门。

办公室代替人力资源部门开展绩效考核工作，但没有把角色发挥到位

案例：

B公司是南京一家房地产开发公司，成立于2003年，目前正在开发南京一个建筑面积为80万平方米的楼盘。该公司设有办公室、财务部、总工办、计划部（有的房地产公司叫合同预算部）、审计部、工程部、销售部共7个部门。高管分工为：总经理抓全面工作，直接分管办公室；一名常务副总分管总工办、计划部；一名集团委派来的财务总监分管财务部、审计部；一名工程总监分管工程部；一名销售总监分管销售部。

在部门考核方面，B公司是先计划、后考核，即每月底由各部门列出下月工作计划，层层报批后作为唯一的考核依据。月底，各部门对照月初的计划，填写工作完成情况。在自评后，部门分管领导、办公室、常务副总经理、总经理分别按权限进行评价扣分。

在个人考核方面，B公司和大多数公司一样，在月底由员工本人自评，填写本月工作内容、权重分配、完成情况，然后部门负责人结合员工自评给予评价，最后由分管领导确认员工最终得分。员工工资＝（基本工资＋绩效工资）×部门考核系数个人分数÷100，其中部门考核系数＝部门考核分数÷100。每月的考核结果，部门、员工的分数基本上集中在96～100分之间。高分数、低工作效率和效果的考核结果和实际情况的严重不匹配反映了考核的失败。为此，总经理对负责考核的办公室多次提出批评，要求从根本上改变绩效考核的方法，否则干脆取消绩效考核。

B公司绩效考核的失败主要存在如下几个原因。

1.在B公司的绩效考核中，办公室行使人力资源部门的职能，但是在考核阶段发挥的作用非常有限

在实施绩效考核的过程中，人力资源部门或者办公室习惯把自己定位于制度的制定者和组织者，而不是具体的实施者和评价者，B公司也是如此——办公室在考核中只参与考核结果的报送工作，只对考核计划表的编制质量进行评价，对于工作完成数量和质量等实质性问题则完全不涉及，避重就轻。

2.实行直线经理主导考核的方式，导致部门主管们的考核评价偏离实际

B公司实行的是直线经理主导考核的方式，各部门主管为了维护自身的利益，往往倾向于对员工的工作情况给予过高的评价，以免落下管理能力差的口实。

3.扣分标准不够科学

B公司要求各部门月度计划表上工作项目数不得超过8项，各项工作考核权重均为100分÷工作项目数。但在实际执行中发现，如果某项工作没有完成，对应的权重分就全部扣完的话，扣分太重。比如，工程部2008年5月份有5项工作，有一项工作没完成就会被扣掉20分，明显"量刑过重"，部门非常不满。公司的压力很大，遂改为在扣分上可不将权重分全部扣除，允许"酌情扣分"。最终形成的结果是，对未完成工作普遍扣1分，多的也就扣2分，很少扣2分以上。换句话说，假如该部门本月共有10项工作，均未完成，也就只扣10~20分，这明显不合情理。

针对B公司在实施绩效考核中存在的问题，为了使绩效考核工作成为推动公司战略目标实现的工具，建议如下：

（1）将办公室定位于考核的主要实施者和评价者，赋予办公室评定目标设置情况的权限。公司充分授权，让办公室全权负责绩效考核工作的整个环节，并赋予办公室评价目标设定情况的权限，让其自行决定扣分与否，对目标设定不合格项扣1~2分，直至10分扣完为止。

（2）引入举证责任倒置制度，使办公室在考核评价阶段发挥关键性作用。办公室参与绩效考核存在着介入考核易、发挥作用难的问题。由于办公室对每个部门的工作都不是很熟悉，必须调查了解各部门工作完成情况。从部门角度讲，办公室就是来证明部门工作没有完成、是来扣分的，所以部门往往不愿配合。缺少部门及其分管领导的配合，办公室较难了解部门工作的实际完成情况，自然就无法扣分。基于这种情况，B公司可以借鉴美国证券监管采用的"有罪推定"原理来解决。假定部门工作未完成，部门必须提供充分证据证明自己实际已完成。也就是说，即使部门某项工作实际上已高质量完成，但没有向办公室提供可靠足够的证据，办公室有权按未完成扣分，即举证责任倒置。在这一制度安排下，办公室再去调查了解工作完成情况，效率很高。在具体操作中，部门在自评后须提供工作完成证明材料给办公室或带办公室考核负责人去现场确认，然后常务副总经理、总经理根据办公室的初核意见、转呈的材料、自己平时的了解等进行判断，给出复核、审定意见。

（3）对跨月度工作实行"过程督促和结果考核相结合"的考核方法。对跨月度工作，在该项工作全部完成日期前只做一般性的检查，旨在督促提醒责任部门。将考核放在该项工作原定全部完成日期的当月，实行结果总考核。这样做一方面办公室可以减少严格考核所要花费的大量精力；另一方面在该项工作原定全部完成日期的当月考核，也能很好地把控工作完成质量。比如，销售部的地下车库销售管理方案，只要按计划在5月份审批通过了就行，至于过程中3月份调研结束、4月份出报告是否按时完成以及质量如何就不必考虑了。在具体操作中，在月度工作计划中增设一列"属性"，填写"过程"或"结果"，"出最终结果"当月，工作考核结果为未完成的，实际扣分=扣分工作周期（即整个工作从开始到结束涉及的月份数）-工作周期内该项工作已扣分。

（4）分级量化考核和明确扣分标准。对部门工作项目不从工作项目的价值角度判断完成应得多少分，而从扣多少分能起到触动作用的角度考虑完不成应扣多少分，这样设置的扣分标准更具可行性。为简化操作，可采用"二级扣分制"，一级目标未完成至少扣6分，二级目标未完成至少扣3分。部门在对当月工作目标进行重要程度分级时，所有工作目标中原则上一级目标应不少于40%。

（5）建立部门扣分责任追查机制，落实对责任人的处罚。解决员工考核得分偏高、偏离实际工作情况这一问题并不难，不需要过多改变公司的个人考核方法，只要在原有基础上采用"部门扣分责任追查机制"就可以解决。规则是：如部门因某项工作没完成被扣分，部门负责人必须在部门内找到承担此项工作的责任人，按部门扣分标准对该责任人进行考核扣分。

设定过高的绩效目标

案例：

H企业为了完成销售额增长20%的目标，向销售部门下达了死命令：在下一年度绩效考核中，对销售人员设定了"生死线"——完成任务重奖，可获得与往年相比3倍的绩效奖金，也就是将近10万元人民币；完不成任务则颗粒无收，一分钱奖金也没有。同时，为了防止个别区域拖后腿，营销中心在设计绩效考核指标时，在公司要求的基础上还加了一个条件：各大区只有实现30%的业绩增长才能获得奖励。

调高绩效考核目标后，销售人员感到压力特别大，在全国七个大区之中，竞争激烈的华东、华中、华北、东北四个地区都认为完成任务有很大的困难，公司制定的任务目标简直是天方夜谭；华南和西南虽然近年来销售业绩取得了可喜的增长，但对于完成任务指标也没有一点把握；只有原来基数较小的西北地区，感觉完成任务尚有可能，但也提出了附加条件——增加市场投入。

虽然对于新的任务目标，大多数销售人员都颇有意见，但营销总监语气坚定地说："只要完成任务，一切都好商量。如果奖励额度不够，我还可以帮大家再向公司争取。"在任务指标方面，营销总监没有丝毫妥协。于是，新的考核制度在销售部门开始实施了。

营销总监本以为重赏之下必有勇夫，没有压力就没有动力，高任务指标一定能促使销售人员实现较高的销售业绩。然而，事实与营销总监的想法背道而驰——1年下来，公司的销售业绩非但没有增长，反而下滑了10%。

营销总监百思不得其解，他不明白为什么自己煞费苦心地为下属争取重奖，大家反而毫不领情。

过犹不及，如果企业为员工制定的绩效考核目标越高，员工便越可能实现较高的工作业绩，那么，成就卓越企业也就不是一件困难的事情了，只要人为拔高任务指标就万事大吉。但H企业的绩效管理实践证明，上述的逻辑在现实中并不存在。

那么，H企业的绩效考核制度存在哪些误区呢？

误区一：随意制定目标任务，将风险转嫁给销售人员

营销总监的疑惑——为什么重赏之下没有勇夫呢——原因很简单：按照心理学的观点，员工的工作动机取决于两个因素：一个是奖励的力度，另一个则是目标实现的可能性，这两个因素任何一个为零，就可能导致激励失效。营销总监制定的绩效任务近似于不可能完成的任务，自然导致员工工作积极性的下降，甚至放弃了努力的动机。

H企业只制定了一条任务"生死线"，这会极大影响销售人员获得奖励的概率。调查显示，多数区域认为增长10%~15%的可能性最大，个别区域甚至认为保持销量不下滑已属不易。在这种情况下，把任务统一定为增长30%，销售人员费尽九牛二虎之力也实现不了，所制定的激励政策就形同虚设，甚至发挥消极作用。

此外，H企业在"生死线"之下还实行零奖励政策，这便会产生相当大的副作用，因为既然取得小成绩和没有成绩的结果是一样的，员工索性抑制了自己的工作积极性。这种绩效考核方式完全把风险转嫁给员工，而作为基层员工，一般抗风险能力较差，他们普遍厌恶风险，他们无法忍受"付出没有回报"的最坏结果——如果获奖的可能性过低，多数人会采用"不付出至少没有损失"的对策来减小自身风险，从而使消极怠工现象滋生蔓延。

误区二：随意制定奖励额度

在实施绩效考核时，绩效指标不能随行而定，想定多少就定多少；同样，绩效

奖金也不能想发多少就发多少。企业在实施绩效考核时有一个常见的误区，即制定完任务指标后，奖励额度随性而定，关于奖励的额度到底应该是多少没有经过审慎的思考。H企业便存在这个问题，营销总监轻易允诺员工可以向企业申请更高的奖励额度，使奖励标准缺乏了科学性。

有的企业在奖励额度上大打折扣——"100万元是不是太多了？估计给50万元也能行"——绩效奖励这张饼应该画多大，企业往往概念不清。企业在与业务人员讨价还价之中，大多是坚持"少花钱、多办事"的原则。用这种思想指导绩效考核，有时比没有绩效考核还要命。

当员工觉得自己的付出却没有得到足够回报时，他们往往会有三种做法，每一种都将使企业产生巨大损失：

（1）变相怠工。员工内心有一个小算盘，觉得自己吃了多少亏，便偷多少懒，用工作时间找补回来，在工作时间没有履行工作职责，或者上网，或者发呆。企业虽然节省了奖金，但却支付了较高的管理成本，得不偿失。

（2）寻找隐性收入。当绩效激励不足时，员工为了获得心理平衡便会千方百计地寻找隐性收入——广告费、进店费、差旅费、电话费，甚至小到买一支笔、印刷一个条幅都会有人打主意，企业费用比以前明显流失，而且个别现象可能变成普遍问题。

（3）优秀员工不断流失。如果企业加大了员工的工作量，员工却没有获得相应的绩效奖励，一些优秀的员工便会选择离开企业，甚至发生集体跳槽。继续招聘新的员工，企业会花费不菲的培训费用和时间成本。

绩效考核并不是越苛刻越好，如果企业希望通过绩效考核占员工的便宜，往往难以心想事成。H企业的绩效考核制度便存在这样一个问题，苛刻的绩效考核制度本想毫无成本地掠夺员工的利益，结果对公司的销售业绩产生负面影响。

针对H企业遭遇的绩效考核困境，有如下两个解决方案。

1.制定多元化的绩效考核指标

绩效考核的目的是使所有人都能最大化地发挥主观能动性，而部门和员工的工作能力各异，便不能一刀切地制定绝对化的绩效指标，而是要制定多元化的考核指标。一般来说，绩效考核指标的制定可分为三条线和四个区间。

第一条线：重奖线，代表企业理想要求。

第二条线：轻奖线，代表企业基本要求。

第三条线：处罚线，代表企业最低要求。

这三条线之间有四个区间：

（1）重奖线以上，表明劳苦功高，那么奖励系数可以翻倍。

（2）重奖线与轻奖线之间，表明有功劳但比较小，所以奖励系数也小。

（3）轻奖线与处罚线之间，表明只有"苦劳"没有"功劳"，如果员工态度积极，企业可在此设安慰奖，但不再进行结果性奖励。

（4）处罚线之下，无条件进行处罚，没有任何借口。

按照上述原则制定绩效考核指标，可以让所有的员工都找到适合自己的努力目标：

（1）那些有能力完成基本任务的地区，达到轻奖线并不会甘心，有了重奖线的诱惑，必然竭尽全力更上一层楼。

（2）那些条件不足、增长乏力的地区，为了"自己的命运自己做主"，拿到结果性奖励，而不是看企业眼色得安慰奖，也会全力一搏。

（3）即使是少数"落后分子"，为了免于处罚，也会采取积极行动。

从单一目标的"生死线"一线两区制，到多元化目标的三线四区制，表面看是管理技巧上的不同，实际上却是管理思想的差异。

在管理者与员工的博弈中，企业作为强势一方，只有学会站在对方的角度考虑问题，才能迎来合作中的共赢，使员工心甘情愿地为实现企业利润而竭尽全力。

2.进行激励期望调查

怎样才能做到激励力度"刚刚好"？可采用这样一个核心技巧，即由上到下制定激励制度，而不是相反。在制定绩效考核方案前，先由人力资源部门或相关责任部门进行一个充分的"激励期望调查"，如一对一约见各地区销售经理，询问他们认为全年总收入多少比较满意。如果平均期望值是10万元，减去其基本工资4万元，剩余部分是6万元。那么用6万元除以其基本任务额——区域销售3 000万元，就可以得出奖励系数为0.2%，以此作为区域经理个人年度奖励系数即可。

按这种思路制定奖金额度，公司的目标和每一个员工的个人期望都密切挂钩，算出来的总奖励系数，一般都能做到相对准确。即便是按系数得出的奖励总额可能是120万元，也可能是80万元，这个数值也要比企业当初拍脑袋定出来的更精确。

有的企业在进行激励期望调查时有一个顾虑，即激励制度如此民主，会不会出现漫天要价的现象，其实这种顾虑是不必要的，因为激励期望调查采用的是私下沟通的方式，个体不会受到他人的影响，即使一两个人期望过高也无关大局。抽样调查后再整体统计，还是可以得到比较真实的反馈。

第八章
绩效考核实用工具

依照"目标设计+目标分解+目标量化+量化考核"等多位一体的模式,为企业的生产、销售、采购、财务、人力等多个部门的绩效考核与量化管理提供实用性工具和精细化解决方案。

战略规划部

一、战略规划部KPI

战略规划部KPI

序号	KPI指标	考核周期	指标定义	资料来源
1	战略规划方案编制及时率	年度	规定时间内编制完成的战略规划数÷规定时间内应编制完成的战略规划总数×100%	战略规划部
2	战略规划方案通过率	年度	通过审核的战略方案数÷考核期内提交战略方案总数×100%	战略规划部
3	行业分析报告提交及时率	年度	规定时间内提交的行业研究报告数÷规定时间内应提交行业研究报告总数×100%	战略规划部
4	战略项目进度控制	年度	战略项目按进度计划执行	战略规划部
5	业务流程改善	年度	规定时间内已完成的计划工作量÷规定时间内计划完成的工作量×100%	战略规划部
6	提出并被采纳的建议数	年度	就当前企业运营过程中存在的问题提出改善建议的次数	战略规划部

二、战略规划主管绩效考核表

战略规划主管绩效考核表

被考核人：　　　　职位：战略规划主管　　　　考核时间：

序号	KPI指标	权重	绩效目标值	考核得分
1	战略规划方案提交及时率	20%	战略规划方案提交及时率达到__%以上	
2	行业调研计划按时完成率	15%	行业调研计划按时完成率达到__%以上	
3	行业分析报告提交及时率	15%	行业分析报告提交及时率达到__%以上	
4	经济运行情况分析报告提交及时率	15%	经济运行情况分析报告提交及时率达到__%以上	
5	各类报告提交通过率	15%	提交的各类报告通过率在__%以上	
6	业务流程改善计划按时完成率	10%	业务流程改善计划按时完成率在__%以上	
7	提出并被采纳的建议数	5%	间提出并被采纳的建议数在__项以上	

（续表）

序号	KPI指标	权重	绩效目标值	考核得分
8	统计数据资料完好率	5%	统计数据资料完好率达到100%	
本次考核总得分				
考核指标说明	1.关于行业调研计划按时完成率 行业调研计划按时完成率=规定时间内完成调研任务数÷调研计划要求完成的任务数×100% 2.关于各类报告提交通过率 各类报告提交通过率=通过审核的报告数÷提交的报告总数×100% （注：各类报告包括行业调研报告、经济运行分析报告及战略规划方案等）			
被考核人 签字：　　　日期：	考核人 签字：　　　日期：		复核人 签字：　　　日期：	

三、战略规划部经理绩效考核方案

战略规划部经理绩效考核方案

（一）考核周期

1.年中考核

于每年的7月__日进行。

2.年终考核

于下一年度的1月__日进行。

（二）考核内容

1.工作绩效考核

战略规划部经理的工作绩效考核内容

考核内容	考核目的	绩效标准
部门费用管理	督促其合理有效地控制费用的支出，从而节约成本	控制在预算之内
部门工作计划完成情况	确保部门工作任务按时完成	达到100%
公司发展战略研究	确保公司获得健康、持续发展，使公司发展战略与公司内部资源相匹配，以便公司适应外部环境的发展变化	上级领导对提交的研究报告满意度评分在_分以上
公司战略实施情况监督与指导	确保公司阶段性战略发展目标完成	公司阶段性战略发展目标完成率达100%
投资收益率	确保公司实现最大化的效益产出	达到_%
公司经营情况分析	为公司高层管理者提供决策支持	提交的分析报告的准确率达_%
信息收集的及时性与完整性	为公司高层管理者提供决策支持	所收集的信息对企业运营发展的价值
决策评审差错率	确保公司无重大决策失误	发生重大决策失误的概率为0

（续表）

考核内容	考核目的	绩效标准
提出合理化建议被采纳的数量	确保公司不断获得发展	被采纳并实施的建议不得低于___项
对下属的管理	确保部门高效、有序运作	部门员工出勤率达到___%；下属员工无重大违规事件发生

2.工作能力考核

工作能力考核主要是对具体职务所需要的基本能力进行的测评，对战略规划部经理工作能力的考核，主要包括专业技能掌握程度、分析决策能力、组织协调能力等。

3.工作态度考核

工作态度考核主要包括工作责任感、协作精神、工作纪律性等方面。

（三）考核实施

（1）考核采取自我述职报告与上级领导及其他相关人员综合评定的方法，述职报告由被考核者在规定的时间内将书面述职报告交给上级领导。

（2）年度考核总得分=年中考核得分×45%+年终考核得分×55%。

（四）考核纪律

（1）考核人员必须本着公平、公正、客观的原则对被考核者实施考核。

（2）考核工作必须在规定的时间内完成。

（五）考核结果应用

根据绩效考评结果，对被考评者实施相应的人力资源管理措施，将绩效管理与其他人力资源管理制度联系起来。绩效评估结果主要运用于：股权激励、薪资调整、岗位调整、能力提升计划等方面。

财务部

一、财务部KPI

财务部KPI

序号	KPI指标	考核周期	指标定义	资料来源
1	公司财务预算达成率	月/季/年度	公司实际年度支出÷公司预算年度支出×100%	财务部
2	财务分析准确度	月/季/年度	所提交的财务分析报告，对公司的整体财务状况分析出错的次数	财务部

(续表)

序号	KPI指标	考核周期	指标定义	资料来源
3	财务费用降低率	月/季/年度	财务费用降低额÷财务费用预算额×100%	财务部
4	账务处理及时性	月/季/年度	未在规定时间内财务处理的次数	财务部
5	现金收支准确性	月/季/年度	现金收支出错次数	财务部
6	财务资料完好性	月/季/年度	财务资料损坏、丢失、泄露的次数	财务部

二、财务部经理绩效考核表

财务部经理绩效考核表

被考核人：　　　　　　职位：战略规划主管　　　　考核时间：

序号	KPI指标	权重	绩效目标值	考核得分
1	部门工作计划完成率	15%	部门工作计划完成率达到100%	
2	部门管理费用控制	10%	部门管理费用控制在预算范围内	
3	财务计划编制及时率	10%	财务计划编制及时率在__%以上	
4	财务体系规范化目标达成率	10%	财务体系规范化目标达成率在__%以上	
5	公司财务预算控制率	10%	公司财务预算控制率在__%以上	
6	财务数据准确度	10%	提交的各类报表、报告数据出错的次数控制在__次以内	
7	报表编制及时率	10%	报表编制及时率在__%以上	
8	财务费用降低率	10%	财务费用降低率在__%以上	
9	现金收支准确性	5%	现金收支出错次数控制在次以内	
10	财务资料完好性	5%	财务资料损坏、丢失、泄露的次数控制在__次以内	
11	员工管理	5%	部门员工绩效考核平均得分在__分以上	
本次考核总得分				
考核指标说明	财务体系规范化目标达成率			
	财务目标规范化目标达成率=目标达成数÷计划实现目标总数×100%			
被考核人		考核人		复核人
签字：　　日期：		签字：　　日期：		签字：　　日期：

三、资金部KPI

资金部KPI

序号	KPI指标	考核周期	指标定义	资料来源
1	公司资金预算达成率	月/季/年度	公司实际年度资金使用额÷公司预算年度资金使用额×100%	资金部
2	资金筹集计划编制及时率	月/季/年度	计划及时编制的次数÷编制的总次数×100%	资金部
3	月度流动资金计划编制及时率	月/季/年度	计划及时编制的次数÷编制的总次数×100%	资金部
4	资金使用目标达成率	月/季/年度	资金使用目标达成数÷资金使用目标应达成总数×100%	资金部
5	资金收支准确度	月/季/年度	资金收支出错次数	资金部
6	资金头寸变动信息掌握的及时性	月/季/年度	因没有及时掌握资金头寸信息,导致公司损失的金额	资金部
7	资金使用评估报告编制及时率	月/季/年度	报告及时编制的次数÷编制的总次数×100%	资金部

四、资金部经理绩效考核表

资金部经理绩效考核表

被考核人：　　　　职位：资金部经理　　　　考核时间：

序号	KPI指标	权重	绩效目标值	考核得分
1	部门工作计划完成率	15%	部门工作计划完成率达到100%	
2	部门管理费用控制	15%	部门管理费用没有超出公司预算	
3	资金预算达成率	15%	资金预算达成率为100%	
4	资金筹集计划编制及时率	15%	资金筹集计划编制及时率在%__以上	
5	月度流动资金计划编制及时率	10%	月度流动资金计划编制及时率在 %以上	
6	资金使用目标达成率	10%	资金使用目标达成率在__%以上	
7	资金收支准确度	5%	资金收支准确度在__%以上	
8	资金头寸变动信息掌握的及时性	5%	因没有及时掌握资金头寸信息,导致公司损失的金额控制在元__以下	
9	资金使用评估报告编制及时率	5%	资金使用评估报告编制及时率在__%以上	
10	员工管理	5%	部门员工绩效考评平均得分在__分以上	
本次考核总得分				
考核指标说明	资金头寸变动信息是资金调拨的重要依据,其及时性判断由总经理、副总经理、财务部经理			

被考核人		考核人		复核人	
签字：	日期：	签字：	日期：	签字：	日期：

五、审计部KPI

审计部KPI

序号	KPI指标	考核周期	指标定义	资料来源
1	审计计划执行率	季/年度	已执行的审计计划÷审计计划总数×100%	审计部
2	审计报告一次通过率	季/年度	首次审核通过的报告数÷提交的审计报告总数×100%	审计部
3	审计问题追踪检查率	季/年度	对审计问题追踪检查的次数÷出现审计问题的总次数×100%	审计部
4	审计结果准确性	季/年度	审计结果更正的次数	审计部
5	审计报告证据充分性	季/年度	因审计证据不足而使审计结果被推翻的次数	审计部
6	审计报告归档率	季/年度	审计报告归档数÷审计报告总数×100%	审计部

六、审计部经理绩效考核表

审计部经理绩效考核表

被考核人：　　　　职位：审计部经理　　　　考核时间：

序号	KPI指标	权重	绩效目标值	考核得分
1	部门工作计划执行率	20%	部门工作计划执行率达到100%	
2	部门管理费用控制	15%	部门管理费用控制在__元以内	
3	审计计划完成率	15%	审计计划完成率达到__%以上	
4	审计报告一次通过率	15%	审计报告首次通过率在__%以上	
5	审计问题追踪检查率	10%	审计问题追踪检查率在__%以上	
6	审计结果准确性	10%	审计结果准确性在__%以上	
7	审计报告证据充分性	5%	因审计证据不足而导致审计结果被推翻的次数在__次以下	
8	审计报告归档率	5%	审计报告归档率达到100%	
9	员工管理	5%	部门员工绩效考核平均得分在__分以上	
			本次考核总得分	
考核指标说明				
被考核人 签字：　　日期：		考核人 签字：　　日期：		复核人 签字：　　日期：

七、会计部KPI

会计部KPI

序号	KPI指标	考核周期	指标定义	资料来源
1	财务分析报告及时率	月/季/年度	财务分析报告及时完成的次数÷财务分析报告完成的总次数	会计部
2	日常核算工作准确性	月/季/年度	日常核算数据出错次数	会计部
3	会计报表编制准确性	月/季/年度	会计报表出错次数	会计部
4	会计凭证准确性	月/季/年度	会计凭证出错的次数	会计部
5	总账登记及时性	月/季/年度	总账登记未在规定时间内完成的次数	会计部
6	对账、结账及时性	月/季/年度	对账、结账未在规定时间内完成的次数	会计部
7	会计凭证归档率	月/季/年度	会计凭证归档数÷会计凭证应归档的总数×100%	会计部

八、会计部经理绩效考核表

会计部经理绩效考核表

被考核人：　　　　　职位：会计部经理　　　　　考核时间：

序号	KPI指标	权重	绩效目标值	考核得分
1	部门工作计划执行率	15%	部门工作计划执行率达到100%	
2	部门管理费用控制	10%	部门管理费用不超过__元	
3	财务分析报告及时率	10%	财务分析报告及时率在__%以上	
4	日常核算工作的准确性	10%	日常核算工作数据出错次数低于__次	
5	会计报表编制准确率	10%	会计报表编制准确率在__%以上	
6	会计凭证准确率	10%	会计凭证准确率在__%以上	
7	总账登记及时率	10%	总账登记及时率在__%以上	
8	对账、结账及时性	10%	对账、结账未在公司规定的时间内完成的次数低于__次	
9	会计凭证归档率	10%	会计凭证归档率达到100%	
10	员工管理	5%	部门员工绩效考核平均得分在__分以上	
	本次考核总得分			
考核指标说明				

被考核人		考核人		复核人	
签字：	日期：	签字：	日期：	签字：	日期：

九、会计人员绩效考核表

会计人员绩效考核表

被考核人： 职位：会计 考核时间：

序号	KPI指标	权重	绩效目标值	考核得分
1	日常核算工作准确性	20%	日常核算出错次数低于__次	
2	财务报表准确率	15%	财务报表准确率达到__%以上	
3	会计凭证准确率	15%	会计凭证准确率达到__%以上	
4	总账登记及时率	15%	总账登记及时率为100%	
5	对账、结账及时率	15%	对账、结账及时率为100%	
6	分类明细账登记及时率	10%	分类明细账登记及时率为100%	
7	财务处理及时性	5%	因账务处理不及时给公司造成的损失低于__万元	
8	会计凭证归档率	5%	会计凭证归档率达到100%	
本次考核总得分				
考核指标说明				
被考核人 签字： 日期：		考核人 签字： 日期：		复核人 签字： 日期：

十、出纳员绩效考核表

出纳员绩效考核表

被考核人： 职位：出纳 考核时间：

序号	KPI指标	权重	绩效目标值	考核得分
1	现金收支准确度	20%	各项现金收支额出差错次数为0	
2	现金日记登记及时率	15%	现金日记登记及时率为100%	
3	工资发放的准确率	15%	工资发放的准确率为100%	
4	银行结算业务的准确率	15%	银行结算业务的准确率为100%	
5	费用报销准确率	10%	费用报销准确率为__%以上	
6	现金收支凭证完好性	10%	现金收支凭证损坏、丢失的数量为0	
7	现金收支报表编制及时率	10%	现金收支报表编制及时率为100%	
8	财务凭证归档率		财务凭证归档率为100%	
本次考核总得分				
考核指标说明				
被考核人 签字： 日期：		考核人 签字： 日期：		复核人 签字： 日期：

投资证券部

一、投资部KPI

投资部KPI

序号	KPI指标	考核周期	指标定义	资料来源
1	投资计划完成率	季/年度	实际投资额÷计划投资额×100%	投资部
2	投资预算计划编制及时率	季/年度	及时编制完成的投资预算计划总数÷应该编制完成的投资预算计划总数×100%	投资部
3	投资预算控制率	季/年度	当期实际发生的投资费用额÷投资费用预算额×100%	财务部
4	投资回报阶段目标达成率	季/年度	投资回报目标实现数÷投资回报目标总数×100%	投资部
5	项目研究报告的准确率	季/年度	项目研究报告正确的数目÷项目研究报告的总数×100%	投资部
6	投资项目运行监控报告提交及时率	季/年度	及时提交报告的次数÷提交报告的总次数×100%	投资部
7	投资方案通过率	季/年度	投资方案通过的数目÷投资方案制定的总数×100%	投资部

二、投资部经理绩效考核表

投资部经理绩效考核表

被考核人：　　　　　职位：投资部经理　　　　　考核时间：

序号	KPI指标	权重	绩效目标值	考核得分
1	投资回报阶段目标实现率	20%	投资回报阶段目标实现率在__%以上	
2	投资计划完成率	15%	投资计划完成率在__%以上	
3	投资管理工作计划完成率	15%	投资管理工作计划完成率在__%以上	
4	投资预算控制率	15%	投资预算控制率不超过__%	
5	投资预算编制及时率	10%	投资预算编制及时率在__%以上	
6	项目研究报告的准确率	10%	项目研究报告的准确率在__%以上	
7	投资项目运行监控报告提交及时率	5%	投资项目运行监控报告提交及时率在__%以上	
8	投资方案通过率	5%	投资方案通过率在__%以上	
9	部门员工管理	5%	部门员工绩效考核平均得分在__分以上	

（续表）

本次考核总得分			
考核指标说明	投资管理工作计划完成率 投资管理工作计划完成率=投资管理工作实际完成量÷投资管理工作计划完成量×100%		
被考核人		考核人	复核人
签字：　　日期：		签字：　　日期：	签字：　　日期：

三、证券部KPI

证券部KPI

序号	KPI指标	考核周期	指标定义	资料来源
1	信息披露及时性	季/年度	信息披露及时的次数÷信息披露的总次数×100%	证券部
2	材料制作规范性	季/年度	相关材料、上报证管办及政府主管部门材料因不符合相关规定而被退回的次数	证券部、董事会、监事会
3	季报、半年报、年报编制的及时率	季/年度	规定时间内完成编制的次数÷需完成编制的次数×100%	证券部
4	股东大会筹备满意度	季/年度	股东对股东大会筹备的满意度评价的算术平均值	证券部
5	配股、分红等方案的通过率	季/年度	方案通过的数目÷方案制定的总数×100%	证券部
6	投资咨询答复及时率	季/年度	在规定的时间内答复咨询的次数÷需答复咨询的总数×100%	证券部

四、证券部经理绩效考核表

证券部经理绩效考核表

被考核人：　　　　职位：证券部经理　　　　6考核时间：

序号	KPI指标	权重	绩效目标值	考核得分
1	部门工作计划完成率	15%	部门工作计划完成率在__%以上	
2	部门管理费用控制	15%	部门管理费用不超过__元	
3	信息披露及时率	15%	信息披露及时率在__%以上	
4	材料制作规范性	10%	各类相关资料因不符合相关规定而被退回的次数在__次以下	
5	季报、半年报、年报编制的及时率	10%	季报、半年报、年报编制的及时率在__%以上	
6	股东大会筹备满意度	10%	股东大会筹备满意度评分在__分以上	
7	配股、分红等方案的通过率	10%	配股、分红等方案的通过率在__%以上	
8	投资咨询答复及时率	5%	投资咨询答复及时率在__%以上	

（续表）

序号	KPI指标	权重	绩效目标值	考核得分
9	会议资料、档案归档率	5%	会议资料、档案归档率在__%以上	
10	员工管理	5%	部门员工绩效考核平均得分在分以上本次考核总得分	
			本次考核总得分	
考核指标说明	1.材料制作合格率 材料制作合格率=材料合格的数量÷制作的材料总数×100% 2.会议资料、档案归档率 会议资料、档案归档率=会议资料、档案归档率归档的数目÷需要归档的会议资料、档案总数×100%			
	被考核人 签字：　　日期：		考核人 签字：　　日期：	复核人 签字：　　日期：

五、营业部KPI

营业部KPI

序号	KPI指标	考核周期	指标定义	资料来源
1	交易总额	月/季/年度	一定时期内营业成交总量	财务部
2	佣金收入	月/季/年度	交易总额×佣金率	财务部
3	经营成本降低率	月/季/年度	（计划预算成本－实际经营成本）÷计划预算成本×100%	财务部
4	客户资产规模	月/季/年度	客户资产的市值总量	营业部
5	部门员工持证率	年度	获得证券从业资格人数÷营业部总人数×100%	人力资源部
6	营业部周转率	月/季/年度	交易总额/（营业部年初总资产+营业部年末总资产）÷2×100%	财务部
7	新增客户数量	月/季/年度	在营业部已开户并交易活跃的新客户数量	营业部

六、营业部经理绩效考核表

营业部经理绩效考核表

被考核人：　　　　职位：营业部经理　　　　考核时间：

序号	KPI指标	权重	绩效目标值	考核得分
1	佣金收入	20%	佣金收入达到__元以上	
2	部门工作计划完成率	15%	部门工作计划完成率在__%以上	
3	经营成本降低率	15%	经营成本降低率在__%以上	
4	客户资产规模	15%	客户资产规模达到__元以上	
5	部门员工持证率	10%	部门员工持证率在__%以上	

（续表）

序号	KPI指标	权重	绩效目标值	考核得分
6	客户投诉解决率	5%	客户投诉解决率达到100%	
7	新增客户数量	5%	新增客户数量达到__户	
8	有效客户数量	5%	有效客户数量达到__户	
9	员工满意度	5%	员工满意度评分在__分以上	
10	员工管理	5%	部门员工绩效考核平均得分在__分以上	
本次考核总得分				
考核指标说明	1.客户投诉解决率 客户投诉解决率=有效解决的投诉总数÷投诉总数×100% 2.有效客户数量 所谓的有效客户数量，是指在营业部开户并且在一定时期内有交易记录的客户数量			
被考核人		考核人		复核人
签字：　　日期：		签字：　　日期：		签字：　　日期：

生产管理部门

一、生产管理部KPI

生产管理部KPI

序号	KPI指标	考核周期	指标定义	资料来源
1	生产计划执行率	季/年度	实际产量÷计划产量×100%	生产管理部
2	内部利润实现率	季/年度	实际完成的内部利润额÷计划完成的内部利润额×100%	财务部
3	劳动生产效率	季/年度	（产出数量×标准工时）÷（日工作小时×人工数量－损失工时）×100%	质量管理部
4	交期达成率	季/年度	交货期无误次数÷交货总次数×100%	销售部
5	产品抽检合格率	月/季/年度	实际合格数÷抽样产品总数×100%	质量管理部
6	生产成本下降率	季/年度	（上期生产成本－当期生产成本）÷上期生产成本×100%	财务部
7	生产设备利用率	年度	（开机总工时－外部停机总工时）÷开机总工时×100%	设备部
8	生产安全事故次数	季/年度	考核期内生产安全事故发生的次数合计	生产管理部

二、工艺管理部KPI

工艺管理部KPI

序号	KPI指标	考核周期	指标定义	资料来源
1	新产品工艺设计任务完成准时率	季/年度	实际设计周期÷计划周期×100%	工艺管理部
2	工艺试验及时完成率	月/季/年度	按时完成工艺试验次数÷工艺实验总次数×100%	工艺管理部
3	工艺工装文件差错率	月/季/年度	出错的工艺工装文件份数÷工艺工装文件总份数×100%	质量管理部
4	工艺工装文件出错损失	季/年度	因本部门提供的工艺工装文件错误造成的经济损失金额	生产管理部、财务部
5	标准工时降低率	根据实际工作需要	（改进前标准工时—改进后标准工时）÷工艺改进前标准工时×100%	工艺管理部
6	工艺改进成本降低率	根据实际工作需要	（改进前生产成本—改进后生产成本）÷工艺改进前生产成本×100%	生产管理部、财务部
7	部门管理费用预算达成率	季/年度	实际发生费用÷费用预算总额×100%	财务部

三、车间主任绩效考核表

车间主任绩效考核表

被考核人：　　　　　　职位：车间主任　　　　　考核时间：

序号	KPI指标	权重	绩效目标值	考核得分
1	生产计划按时完成率	15%	确保产量、产值计划100%按时完成	
2	劳动生产效率	10%	确保考核期内的劳动生产率比上一期的劳动生产率提高__%	
3	交期达成率	10%	确保交期达成率在__%以上	
4	产品抽检合格率	10%	产品抽检合格率不得低于__%	
5	生产计划排程准确率	10%	生产计划排程准确率不得低于__%	
6	工时标准达成率	10%	工时标准达成率达__%	
7	物耗标准达成率	10%	物耗标准达成率应达到__%以上	
8	生产现场5S质量	5%	5S要求的不合格项数不得超过__项	
9	生产安全事故发生次数	10%	一般性的生产安全事故不超过__起，重大生产安全事故为0	
10	员工技能提升率	5%	员工技能提升率应达到__%以上	
11	有效的流程和制度得到实施的百分率	5%	考核期内确保有效的流程和制度100%得到贯彻实施	
本次考核总得分				
考核指标说明	员工技能提升率 员工技能提升率=（年末技能评估得分—年初技能评估得分）÷年初技能评估得分×100%			
被考核人		考核人		复核人
签字：　　　　日期：		签字：　　　　日期：		签字：　　　　日期：

四、车间班组长绩效考核表

车间班组长绩效考核表

被考核人：　　　　职位：车间班组长　　　　考核时间：

序号	KPI指标	权重	绩效目标值	考核得分
1	生产计划按时完成率	20%	确保产量、产值计划100%按时完成	
2	劳动生产效率	20%	确保本考核期内的劳动生产效率要比上一期的劳动生产效率提高__%	
3	产品一次性合格率	20%	产品一次性合格率达到__%以上	
4	产品返工率	10%	产品返工率应控制在__%以内	
5	工时标准达成率	15%	工时标准达成率达__%	
6	生产安全事故发生次数	15%	一般性的生产安全事故不超过__起，重大生产安全事故为0	
本次考核总得分				

被考核人	考核人	复核人
签字：　　日期：	签字：　　日期：	签字：　　日期：

五、生产安全员绩效考核表

生产安全员绩效考核表

被考核人：　　　　职位：生产安全员　　　　考核时间：

序号	KPI指标	权重	绩效目标值	考核得分
1	安全工作计划按时完成率	20%	安全工作计划完成率为100%	
2	安全培训计划按时完成率	20%	安全培训计划完成率为100%	
3	安全培训覆盖率	15%	安全培训覆盖率达到__%以上	
4	生产安全事故发生次数	15%	一般性生产安全事故发生次数不超过__次，重大生产安全事故发生次数为0	
5	安全生产报告编制工作按时完成率	15%	安全生产报告编制工作按时完成率为100%	
6	安全事故处理及时率	15%	安全事故处理及时率达到__%以上	
本次考核总得分				
考核指标说明	1.安全培训计划按时完成率 安全培训计划按时完成率=按时完成的安全培训次数÷计划开展的安全培训次数×100% 2.安全培训覆盖率 安全培训覆盖率=实际接受安全培训的人数÷计划接受安全培训的人数×100% 3.安全事故处理及时率 安全事故处理及时率=及时处理的安全事故次数÷发生安全事故的总次数×100%			

被考核人	考核人	复核人
签字：　　日期：	签字：　　日期：	签字：　　日期：

质量管理部

一、质量管理部KPI

质量管理部KPI

序号	KPI指标	考核周期	指标定义	资料来源
1	质检工作及时完成率	月/季/年度	及时完成的质检次数÷应完成的检验总次数×100%	质量管理部
2	原辅材料现场使用合格率	月/季/年度	（现场使用的原辅材料总数量—不合格的原辅材料数量）÷现场使用的原辅材料总数量×100%	质量管理部
3	产品质量合格率	月/季/年度	合格的产品数量÷产品总数量×100%	质量管理部
4	产品因质量原因而发生的退货率	月/季/年度	产品因质量原因而发生的退货率÷交付的产品总数量×100%	质量管理部
5	质量会签率	月/季/年度	实际会签文件数量÷应会签文件数量×100%	财务部
6	批次产品质量投诉率	季/年度	客户投诉次数÷产品出货总批次×100%	售后服务部
7	客户投诉解决率	季/年度	客户投诉按时解决的件数÷客户投诉总件数×100%	售后服务部
8	质量体系认证一次性通过率	年度	质量认证体系一次性通过的次数÷质量体系认证申请总次数×100%	质量管理部
9	产品免检认证通过率	年度	通过免检认证的产品品种÷产品免检认证申请总次数×100%	质量管理部

二、质量经理绩效考核表

质量经理绩效考核表

被考核人：　　　　　　职位：质量经理　　　　　　考核时间：

序号	KPI指标	权重	绩效目标值	考核得分
1	质检工作及时完成率	15%	确保质检工作100%按时完成	
2	原辅材料现场使用合格率	10%	确保投入生产过程的原辅材料、外协产品100%合格	
3	产品质量合格率	10%	确保产品质量合格率达到__%以上	
4	产品因质量原因而发生的退货率	10%	确保产品因质量原因而发生的退货率低于__%	
5	质量会签率	10%	质量会签率达到__%以上	
6	批次产品质量投诉率	10%	批次产品质量投诉率不得超过__%	

（续表）

序号	KPI指标	权重	绩效目标值	考核得分
7	客户投诉改善率	10%	客户投诉改善率不得低于__%	
8	部门管理费用控制	5%	部门管理费用控制不能超越预算范围	
9	质量认证一次性通过率	5%	确保质量认证一次性通过率达到__%以上	
10	产品免检认证通过率	5%	确保产品免检认证通过率达到__%以上	
11	质量整改项目按时完成率	5%	确保质量整改项目100%按时完成	
12	质量培训计划达成率	5%	确保质量培训工作100%按时完成	
	本次考核总得分			
考核指标说明	\multicolumn{4}{l}{1. "质量成本占销售额比率"中"质量成本"的计算方法 质量成本=内部故障（损失）成本+外部故障（损失）成本 内部故障（损失）成本=报废损失费+返工（返修）损失费 外部故障（损失）成本=顾客退货损失费+产品责任费+投诉费 2.质量整改项目按时完成率 质量整改项目按时完成率=按时完成的质量整改项目的项数÷质量整改项目计划项数×100%}			
被考核人		考核人		复核人
签字：　　　日期：		签字：　　　日期：		签字：　　　日期：

三、质量经理绩效考核方案

（一）考核目的

（1）及时评定产品经理的业绩情况、工作能力和工作态度的，以便产品经理更加胜任部门运营和管理的工作。

（2）使产品经理薪酬奖励的发放有据可查。

（3）为产品经理的晋升或降职、提薪或降薪等人事决策提供客观依据。

（二）考核者与被考核者

（1）考核者为人力资源总监、产品管理部主管副总。

（2）被考核者为产品经理。

（三）考核周期及具体时间

（1）上半年绩效考核具体时间：每年7月1日至7月15日。

（2）下半年绩效考核具体时间：次年度的1月1日至1月15日。

（四）考核指标设置

根据产品经理的工作职责，核查其年初与公司签订的经济责任书的达成情况，设置相应的考核指标。

具体考核指标

考核项目	定量指标	权重	指标值	考核得分	加权得分
工作业绩	新产品利润贡献率（A）	15%			
	品牌知名度（B）	15%			
	新产品开发周期（C）	15%			
考核项目	定性指标	权重	自评得分	考评得分	加权得分
公司不同产品线的产品规划	产品市场的调查与研究	8%			
	新产品开发需求的准确性	10%			
	产品结构的合理性	8%			
	产品计划的明确性	8%			
产品价格政策的制定及调整	价格政策的合理性和明确性	8%			
	价格政策调整的及时性	8%			
部门管理	部门内部人员管理情况	5%			
综合得分					

重要记录	期初备注	期末说明	人力资源部审核
	被考核人： 签名：　　日期：	被考核人： 签名：　　日期：	签名： 日期：
	考核人： 签名：　　日期：	考核人： 签名：　　日期：	

注：定量指标按指标值与目标值的差距进行打分；定性指标的评分标准则详见"产品经理绩效考核指标等级定义表"中的规定。

产品经理绩效考核定性指标等级定义表

指标	等级	评 分 标 准
产品市场的调查与研究	<6分	分能够收集并研究行业、用户、竞争对手、渠道、产品等方面的市场信息，但分析报告内容空泛，分析结果对公司产品规划决策价值不大
	6分	能够收集并研究行业、用户、竞争对手、渠道、产品等方面的市场信息，分析报告内容缺乏针对性，分析结果不能够对公司产品规划决策提供应有的支持
	7分	及时收集并研究行业、用户、竞争对手、渠道、产品等方面的市场信息，能够对客户和市场需求提出分析，分析结果可对公司产品规划决策提供一般性的支持
	8分	及时收集并研究行业、用户、竞争对手、渠道、产品等方面的市场信息，能够对客户和市场需求提出分析，分析结果能够对公司产品规划决策提供支持
	9分	及时收集并研究行业、用户、竞争对手、渠道、产品等方面的市场信息，分析报告的内容具有针对性，分析结果能够对公司产品规划决策提供支持
	10分	及时充分收集并研究行业、用户、竞争对手、渠道、产品等方面的市场信息，分析报告内容充实、合理、针对性强，对产品规划决策具有强有力的支持

（续表）

指标	等级	评分标准
产品市场的调查与研究	<6分	分能够收集并研究行业、用户、竞争对手、渠道、产品等方面的市场信息，但分析报告内容空泛，分析结果对公司产品规划决策价值不大
	6分	能够收集并研究行业、用户、竞争对手、渠道、产品等方面的市场信息，分析报告内容缺乏针对性，分析结果不能够对公司产品规划决策提供应有的支持
	7分	及时收集并研究行业、用户、竞争对手、渠道、产品等方面的市场信息，能够对客户和市场需求提出分析，分析结果可对公司产品规划决策提供一般性的支持
	8分	及时收集并研究行业、用户、竞争对手、渠道、产品等方面的市场信息，能够对客户和市场需求提出分析，分析结果能够对公司产品规划决策提供支持
	9分	及时收集并研究行业、用户、竞争对手、渠道、产品等方面的市场信息，分析报告的内容具有针对性，分析结果能够对公司产品规划决策提供支持
	10分	及时充分收集并研究行业、用户、竞争对手、渠道、产品等方面的市场信息，分析报告内容充实、合理、针对性强，对产品规划决策具有强有力的支持
新产品开发需求准确性	<6分	根据调研结果，向研发部提供的新产品研发需求内容模糊，过程改动频繁
	6分	根据调研结果，向研发部提供的新产品研发需求内容明确，过程改动较多
	7分	根据调研结果，向研发部提供的新产品研发需求内容明确清晰，但过程改动较多
	8分	据调研结果，向研发部提供的新产品研发需求内容明确清晰，过程改动较少
	9分	根据调研结果，向研发部提供的新产品研发需求内容明确清晰，过程改动少，对现有产品和新产品的设计缺陷能够提出改进意见（事后证实部分合理）
	10分	根据调研结果，向研发部提供的新产品研发需求内容明确清晰，过程改动很少，对现有产品和新产品的设计缺陷能够提出改进意见（事后证实合理）
产品结构的合理性	<6分	不同产品线的发展战略、具体策略和实施步骤有重大缺陷
	6分	不同产品线的发展战略、具体策略和实施步骤不能有效兼顾市场变化和公司战略
	7分	不同产品线的发展战略、具体策略和实施步骤基本兼顾市场变化和公司战略
	8分	不同产品线的发展战略、具体策略和实施步骤基本能兼顾市场变化和公司战略，但反应滞后
	9分	不同产品线的发展战略、具体策略和实施步骤能及时兼顾市场变化和公司战略
	10分	不同产品线的发展战略、具体策略和实施步骤能及时有效地兼顾市场变化和公司战略，反应也较快
产品计划的明确性	<6分	不能平衡市场需求、库存、产品策略的关系，产品的月度滚动计划和年度规划很差
	6分	能平衡市场需求、库存、产品策略的关系，产品的月度滚动计划和年度规划欠佳
	7分	能及时平衡市场需求、库存、产品策略的关系，产品的月度滚动计划和年度规划欠佳
	8分	能及时平衡市场需求、库存、产品策略的关系，产品的月度滚动计划和年度规划合理
	9分	能及时平衡市场需求、库存、产品策略的关系，产品的月度滚动计划和年度规划合理，能够减少相关费用（相对往年同期）
	10分	能准确及时地平衡市场需求、库存、产品策略的关系，产品的月度滚动计划和年度规划合理有效，明显减少相关费用，对公司获得利润方面贡献显著（相对往年同期）

（续表）

指标	等级	评分标准
价格政策合理性及明确性	<6分	财务与市场数据不准确，计算结果脱离实际，不可执行
	6分	财务与市场数据准确，计算结果合理性欠佳，执行有难度
	7分	财务与市场数据准确，计算合理，易于执行
	8分	财务与市场数据准确，计算合理，针对性强，易于执行
	9分	财务与市场数据准确，计算合理，明确针对竞争对手的价格政策，易于执行
	10分	财务与市场数据准确，计算合理，针对性很强，符合公司战略，易于执行
价格政策调整的及时性	<6分	不能及时调整产品价格策略（定价、调整、大单协作定价等）
	6分	根据产品市场和竞争对手的变化，有时能调整产品价格策略（定价、调整、大单协作定价等），但无目的性
	7分	根据产品市场和竞争对手的变化，基本会平衡公司实际状况，有时能及时调整产品价格策略（定价、调整、大单协作定价等），但目的性不明确
	8分	根据产品市场和竞争对手的变化，平衡公司实际状况，及时调整产品价格策略（定价、调整、大单协作定价等），但目的性不明确
	9分	根据产品市场和竞争对手的变化，平衡公司实际状况，及时、适时调整产品价格策略（定价、调整、大单协作定价等），目的性明确
	10分	根据产品市场和竞争对手的变化，平衡公司实际状况，及时、适时调整产品价格策略（定价、调整、大单协作定价等），确保销售目标的实现和市场竞争地位的确立
部门内部人员管理情况	<6分	对本部门的人力资源管理不重视，对开展绩效考核缺乏应有认识
	6分	对本部门的人力资源管理认识不够清楚，绩效考核状况不够理想
	7分	能对下属工作提供较多指导，定期内部培训，绩效考核状况能够较准确反映实际
	8分	能对下属工作提供较全面指导，定期内部培训，绩效考核状况能够较准确反映实际
	9分	能对下属工作提供全面的指导，内部培训方式灵活，员工对绩效考核状况基本满意
	10分	能够极大地促进下属全面发展，内部培训方式灵活，员工对绩效考核状况很满意

（五）考核的实施

（1）由公司人力资源总监牵头，人力资源部、财务部、市场部、销售部参加，对产品经理进行目标管理考核，落实上半年或全年目标执行情况，运用"产品经理绩效考核量表"进行评分，并进行汇总。

（2）将汇总的评分结果呈交总裁办公会和董事会审定，确认其结果。

（3）被确认的考核结果即为产品经理的考核结果，公之于众。

技术研发部

一、技术部KPI

技术部KPI

序号	KPI指标	考核周期	指标定义	资料来源
1	工作目标按计划完成率	年度	实际完成工作量÷计划完成工作量×100%	技术部
2	由技术创新而导致的标准工时降低率	年度	（改进前标准工时－改进后标准工时）÷改进前标准工时×100%	财务部
3	由技术创新而导致的材料消耗降低率	年度	（改进前工序材料消耗－改进后消耗）÷改进前工序材料消耗×100%	财务部
4	技术改造费用控制率	年度	技术改造发生费用÷技术改造费用预算×100%	财务部
5	重大技术改进项目完成数	年度	当期完成并通过验收的重大技术改进项目总数	技术部
6	技术服务满意度	年度	对技术服务对象进行抽样调查后，所获得的技术服务满意度评分的算术平均值	人力资源部
7	外部学术交流次数	年度	当期进行外部学术交流的次数	人力资源部
8	内部技术培训次数	年度	考核期内进行内部技术培训的次数	人力资源部

二、研发部KPI

研发部KPI

序号	KPI指标	考核周期	指标定义	资料来源
1	研发项目实施阶段成果达成率	年度	各项目实施阶段成果达成数÷计划达成数×100%	研发部
2	科研项目申请成功率	年度	项目申请成功数÷项目申请总数×100%	研发部
3	研发成本控制率	年度	实际技术改造费÷预算费用×100%	财务部
4	新产品利润贡献率	年度	新产品利润总额÷全部利润总额×100%	财务部
5	项目开发完成准时率	年度	开发实际周期÷开发计划周期×100%	研发部
6	科研课题完成量	年度	当期完成并通过验收的课题总数	研发部
7	科研成果转化效果	年度	当期科研成果转化成实际效果的次数	研发部
8	产品技术稳定性	年度	投放市场后，产品设计更改的次数	研发部
9	试验事故发生次数	年度	当期试验事故发生次数	研发部

三、技术研发人员绩效考核方案

（一）总体设计思路

1.考核目的

为了全面并简洁地评价公司技术研发人员的工作成绩，贯彻公司发展战略，结合技术研发人员的工作特点，制定本方案。

2.适用范围

本公司所有技术研发人员。

3.考核指标及考核周期

针对技术研发人员的工作性质，对技术研发人员的考核内容主要为工作业绩、工作态度和工作能力。

具体考核周期

考核指标类型	工作业绩	工作态度	工作能力
考核周期	项目结束/年度	月/季/年度	月/季/年度

4.考核人

技术研发部门主管与人力资源部经理、考核专员组成考评小组，共同负责对技术研发人员的考核。

（二）考核内容

工作业绩指标

被考核者	KPI	绩效标准	权重	得分
研发人员	新产品开发周期	实际开发周期比计划周期提前＿＿天	30	
	技术评审合格率	技术评审合格率达到100%	25	
	项目计划完成率	项目计划完成率达到100%	20	
	设计的可生产性	设计成果不能投入生产情况发生的次数少于＿＿次	15	
	研发成本降低率	研发成本降低率达到＿＿%以上	10	
	技术设计完成及时率	技术设计完成及时率达到＿＿%以上	30	
	技术方案采用率	技术方案采用率达到＿＿%以上	25	
	技术改造费用控制率	技术改造费用控制率达到＿＿%以上	25	
	技术服务满意度	相关部门对技术服务满意度评价的评分在＿＿分以上	10	
	技术资料归档及时率	技术资料归档及时率达到100%	10	

工作态度指标

指标名称	考核标准								满分	得分
	优		良		中		差			
	标准	得分	标准	得分	标准	得分	标准	得分		
工作责任心	强烈	30	有	24	一般	18	无	6	30	
工作积极性	非常高	25	很高	20	一般	15	无	5	25	
团队意识	强烈	25	有	20	一般	15	无	5	25	
学习意识	强烈	20	有	16	一般	12	无	4	20	

工作能力指标

指标名称	考核标准								满分	得分
	优		良		中		差			
	标准	得分	标准	得分	标准	得分	标准	得分		
分析能力	非常强	20	较强	16	一般	12	较弱	4	20	
判断能力	非常高	20	较高	16	一般	12	较弱	4	20	
计划能力	非常强	20	较强	16	一般	12	较弱	4	20	
创新能力	非常强	15	较强	12	一般	8	较弱	3	15	
学习能力	非常强	15	较强	12	一般	8	较弱	3	15	
应变能力	非常强	10	较强	8	一般	6	较弱	2	10	
理解能力	非常强	10	较强	8	一般	6	较弱	2	10	

年度绩效考核

被考核者		部门		岗位	
考核者		部门		岗位	
指标类型	平均得分		权重	分数	
工作业绩			70%		
工作态度			15%		
工作能力			15%		
合计			100%		
特别加分事项				分数	证明人

注：特别加分事项需要附相关证明资料

绩效考核总评

绩效改进意见

期末评价
□优秀：出色完成工作任务
□符合要求：完成工作任务
□尚待改进：与工作目标相比有差距

考核者： 　　　　　　　　　　　　　被考核者：

　　　　　　　　　　　　　　　　　　　　年　　月　　日

（三）考核实施

考核过程分为三个阶段：计划沟通阶段、计划实施阶段和绩效考核阶段。

1.计划沟通阶段

（1）考核者和被考核者共同回顾上个考核周期目标完成情况和绩效考核情况。

（2）关于考核期内的工作任务、工作重点以及需要完成的目标，考核者和被考核者需要达成共识。

2.计划实施阶段

（1）被考核者按照本考核期的工作计划开展工作，达成工作目标。

（2）考核者根据工作计划，指导、监督、协调被考核者的工作进程，并记录其重要的工作表现。

3.绩效考核阶段

考核阶段分绩效评估、绩效审核和结果反馈三个步骤。

（1）绩效评估。考核者参考考核标准，根据被考核者在考核期内的工作表现对其进行评分。

（2）绩效审核。人力资源部和考核者的直接上级对考核结果进行审核，并负责处理考核评估过程中所发生的争议。

（3）结果反馈。人力资源部将审核后的结果反馈给考核者，然后考核者向被考核者进行绩效反馈，并讨论绩效改进的方式和途径。

（四）绩效结果运用

（1）薪酬调整。技术研发人员工资与绩效考核结果直接挂钩，具体有以下标准。①年度绩效考核得分在95分以上的，薪资等级上调两个等级，但不超过本职位薪资等级的上限。②年度绩效考核得分在80~95分（含）的，薪资等级上调一个等级，但不超过本职位薪资等级的上限。③年度绩效考核得分在60~80分（含）的，薪资等级不变。④年度绩效考核得分在60分以下的，薪资等级降一个等级，但不低于本职位薪资等级的下限。

（2）培训。年度绩效考核得分在80分（含）以上的员工，有资格享受公司安排的提升培训。年度绩效考核得分在70分（含）以上的员工，可以申请相关培训，经人力资源部批准后参加。年度绩效考核得分在60分（含）以下的员工，必须参加由公司安排的适职培训。

（五）绩效申诉

1.申诉受理

被考核人如对考核结果不清楚或者持有异议，可以采取书面形式向人力资源部绩效考核管理人员申诉。

2.提交申诉

员工以书面形式提交申诉书。申诉书内容包括申诉人姓名、所在部门、申诉事项、申诉理由。

3.申诉受理

人力资源部绩效考核管理人员接到员工申诉后，应在3个工作日作出是否受理的答复。对于申诉事项无客观事实依据，仅凭主观臆断的申诉不予受理。

受理的申诉事件，首先由所在部门考核管理负责人对员工申诉内容进行调查，然后与员工直接上级、共同上级、所在部门负责人进行协调、沟通。不能协调的，上报公司人力资源部进行协调。

4.申诉处理答复

人力资源部应在接到申诉申请书的10个工作日内明确答复申诉人。

市场营销部

一、市场部KPI

市场部KPI

序号	KPI指标	考核周期	指标定义	资料来源
1	市场拓展计划完成率	月/季/年度	实际完成的市场拓展计划÷计划完成的市场拓展计划×100%	市场部
2	策划方案成功率	月/季/年度	成功方案数÷提交方案数×100%	市场部
3	市场推广费用控制率	年度	实际推广费用÷计划推广费用×100%	财务部
4	推广活动效果	年度	每次活动效果得分之和÷活动次数×100%	市场部
5	推广活动销售增长率	月度	（活动后当月销售额或销售量－活动前当月销售额或销售量）÷活动前当月销售额或销售量×100%	营销部
6	市场调研任务达成率	月/季/年度	实际完成市场调研数量÷计划完成的市场调研数量×100%	市场部
7	品牌市场价值增长率	年度	品牌市场价值数据经第三方权威机构测评获得	市场部
8	广告投放有效率	年度	广告费用增长率÷销售收入增长率×100%	市场部
9	媒体正面曝光次数	年度	在大众媒体上发表宣传公司的新闻报道及宣传广告的次数	市场部
10	媒体满意度	年度	接受调研的媒体对市场部工作满意度评分的算术平均值	市场部

二、市场部经理绩效考核表

市场部经理绩效考核表

被考核人：　　　　　职位：市场部经理　　　　　考核时间：

序号	KPI指标	权重	绩效目标值	考核得分
1	市场拓展计划完成率	20%	市场拓展计划完成率在__%以上	
2	策划方案成功率	15%	策划方案成功率达到__%以上	
3	市场推广活动费用控制率	15%	推广费用控制率控制在__%以上	
4	推广活动销售增长率	10%	因推广活动销售增长率达到__%以上	
5	推广活动效果	10%	推广活动效果得分达到__分以上	
6	部门管理费用控制	5%	部门管理费用控制在预算之内	
7	品牌市场价值增长率	5%	品牌市场价值增长率达到__%以上	
8	传播促销费用率	5%	传播促销费用率控制在__%	
9	媒体正面曝光次数	5%	媒体正面曝光次数在__次以上	
10	市场调研计划达成率	5%	市场调研计划达成率在__%以上	
11	员工管理	5%	员工绩效考核评分达到__分以上	
本次考核总得分				
考核指标说明	1.市场推广活动费用控制率 市场推广活动费用控制率=实际推广费用÷计划推广费用×100% 2.传播促销费用率 传播促销费用率=传播促销费用÷实际销售额			

被考核人		考核人		复核人	
签字：	日期：	签字：	日期：	签字：	日期：

三、营销部KPI

营销部KPI

序号	KPI指标	考核周期	指标定义	资料来源
1	销售额	月/季/年度	考核期内全部销售收入总计	营销部
2	销售量	月/季/年度	考核期内全部销售数量统计	营销部
3	营销计划达成率	月/季/年度	实际完成销售额或销售量÷计划完成销售额或销售量×100%	营销部
4	销售增长率	年度	（当期销售额或销售量-上期（或去年同期）销售额或销售量）÷上期（或去年同期）销售额或销售量×100%	营销部
5	市场占有率	月/季/年度	当期某种产品的销售额或销售量÷当期该产品市场销售额或销售量×100%	市场部
6	实际回款率	月/季/年度	当月实际回款金额÷（当月计划合同回款金额+往期应收欠款）×100%	营销部

（续表）

序号	KPI指标	考核周期	指标定义	资料来源
7	销售费用预算	月/季/年度	在销售过程中发生的、为实现销售收入而支付的各项费用	财务部
8	坏账率	年度	坏账损失÷主营业务收入×100%	财务部
9	促销效果评估	月/季/年度	可运用如下三种方法评估促销效果： 1.投入产出比评估法 促销效果=促销费用÷促销产出×100% 2.销售增量回报比评估法 促销效果=（促销前后的销售差值－销售费用）÷促销前后的销售差值×100% 3.效益增量回报比评估法 促销效果=（促销前后的毛利差值－促销费用）÷促销前后的毛利差值×100%	营销部
10	新品（重点推介商品）销售收入百分比	月/季/年度	新品（重点推介商品）销售回款金额÷实际回款金额×100%	营销部

四、营销部经理绩效考核表

营销部经理绩效考核表

被考核人：　　　　　职位：营销部经理　　　　　考核时间：

序号	KPI指标	权重	绩效目标值	考核得分
1	销售额	20%	销售额达到__万元以上	
2	销售量	15%	各项业务销售量达到__以上	
3	营销计划达成率	15%	营销计划达成率达到100%以上	
4	销售增长率	10%	销售增长率达到__%以上	
5	销售费用预算	5%	销售费用控制在预算之内	
6	实际回款率	5%	实际回款率达到__%以上	
7	坏账率	5%	坏账率控制在__%之内	
8	新客户实现率	5%	新客户实现率达到__%以上	
9	新品（重点推介商品）销售收入百分比	5%	新品（重点推介商品）销售收入百分比达到__%以上	
10	市场占有率	5%	产品市场占有率达到__%以上	
11	部门管理费用控制率	5%	部门管理费用控制在预算范围之内	
12	员工管理	5%	员工绩效考核评分达到__分以上	
本次考核总得分				
考核指标说明	新客户市现率 新客户市现率=实际新增客户数÷计划增加客户数×100%			
被考核人 签字：　　　　日期：		考核人 签字：　　　　日期：		复核人 签字：　　　　日期：

五、市场开发人员绩效考核方案

（一）考核原则

（1）定量考核与定性考核相结合，定量考核主要体现在业绩考核方面，定性考核主要体现在行为考核上。

（2）定量做到严格以公司收入业绩为标准，定性做到公平、客观。

（3）考核结果将与员工收入直接挂钩。

（二）考核标准

（1）市场人员业绩考核标准为公司当月的营业收入指标和目标，公司将会每季度确定调整一次。

（2）市场人员行为考核标准。具体包括：①遵守公司各项工作制度、考勤制度、保密制度和公司规定的其他各项制度的行为表现。②履行本部门工作的行为表现。③完成工作任务的行为表现。④遵守国家法律法规、社会公德的行为表现。⑤其他。

（注：当月行为表现合格者为0.6分以上；行为表现良好者为0.8分以上，行为表现优秀者为满分1分。如当月能有少数突出表现者，突出表现者可以最高加到1.2分。如当月有触犯国家法律法规、严重违反公司规定、发生工作事故、发生工作严重失误者，行为考核分数一律为0分。）

（三）考核内容与指标

考核项	考核内容	最高分数	自行评分	初核评分	复核评分	初核评语
专业知识	具有丰富的专业知识，并能将其用于任务的完成	15				
	具有相当的专业知识，能顺利完成任务	13				
	具有一般的专业知识，可以达到职责要求	11				
	专业知识不足，影响工作进展	8				
	缺乏专业知识，无成效可言	5				
工作绩效	工作效率高，具有卓越创意	20				
	可以胜任工作，效率比较高	17				
	能够按时完成工作任务	14				
	勉强胜任工作	10				
	工作效率低，常有差错	7				
责任感	具备较强的责任心，总是能按时完成工作任务	15				
	有责任心，通常情况下能顺利完成任务	13				
	有一定的责任心，能如期完成任务	11				
	责任心不强，需有人督促，才能完成工作	8				
	欠缺责任心，时时需要有人督促，常常不能如期完成工作	5				

（续表）

考核项	考 核 内 容	最高分数	自行评分	初核评分	复核评分	初核评语
工作态度	不需督促，能主动计划好自己的工作	10				
	态度比较积极，能自觉地完成任务	8				
	基本上态度比较积极，通常情况下会在要求期限内完成工作	7				
	对工作不太热心，经常逾期完成工作	5				
	对工作消极应付，工作的质和量都达不到要求	3				
发展潜力	具备不俗的学识和涵养，极具发展潜力	10				
	具有相当的学识、涵养，具有发展潜力	8				
	稍有学识和涵养，可以培养训练	7				
	学识和涵养比较欠缺，不适合培养训练	5				
	欠缺学识与涵养，不具发展潜力	3				
品德言行	廉洁、诚信，为人正直，可以称为员工中的楷模	10				
	品性诚实、言行规律	8				
	言行比较符合规范，没有出格的举动	7				
	固执己见，不易与人相处	5				
	品行不佳，言行粗鲁	3				
成本意识	成本意识强烈，能积极节省，避免浪费	10				考核分数
	具备成本意识，尚能节省	8				
	具备一定的成本意识，能做到节省	7				
	缺乏成本意识，稍有浪费	5				
	成本意识欠缺，以致常有浪费	3				
	评定总分	100				
	评分人员签章					
特殊奖惩分数		理由				
考核结果	□予以晋级，晋级至级，工资晋至元 □保留原工资级别 □予以通报批评 □予以降级，降至级，工资降至元					

（四）考核方法

1.员工考核时间

下一月的第一个工作日。

2.员工考核结果公布时间

下一月的第三个工作日。

3.员工考核挂钩收入的额度

月工资的20%，业绩考核额度占15%，行为考核额度占5%。

4.员工考核挂钩收入的计算公式为

$Z = A \times X/C + B \times F$

式中：A——业绩考核额度；B——行为考核额度；C——当月业绩考核目标；X——当月公司营业收入；Y——当月员工行为考核的分数；Z——与员工当月考核挂钩收入的实际所得。

5.员工考核挂钩收入的浮动限度

为当月工资的80%~140%。

6.员工挂钩收入的发放

每月员工考核挂钩收入的额度暂不发放，每季度发放3个月的员工考核挂钩收入的实际所得。

（五）考核程序

1.业绩考核

按考核标准由财务部根据当月公司营业收入情况统一执行。

2.行为考核

主要由市场部经理负责执行。

（六）考核结果

（1）业绩考核结果每月公布一次，部门行为考核结果（部门平均分）每月公布一次。

（2）员工行为考核结果每月通知到被考核员工个人，员工之间不应互相打听。

（3）每月考核结果除了与员工当月收入有挂钩以外，其综合结果也是公司决定员工调整工资级别、职位升迁和人事调动的重要依据。

（4）如对当月考核结果有异议，请在考核结果公布之日起1周内向财务、行政部提出申诉。